Sturmflut

Die großen Fluten an den Küsten Schleswig-Holsteins und in der Elbe

Marcus Petersen und Hans Rohde

Sturmflut

Die großen Fluten
an den Küsten Schleswig-Holsteins
und in der Elbe

Karl Wachholtz Verlag

ISBN 3 529 06163 8
2., verbesserte Auflage

Alle Rechte, auch die des auszugsweisen Nachdrucks,
der fotomechanischen Wiedergabe und der Übersetzung,
vorbehalten

© Karl Wachholtz Verlag Neumünster, 1979

Vorwort

Während und nach der letzten sehr schweren Sturmflut im Januar 1976 tauchten oft die bangen Fragen auf: Müssen wir mit solchen Naturereignissen häufiger rechnen? Werden die extremen Wasserstände an unseren Küsten immer höher? Worin liegen die Ursachen für diese Naturerscheinungen? Sind vielleicht Eingriffe der Menschen mit die Ursache für häufige und immer höhere Sturmfluten? Was wird für den Schutz unserer Küsten getan, was kann und muß gefordert werden?

In der Tat hat es an der schleswig-holsteinischen Nordseeküste und in der Elbe noch nie eine Sturmflut mit höheren Scheitelwasserständen gegeben, während an den übrigen Teilen der deutschen Nordseeküste die Katastrophenflut vom Februar 1962 die höchsten Wasserstände brachte. Damals wurden überall große Gebiete überschwemmt, und viele Menschen ertranken in den Fluten. Eine Sturmflut vergleichbarer Schwere mit ähnlichen Überschwemmungsschäden hatte zuletzt 1825 die deutsche Nordseeküste heimgesucht. Für die Beseitigung der Sturmflutschäden an Deichen, Gebäuden, Hafenanlagen, Schiffen, Uferschutzwerken waren 1962 wie 1976 Geldbeträge in Milliardenhöhe erforderlich. Und zwischen 1962 und 1976 gab es im Winter 1973 eine seit 180 Jahren nicht beobachtete Häufung hoher Sturmfluten. Alle diese Ereignisse rechtfertigen die anfangs gestellten Fragen und erklären das große Interesse der Öffentlichkeit an den mit Sturmfluten und dem Schutz vor ihnen zusammenhängenden Problemen.

Aber auch an der Ostseeküste gibt es Sturmfluten. Hier ist die Katastrophen-Sturmflut vom 13. November 1872 ein mit 1962 durchaus vergleichbares Ereignis gewesen. Extremsturmfluten kommen an der Ostsee zwar seltener vor, sie können in ihrer Wirkung aber ebenso folgenschwer sein wie an der Nordsee. Die lange Zeit, die seit der letzten sehr schweren Sturmflut an der Ostsee vergangen ist, darf nicht darüber hinwegtäuschen, daß ein ähnliches Ereignis jederzeit wieder möglich ist.

Die Verfasser wollen mit dem vorliegenden Buch versuchen, die eingangs gestellten Fragen möglichst weitgehend nach dem gegenwärtigen Stande der Erkenntnis zu beantworten. Dazu ist es notwendig, einige grundsätzliche allgemeinverständliche Ausführungen über Hydrologie, Meteorologie und Geologie des Küstengebietes zu machen. Um exakt über Entstehung und Verlauf einer Sturmflut oder über ihre Vorhersage urteilen zu können, benötigen wir umfangreiche und peinlich genaue Messungen mit empfindlichen Instrumenten. Aus den laufend registrierten Wasserständen und Wetterelementen werden Entwicklungstendenzen abgeleitet. Eine Bewertung früherer Sturmflutereignisse wird danach möglich. Das gegenwärtige noch andauernde säkulare Vordringen der Meereseinflüsse geht sehr langsam vor sich, man kann es mit bloßem Auge nicht wahrnehmen. Ähnlich ist es mit anderen sturmfluterzeugenden Faktoren. Außerdem können sich alle zufallsbedingten Parameter zufällig mit den Wasserständen an den Küsten und in der Elbe überlagern; insofern sind außergewöhnlich schwere Sturmfluten als Zufallsereignisse zu sehen.

In diese Naturereignisse hat nun der Mensch in zunehmendem Maße eingegriffen, seitdem er die Küstenniederungen besiedelte. Mit dem Bau der ersten Deiche vor rund tausend Jahren begann der Kampf gegen das Vordringen des Meeres. Hohe Menschenverluste und erhebliche Sturmflutschäden gaben stets erneut Anlaß, das Wehrsystem zu verbessern, wenn die Anlagen sich als nicht ausreichend erwiesen hatten.

Dieser unaufhörliche Kampf um die Erhaltung des Landes verdient es, so meinen wir, im Zusammenhang geschildert zu werden. Er wurde einerseits von den bis in die Neuzeit zumeist unbekannten Naturkräften bestimmt; andererseits beeinflußten technische Mittel, politische Ereignisse, drückende Not und Verschuldung das Verhalten der Küstenbevölkerung selbst und der Landesherren. So wird in dem vorliegenden Buch versucht, eine Geschichte der Sturmfluten für Schleswig-Holstein, Hamburg und für die Elbe zu schreiben, weil, wie es Goethe einmal ausgedrückt hat, die Gegenwart nur durch die Vergangenheit zu verstehen ist. Wir werden sehen, daß sich die Sturmflutereignisse der letzten Jahre durchaus in das Gesamtbild der Sturmflutgeschichte einordnen lassen: Es gab immer wieder Perioden mit großer und solche mit geringer Sturmfluthäufigkeit. Und immer wieder wurde das ganz persönliche Schicksal der Menschen an der Küste durch die Sturmfluten geprägt, wie aus Augenzeugenberichten aus vier Jahrhunderten hervorgeht.

Das Naturgeschehen an der Küste hat sich mindestens in den letzten zwei Jahrtausenden nicht grundlegend geändert. Auch die Menschen sind in ihrem Verhalten die gleichen geblieben. Wesentlich geändert haben sich jedoch die technischen Möglichkeiten, mit denen die Menschen dem Naturgeschehen entgegentreten können, ohne jedoch auch heute die Natur vollständig zu beherrschen. Als besonders schwere Sturmflutkatastrophen ragen die Daten 1362, 1436, 1570, 1634, 1717 und 1825 aus der Geschichte des Landes an der Nordsee heraus. Als Naturereignisse waren die Sturmfluten von 1962 wie auch 1976 durchaus mit diesen vergleichbar. Daß das Ausmaß der Verluste und Schäden begrenzt blieb, ist dem technischen Fortschritt zu danken, dem Fortschritt der Wasserbautechnik wie der Nachrichtentechnik. Deshalb wird die Entwicklung des Küstenschutzes und der wissenschaftlichen Voraussetzungen dafür eingehend geschildert. Es soll aber nicht verschwiegen werden, daß der allgemeine technische Fortschritt auch der Anlaß zur Verstärkung der Sturmflutgefahr sein kann, wenn durch Eingriffe in die Atmosphäre die meteorologischen Verhältnisse ungünstig beeinflußt werden, durch Erwärmung der Meeresspiegel steigt und zugleich durch Gas- und Ölentnahmen die Küsten absinken. Darum ist ständige Wachsamkeit geboten!

Schließlich wird noch auf soziologische und rechtliche Aspekte eingegangen. Im Anfang wurde das Deichwesen als Kommunalsache behandelt. Jeder Koog mußte für sich selbst sorgen; er konnte bei Deichbrüchen und Überschwemmungen nicht auf nachbarliche Hilfe rechnen. Die Sturmfluten jedoch lehrten, daß Erfolge nur durch einträchtiges Zusammenwirken zu erzielen sind. Benachbarte Köge vereinigten sich nach und nach zu Deichverbänden. Man schuf geregelte Deichordnungen, zum Beispiel das Spadelandesrecht, die als Vorläufer unserer Deich- und Wassergesetze anzusehen sind.

In den letzten Jahrzehnten sind auf den Gebieten der Sturmflutkunde und des Küstenschutzes bemerkenswerte Leistungen zu verzeichnen. Das gesamte Schutzsystem an den Küsten der Nord- und Ostsee wird verkürzt und bruchsicher verstärkt. Bei allem Fortschritt gibt es aber vorerst keine absolute Sicherheit gegen Überschwemmungen durch Sturmfluten; ein gewisses Risiko bleibt. Um dieses noch mehr verringern zu können, sollten die Sturmflutforschung fortgesetzt, die Voraussage weiter verbessert und das Schutzsystem dem Stand des Wissens entsprechend konsequent vervollständigt werden.

Den Verfassern, die selbst seit vielen Jahren an der Küste tätig sind, ist von zahlreichen Personen — insbesondere von Fachkollegen — von Behörden und Institutionen Auskunft, Rat und Hilfe zuteil geworden; ihnen allen sei herzlich gedankt. Ferner gilt ihr Dank dem Karl Wachholtz Verlag, der für dieses Buch die Anregung gab und Herstellung sowie Ausstattung in jeder Weise gefördert hat.

Die Bilder wurden nach thematischen Gesichtspunkten ausgewählt. Es handelt sich dabei vorwiegend um Amateurfotos, die unter ungünstigen Wetter- und Lichtverhältnissen aufgenommen worden sind. Die Bildqualität konnte deshalb nicht immer optimal sein.

Mönkeberg und Halstenbek, im Mai 1977

Marcus Petersen   *Hans Rohde*

Inhalt

Was ist eine Sturmflut? 9

Messung und Statistik der Wasserstände 11

Wasserstände bei Sturmfluten 15

Wetter und Sturmfluten 20

Wellen 25

Langfristige Wasserstandsänderungen 29

Sturmfluten der Nordsee 33
    Von der Römerzeit bis zum Ende des 14. Jahrhunderts 33
    Die Zeitspanne vom 15. bis zum Ende des 18. Jahrhunderts 40
    Vom 19. Jahrhundert bis 1962 53
    Die Entwicklung nach 1962 68

Ostseesturmfluten 79

Sturmfluten und Schiffahrt 85

Schutz gegen Sturmfluten 95
    Marschen und Watten 95
    Sandige Küsten 109
    Die Felsenküste Helgolands 116
    Sperrwerke in Tideflüssen 118

Organisation und Recht 123

Schlußbetrachtung 129

Schriftenverzeichnis 133

Verzeichnis der bekannten Sturmfluten 141

Abbildungsnachweise 144

Sachregister 145

Was ist eine Sturmflut?

Unter „Flut" versteht man ganz allgemein eine große anschwellende Wassermenge, die ein Gebiet „überflutet". In Übereinstimmung mit dieser Vorstellung wird bei den Gezeiten der Zeitabschnitt, in dem das Wasser steigt, Flut genannt. Wenn das Wasser wieder fällt, sprechen wir von Ebbe. Geht man auf die ursprüngliche Bedeutung des Wortes „Flut" zurück und berücksichtigt, daß zu der großen Wassermenge auch ein hoher Wasserstand gehört, so ist eine Sturmflut einfach zu definieren als Zeitspanne mit hohen Wasserständen an den Küsten oder in Flußmündungen, die vorwiegend durch starken Wind hervorgerufen sind.

Der Sturmflutbegriff bleibt auf die Küsten und Flußmündungen beschränkt, weil nur dort – unter dem Einfluß von starkem Wind – der Wasserstand eine bedrohliche Höhe erreichen kann. Durch den gegen die Küste gerichteten Sturm werden aus dem unerschöpflichen Meer immer neue Wassermassen herangetrieben, die sehr große Gebiete einer ungeschützten Niederung oder einer bedeichten Niederung nach einem Deichbruch überfluten können. Daher sind Sturmflutkatastrophen nur aus Küstengebieten bekannt.

Von den Gezeiten ist der Begriff „Sturmflut" unabhängig, denn auch an gezeitenfreien Küsten, wie zum Beispiel an der Ostsee oder dem Schwarzem Meer, kommen Sturmfluten vor. Werden hohe Wasserstände an den Küsten und in den Flußmündungen nicht durch Sturm verursacht, so sind solche Ereignisse keine Sturmfluten; sie werden zum Beispiel in Flußmündungen als Folge von besonders hohen Abflüssen aus dem Binnenland verursacht. Auch Erdbeben können „Flutwellen" auslösen, die zu extrem hohen Wasserständen an den Küsten führen: Im Pazifik sind sie als Tsunamis bekannt und gefürchtet. Dagegen gelten als Sturmfluten die von Wirbelstürmen – Hurrikans – an der Ostküste von Nordamerika oder von den Taifunen in Asien hervorgerufenen Fluten. Man spricht auch von einer Sturmflut, wenn durch einen Sturm fern über dem Meer, vielleicht einen Wirbelsturm, an der Küste ein hoher Wasserstand erzeugt wird und an der Küste selbst oder in der Flußmündung gar kein starker Wind zu spüren ist.

Man hat sich darüber geeinigt, von welchem Maß an man einen Wasserstand als „hoch" bezeichnen und demgemäß von einem Sturmflutwasserstand oder allgemein von einer Sturmflut sprechen will. In Deutschland ist man übereingekommen, Sturmfluten nach der Häufigkeit von Scheitelwasserständen zu kennzeichnen. Voraussetzung dafür ist eine langjährige Messung der Wasserstände. Solche Beobachtungen werden an zahlreichen Orten der deutschen Nord- und Ostseeküste und in den Flußmündungen seit der zweiten Hälfte des vorigen Jahrhunderts ausgeführt, also seit mehr als hundert Jahren, an einigen Orten sogar schon seit knapp zweihundert Jahren.

Wir teilen die Sturmfluten in leichte, schwere und sehr schwere ein: Der Scheitelwasserstand einer „leichten Sturmflut" liegt in einem mittleren Häufigkeitsbereich zwischen zehnmal im Jahr und einmal in zwei Jahren an der Nordseeküste, an der Ostseeküste zwischen zweimal im Jahr und einmal in fünf Jahren. Der höchste Wasserstand einer „schweren Sturmflut" liegt im Häufigkeitsbereich zwischen 0,5 und 0,05 pro Jahr an der Nordseeküste, das heißt, er wird im Mittel alle zwei bis zwanzig Jahre einmal erreicht, an der Ostseeküste liegt er dagegen zwischen 0,2 und 0,05 je Jahr, wird also alle fünf bis zwanzig Jahre einmal erreicht. Die Häufigkeit einer sehr schweren Sturmflut ist geringer als 0,05 pro Jahr. Mit einer solchen ist sowohl an der Nordsee- als auch an der Ostseeküste seltener als alle zwanzig Jahre einmal zu rechnen. In verkürzter Schreibweise wird es so dargestellt:

Leichte Sturmflut,
Eintrittshäufigkeit des Scheitelwasserstandes:
10 bis 0,5 im Jahr (Nordsee), 2 bis 0,2 im Jahr (Ostsee)

Schwere Sturmflut,
Eintrittshäufigkeit des Scheitelwasserstandes:
0,5 bis 0,05 im Jahr (Nordsee), 0,2 bis 0,05 im Jahr (Ostsee)

Sehr schwere Sturmflut,
Eintrittshäufigkeit des Scheitelwasserstandes:
0,05 im Jahr (Nord- und Ostsee)

Je höher eine Sturmflut über den mittleren Wasserstand anschwillt, desto seltener ist sie; sehr niedrige Wasserstände sind entsprechend selten (Abb. 1). In den Flußmündungsgebieten der Tideströme kommen Hochwasser, die keine Sturmfluten sind, um so häufiger vor, je mehr man flußaufwärts geht. Aber schon für Hamburg gilt ein Hochwasser im Häufigkeitsbereich von weniger als einmal im Jahr in der Regel als Sturmflut. Auch die niedrigen Wasserstände werden an der Küste vorwiegend durch Wind oder Sturm verursacht, jedoch durch ablandigen Wind, man spricht dann aber nicht von Sturmfluten. Sturmfluten an der Nordseeküste von Schleswig-Holstein erzeugen an der Ostseeküste niedrige Wasserstände und umgekehrt.

Wir wollen hier hinzufügen, daß sich der Ausdruck Sturmflut nicht auf einen einzelnen Wasserstand bezieht, sondern auf das ganze Ereignis. Die Höhe des höchsten Wasserstandes, des Scheitelwasserstandes, ist dafür maßgebend, ob man das Ereignis als Sturmflut bezeichnet und ob eine leichte, schwere oder sehr schwere Sturmflut vorliegt. Es kommt häufig vor, daß mehrmals im Abstand von einigen Stunden Scheitelwasserstände auftreten, die im Häufigkeitsbereich von weniger als zehnmal im Jahr liegen. Das Abfallen des Wasserstandes zwischen diesen Scheiteln wird durch die jeweils astronomisch bedingten Ebbezeiten verursacht.

Im Tidegebiet verwendet man gelegentlich auch folgende Begriffe: Windfluten, Sturmfluten und Orkanfluten. Die

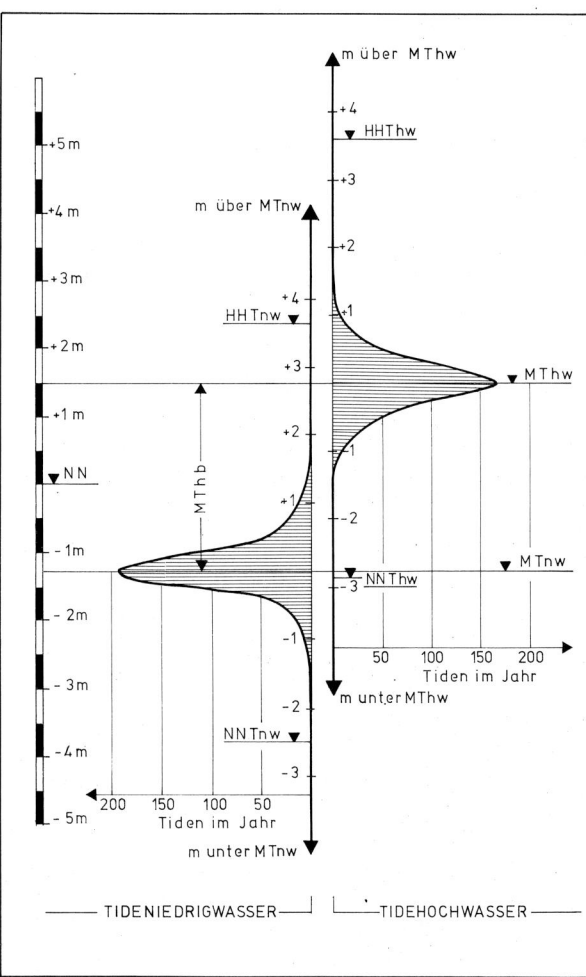

Abb. 1. Mittlere Häufigkeitsverteilung der Tidehoch- und Tideniedrigwasserstände (schematisiert), bezogen auf 1 Jahr.

Zuordnung der Scheitelwasserstände entspricht etwa der oben genannten Einteilung.

Die Definition der Sturmfluten nach der Häufigkeit des Scheitelwasserstandes kann nur bei einer Mittelung über eine lange Zeitspanne richtig sein, da es sich um eine statistische Einteilung handelt. Wenn im Durchschnitt mit einer sehr schweren Sturmflut nur weniger als einmal in zwanzig Jahren gerechnet zu werden braucht, so kann ein solches Ereignis auch in einem Jahr dreimal hintereinander auftreten, dafür vielleicht erst wieder in sechzig Jahren. Unter dieser Voraussetzung sollte man auch den in letzter Zeit häufig gehörten und mißbrauchten Ausdruck „Jahrhundertflut" betrachten. Er bedeutet, daß eine solche Sturmflut nach der Statistik nur einmal in hundert Jahren zu erwarten war. Natürlich kann eine solche „sehr schwere Sturmflut" schon nach sehr viel kürzerer Zeit wieder auftreten. Wenn dafür die Zeitspanne bis zum nächsten ähnlichen Ereignis entsprechend groß ist, ist die mittlere Häufigkeit von einmal im Jahrhundert auch noch gegeben. Hier kommen wir an die Grenze unserer derzeitigen statistischen Ermittlungen. Von einem durchschnittlichen Eintreten eines bestimmten Wasserstandes von einmal in hundert Jahren darf man eigentlich erst bei Zeitspannen von mehreren Jahrhunderten sprechen. Man sollte daher den Ausdruck „Jahrhundertflut" vermeiden.

Wie wir gesehen haben, setzt der Begriff Sturmflut und die Einteilung der Sturmfluten in leichte, schwere und sehr schwere eine möglichst langjährige exakte Statistik der Wasserstände voraus. Obwohl diese für keinen Ort der deutschen Küsten weiter als bis zum Jahre 1784 zurückgeht, sprechen wir auch für die weiter zurückliegenden Jahre von Sturmfluten und sogar von schweren und sehr schweren Sturmfluten. Diese Begriffe sind fast ausschließlich nach den angerichteten Schäden orientiert. „Leichte Sturmfluten", bei denen nur etwas erhöhte Wasserstände auftraten, aber keine nennenswerten Schäden, blieben in den Chroniken, die meist von Pastoren oder anderen schreibkundigen Leuten verfaßt wurden, in der Regel unerwähnt. Bei höheren Wasserständen traten immer Schäden an Deichen, Hafenbauwerken, an Hab und Gut auf, oder es fanden sogar Menschen den Tod. Solche Ereignisse wurden von den Chronisten vermerkt; dies entspricht etwa den Presseberichten unserer Zeit. Dabei bleibt allerdings zu bedenken, daß frühere Schadensfluten auch schon bei relativ niedrigeren Scheitelhöhen eintreten konnten; Deiche und Hafenanlagen waren im Vergleich zur Gegenwart wesentlich schwächer und niedriger.

Die durch die Chroniken überlieferten Sturmfluten sind eigentlich immer nur Schadensfluten, die bedeutendsten unter ihnen werden auch Katastrophenfluten genannt. Weil genaue Angaben über die unbeeinflußten Scheitelhöhen fehlen, ist es nicht möglich, die früheren Schadensfluten exakt mit den Sturmfluten nach der oben gegebenen Einteilung zu vergleichen. Die Beschreibungen in den Chroniken und die daraus abgeleiteten Sturmflutverzeichnisse können den Eindruck vermitteln, als habe es früher im Vergleich zu heute mehr Sturmfluten gegeben. Genauere Untersuchungen für die Westküste von Schleswig-Holstein ab 1400 haben ergeben, daß Schadensfluten in der Häufigkeit ihres Auftretens wie auch in der Verteilung über das Jahr etwa den schweren und sehr schweren Sturmfluten heutiger Definition entsprochen haben dürften. Es kann daher angenommen werden, daß sie auch in ihrer Scheitelhöhe in vergleichbaren Häufigkeitsbereichen über den mittleren Wasserständen gelegen haben.

Das Wort „Sturmflut" verwendet man erst seit dem Anfang des vorigen Jahrhunderts. In den Chroniken wird von großen oder hohen „Fluthen" oder „Wasserfluthen" gesprochen. Zur näheren Kennzeichnung werden die Namen der Kalenderheiligen der betreffenden Tage hinzugefügt, oder wenn die Sturmflut an einem Feiertag stattfand, wird dessen Bezeichnung verwendet. So finden sich Namen wie Marcellusflut, Caecilienflut, Weihnachtsflut, Fastnachtsflut, Allerheiligenflut.

Von einigen besonders schweren Sturmfluten sind für verschiedene Küstenorte auch Scheitelwasserstände überliefert, von anderen lassen sie sich bis ins 16. Jahrhundert zurück rekonstruieren. Berücksichtigt man dabei den in den letzten Jahrhunderten allgemein zu beobachtenden Anstieg des Meeresspiegels, dann haben alle bisher bekannten höchsten Sturmfluten, die als schwere Katastrophen für das gesamte deutsche Küstengebiet in die Geschichte eingegangen sind, mit ihrem Scheitel in derselben Größenordnung über dem Mittleren Tidehochwasser (MThw) gelegen, wie die sehr schweren Sturmfluten von 1962 und 1976. Im Durchschnitt sind solche Scheitelhöhen etwa alle 100 bis 150 Jahre aufgetreten. Daß die angerichteten Schäden gegenüber heute sehr viel größer waren – viele tausend Tote und große für Jahrhunderte vom Meer verschlungene Gebiete sind keine Seltenheit –, liegt allein an den jetzt verfügbaren besseren technischen Mitteln.

Wie wir gesehen haben, setzen die heutige Definition der Sturmfluten und ihre Einteilung die Messung der Wasserstände und eine möglichst langjährige Wasserstandsstatistik voraus. Da wir in den weiteren Ausführungen verschiedene Begriffe aus diesen Gebieten benutzen, soll sich der nächste Abschnitt damit befassen.

Messung und Statistik der Wasserstände

An einigen Orten der deutschen Nord- und Ostseeküste und in den Tideflüssen werden seit dem Ende des 18. Jahrhunderts Wasserstände regelmäßig mit Hilfe von Pegeln gemessen. Wir wissen, wie die Messungen ausgeführt wurden, so daß man sie mit heutigen Beobachtungen vergleichen kann. An verschiedenen Stellen hat man schon früher gemessen, ohne daß Einzelheiten überliefert sind.

Für die Wasserstandsmessungen verwendete man zunächst nur Pegellatten aus Holz oder Metall, die mit einem Maßstab in Zoll und Fuß versehen waren. Ein Fuß hatte meistens 12 Zoll, die Länge eines Fußes war von Land zu Land verschieden. Ein Hamburger Fuß betrug zum Beispiel 28,7 cm, ein preußischer oder rheinischer Fuß, der auch in Dänemark und Schleswig-Holstein benutzt wurde, 31,4 cm. Auch heute gehört zu jeder Pegelanlage, sei es ein Latten- oder Schreibpegel, eine Pegellatte. Sie ist der wichtigste Bestandteil der Pegelanlage, und im Zweifelsfall sind die an der Latte abgelesenen Werte die maßgebenden. Auf einer modernen Pegellatte (Abb. 2) beträgt die kleinste Strecke des Maßstabes 2 cm, die eigentliche Teilung ist in Dezimetern markiert.

Die Latte wird an einem Pfahl im Gewässer oder an einer Ufermauer angebracht, wo man den Wasserstand zu bestimmten Zeiten und auch bei Sturmfluten ablesen kann. Wichtig ist, daß man immer die Lage der einzelnen Maßstriche zu dem Höhenhorizont der Landesvermessung, dem Normalnull (NN), kennt; das bedeutet, die Höhenlage des Pegelnullpunktes zu NN muß festgelegt und immer wieder nachgeprüft werden.

Lattenpegel im tidefreien Gebiet werden in der Regel einmal am Tage abgelesen, zum Beispiel um 12.00 Uhr. Nur wenn sich die Wasserstände schneller ändern, wie zum Beispiel in einem Fluß beim Ablauf einer Hochwasserwelle oder bei einer Sturmflut an der Ostseeküste, wird der Wasserstand an der Pegellatte häufiger abgelesen. Jeder gemessene Wert wird in die Wasserstandsliste eingetragen. Trägt man die Werte über eine Zeitachse maßstäblich grafisch auf, so erhält man eine Wasserstands-Ganglinie. Der höchste Wert einer Ganglinie innerhalb einer bestimmten Zeit ist das Hochwasser oder der Hochwasserstand (HW), der niedrigste das Niedrigwasser oder der Niedrigwasserstand (NW). Der Mittelwert über eine bestimmte Zeit ergibt das Mittelwasser oder den Mittelwasserstand (MW). Bei den höchsten und niedrigsten Werten sowie den Mittelwerten ist stets anzugeben, auf welche Zeitspanne sie sich beziehen. Der höchste bisher bekannte Hochwasserstand ist das HHW, das niedrigste NW heißt NNW. Bei diesen Werten sollte man das Datum angeben, an denen sie eingetreten sind. Für ausgewählte Pegel finden wir die wichtigsten Werte in den gewässerkundlichen Jahrbüchern der einzelnen Flußgebiete und des Küstengebietes veröffentlicht.

Seit der Mitte des vorigen Jahrhunderts gibt es in Deutschland Schreibpegel: Zusätzlich zu der Pegellatte wird ein Registriergerät aufgestellt, das den Wasserstand

Abb. 2. Moderne Pegellatte mit „E-Teilung". Ziffernangabe in Dezimetern, bezogen auf den Pegelnullpunkt.

selbständig aufschreibt. In einem Rohr von zum Beispiel 30 bis 50 cm Durchmesser oder in einem rechteckigen Schacht besteht Verbindung mit dem freien Außenwasser durch verhältnismäßig kleine Einströmöffnungen, so daß sich ein Schwimmer mit dem jeweiligen Wasserstand auf- und abbewegt. Diese Bewegung überträgt sich über den Schwimmerdraht und eine Zahnradübersetzung auf eine Schreibfeder, die dann die Wasserstände auf einen Papierbogen, den Pegelbogen, aufzeichnet. Die Registriertrommel wird durch ein Uhrwerk gleichmäßig gedreht. Auf diese Weise zeichnet die Schreibfeder auf dem Registrierpapier eine fortlaufende Kurve, die Wasserstands-Ganglinie.

Ein Schreibpegel hat gegenüber dem Lattenpegel große Vorteile: Fehler beim Ablesen oder Aufschreiben der Wasserstände werden vermieden. Bei etwas bewegter Wasseroberfläche, insbesondere bei Sturmfluten, ist es schwierig, die Pegellatte genau abzulesen; infolge der Dämpfung der Wellen im Pegelrohr gibt der Schwimmer dagegen einen eindeutigen Wert an. Alle Wasserstandsschwankungen sowie die höchsten und niedrigsten Werte werden erfaßt. Der Betrieb eines Schreibpegels erfordert es natürlich, daß er sorgfältig gewartet und kontrolliert wird. Manche Pegel sind mit einem festen Pegelhäuschen ausgerüstet, in dem das Gerät untergebracht ist und in dem sich der Pegelbeobachter zeitweise aufhalten kann (Abb. 3). Der Rohrpegel im Wattengebiet wird fest im Untergrund als Trägerpfahl eingespült und dient zugleich als Schwimmerschacht (Abb. 4). Das Registriergerät (Abb. 5) befindet sich in einem wasserdichten Behälter oben auf dem Rohr.

Seit einiger Zeit gibt es auch noch andere Registriersysteme: An Stelle des Pegelbogens auf der Trommel verwendet man den Blattschreiber, die Registrierung auf Lochstreifen, auf Magnetband oder mittels digitalem Ausdruck; statt mit einem Schwimmer erfaßt man den Wasserstand durch elektrische Widerstandsmessung, durch Druckmessung oder Ultraschall. Der mechanische Schwimmerschreibpegel ist wegen seiner technischen Unempfindlichkeit und Robustheit das am häufigsten

Abb. 3. Schreibpegel Zollenspieker an der oberen Tideelbe. Gemauerter quadratischer Pegelschacht mit hölzernem Pegelhäuschen. Der Pegelschacht hat durch ein Zulaufrohr, das unter NNTnw liegt, freie Verbindung mit der Elbe. Die Pegellatte ist auf dem Bild nicht zu erkennen.

Abb. 4. Rohrpegel in einem Wattpriel. Stahlrohr von 30 cm Durchmesser mit Leiter und Bedienungsplattform. Oben, in wasserdichtem Gehäuse, das Registriergerät. Die Zulauföffnung im Pegelrohr liegt unter NNTnw. An der Vorderseite die Pegellatte.

verwendete Registriergerät. Und selbstverständlich gehört zu jedem Registrierpegel eine Pegellatte.

Die vorstehenden Ausführungen gelten auch für das Tidegebiet, hier sind jedoch einige Besonderheiten zu beachten. An den Gezeitenküsten, also auch an der deutschen Nordseeküste, wechseln die Wasserstände in einem bestimmten Rhythmus. Durch den Englischen Kanal und um Schottland herum läuft die Gezeiten- oder Tidewelle aus dem Atlantischen Ozean in die Nordsee und in die Flußmündungen ein. Diese Welle entsteht durch das Heben und Senken des Wassers im Ozean infolge der Anziehungskräfte von Mond und Sonne. Wir stellen an der Küste schon durch einfache Beobachtungen fest, daß sich der Wasserstand zweimal am Tag bis zu einem höchsten Wert hebt und danach innerhalb von sechs bis sieben Stunden auf einen niedrigsten Wert fällt. Das Ansteigen des Wassers nennt man Flut, das Fallen Ebbe, den höchsten Wasserstand jeweils Hochwasser oder genauer Tidehochwasserstand, den niedrigsten Niedrigwasser oder Tideniedrigwasserstand. Die Zeit von einem Tidehochwasser (Thw) zum nächsten oder von einem Tideniedrigwasser (Tnw) zum nächsten, die Tidedauer, beträgt bei uns im Mittel 12 Stunden und 25 Minuten. Das Steigen und Fallen des Wasserstandes kann man gut mit einem Pegelgerät beobachten.

Es interessieren besonders der jeweilige höchste Wasserstand innerhalb der Tidedauer und der niedrigste, also Thw und Tnw. Als es noch keine Schreibpegel gab, sondern nur Lattenpegel, mußte der Pegelbeobachter rechtzeitig vor der erwarteten Eintrittszeit von Thw oder Tnw am Pegel sein, um Höhe und Eintrittszeit dieser extremen Wasserstände genau zu beobachten, denn die Eintrittszeiten können sich zum Beispiel durch Windeinfluß mehr oder weniger stark gegenüber den normalen Werten verschieben. Die Beobachtung war oft schwierig, wenn die Wasseroberfläche bewegt war. Viele Jahrzehnte lang sind aber die Werte für die statistischen Aufzeichnungen auf diese Weise gewonnen worden.

Seit es Schreibpegel gibt, wird die Ganglinie der Wasserstände, die man im Tidegebiet auch Tidekurve nennt, direkt auf den Pegelbogen aufgezeichnet. Die Schreibtrommel dreht sich bei den Tidepegeln in 24 Stunden einmal herum, die Kurven der einzelnen Tage sind also immer etwas gegeneinander versetzt (Abb. 6). Nach einer Woche wird der Pegelbogen ausgewechselt, weil die Kurven sonst zu stark durcheinanderlaufen würden und die Auswertung zu ungenau werden kann. Auf Abb. 7 ist eine Tidekurve mit einigen wichtigen Begriffen dargestellt, wie sie über eine Zeitspanne von 24 Stunden — also bei einer Umdrehung der Schreibtrommel — aufgezeichnet wird.

Im Jahre 1935 hat man die Nullpunkte aller Pegel im deutschen Küstengebiet einheitlich auf 500 cm unter Normalnull (NN), dem schon erwähnten Horizont der Landesvermessung, gelegt. Somit wurden die Fehlerquellen zum Beispiel beim Verwechseln von positiven und negativen Ablesungen beseitigt. Ältere Wasserstandswerte sind auf diese Bezugshöhe umgerechnet worden.

Meistens dauert die Ebbe etwas länger als die Flut. In Tideflüssen ist die Flutdauer um so kürzer und die Ebbedauer um so länger, je weiter man stromaufwärts kommt. Mit zunehmender Wassermenge, die in das Tidegebiet abfließt, wird der Unterschied im Tidefluß größer. Abgesehen davon, daß die Tidekurven durch den Wind verformt werden, treten auch bei Windstille Tnw und Thw mit einer stets unterschiedlichen Höhe ein. Die Aufzeichnung der Tidekurve (Abb. 6) zeigt, daß die Thw und Tnw auf einem geschwungenen Linienzug liegen.

Die Werte schwanken innerhalb von zwei Wochen zwischen einem höchsten und einem niedrigsten Wert. Die Ursache für die Schwankung ist die Stellung von Sonne und Mond zueinander und damit die Änderung ihrer Anziehungskräfte. Wenn diese sich bei Vollmond und bei Neumond addieren, haben wir Springtide, das heißt ein verhältnismäßig hohes Thw (SpThw) und ein verhältnismäßig niedriges Tnw (SpTnw). Wenn sich bei Halbmond die Anziehungskräfte von Sonne und Mond teilweise aufheben, haben wir Nipptide, also ein verhältnismäßig niedriges Thw (NpThw) und verhältnismäßig hohes Tnw (NpTnw).

Das Deutsche Hydrographische Institut in Hamburg (DHI) berechnet die astronomischen Werte für die verschiedenen Stationen an den Küsten und veröffentlicht die Zeiten und Höhen der zu erwartenden einzelnen Thw und Tnw. MSpThw liegt in Büsum 17 cm über und MNpThw 24 cm unter MThw, MSpTnw 19 cm unter und MNpTnw 29 cm über MTnw. Die Zeiten finden wir in den Tidekalendern zusammengestellt, die man überall an der Küste kaufen kann. Auch in den Zeitungen werden sie regelmäßig im voraus veröffentlicht.

Da die Tidewelle insbesondere durch den Wind verformt wird, und zwar nicht nur durch den örtlich herrschenden Wind, sondern auch durch die Windverhältnisse in weit abgelegenen Bereichen der See, weichen die gemessenen Eintrittszeiten mehr oder weniger von den vorausberechneten ab. Man kann nur einige Stunden vorher voraussagen, wie Thw und Tnw von den normalen, langfristig vorausberechneten Werten abweichen werden. Das DHI gibt die Abweichungen täglich, bei Sturmfluten in kürzeren Abständen, über den Rundfunk bekannt. Die Erhöhung der Wasserstände über die astronomisch vorausberechneten bezeichnet man als Windstau.

Die Wasserstandsstatistik im Tidegebiet geht nicht vom mittleren Tageswasserstand aus, sondern von den jewei-

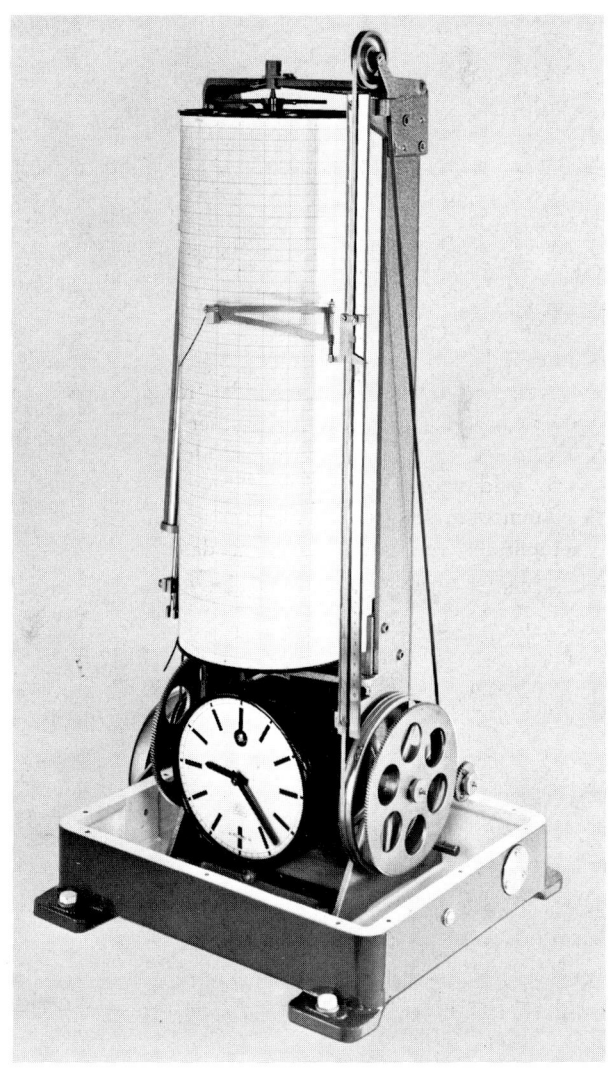

Abb. 5. Pegeltrommel mit Registrierpapier (Pegelbogen), Registrierfeder und Uhr eines Schreibpegels. Das wasserdichte Gehäuse (Abb. 4) fehlt hier.

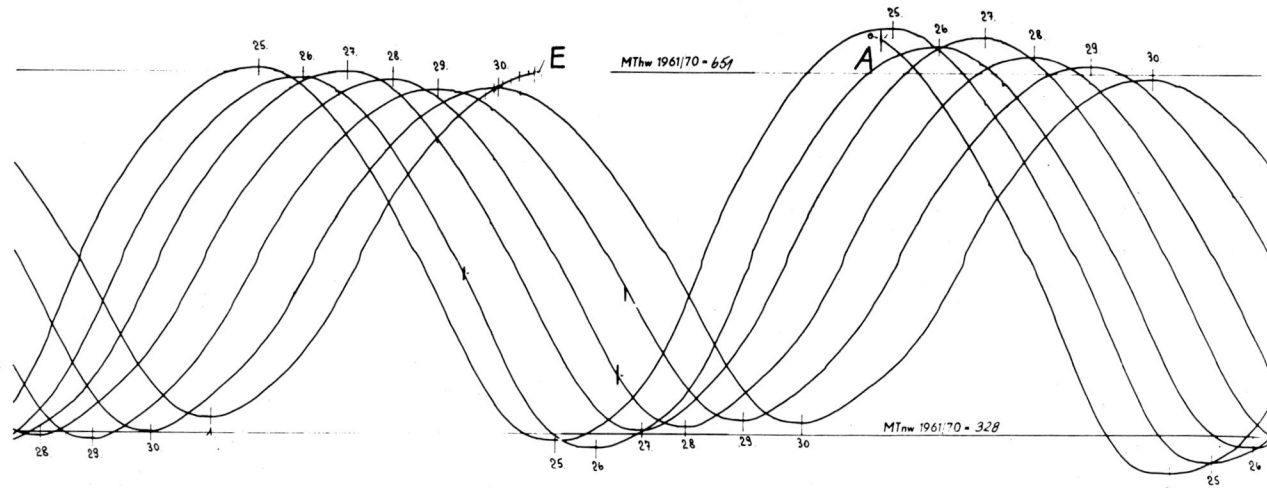

Abb. 6. Pegelaufzeichnung für eine Zeitspanne von sieben Tagen mit geringem Windeinfluß. Die zeitliche Verschiebung der Tiden und der unterschiedliche Tidehub sind eine Folge der sich verändernden Stellung von Sonne und Mond zueinander. (Originalschrieb des Pegels Büsum vom 24. 6. bis 1. 7. 1974.)

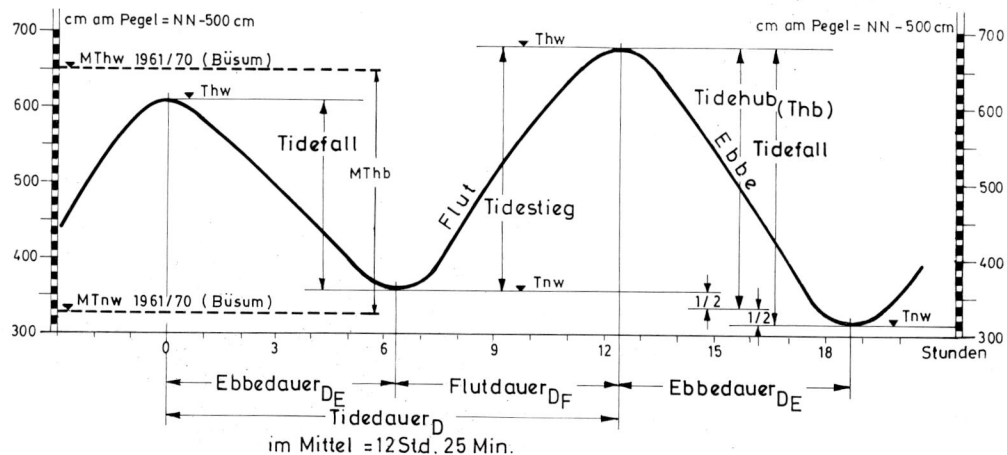

Abb. 7. Schema einer Tidekurve (Wasserstandsganglinie) über eine Zeit von 24 Stunden.

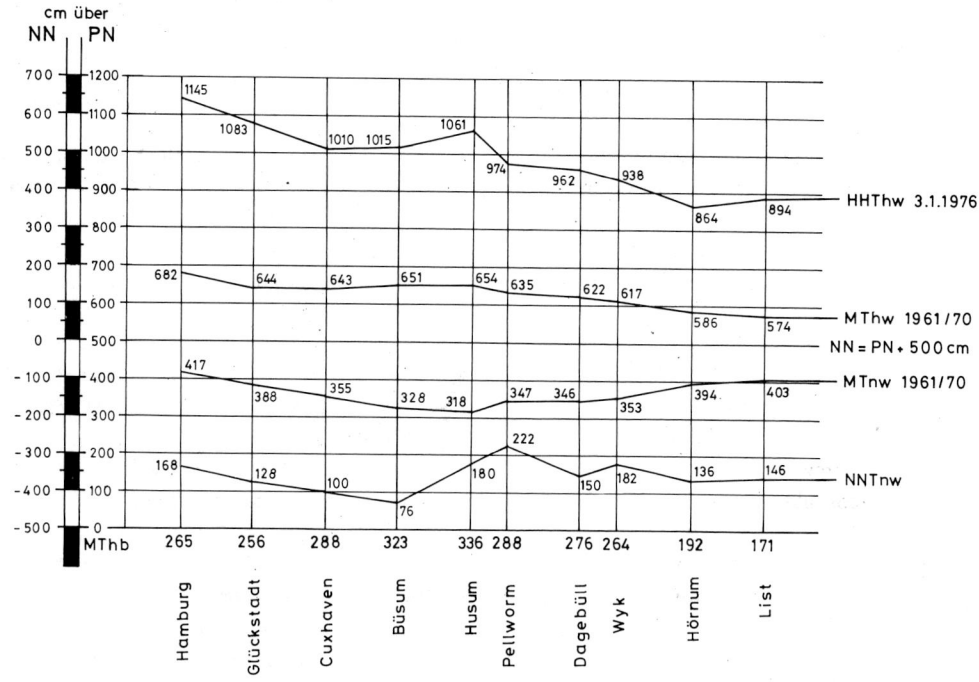

Abb. 8. Mittlere (MThw und MTnw) und extreme (HHThw und NNTnw) Wasserstände von einigen Pegeln an der Unterelbe und an der Westküste von Schleswig-Holstein.

ligen Thw und Tnw, es handelt sich also um eine Extremwertstatistik. Die im Mittel je 705 Thw und Tnw eines jeden Jahres ergeben das MThw bzw. MTnw des Jahres. Meistens werden die Mittelwerte für ein Jahr, fünf oder sogar zehn Jahre gebildet. So sind in der Abb. 7 MThw 1961–1970 und MTnw 1961–1970 für Büsum angegeben. Die Differenz zwischen beiden Werten ergibt den mittleren Tidehub (MThb). Er ist ebenso wie die Höhenlage von MThw und MTnw für jeden Küstenort ein anderer, für Büsum zum Beispiel 323 cm; den größten mittleren Tidehub an der deutschen Nordseeküste hat Wilhelmshaven mit 370 cm, den geringsten mit 170 cm List/Sylt.

Auf Abb. 8 sind für einige Pegelorte der Elbe und der Westküste von Schleswig-Holstein MThw und MTnw der Zehnjahresreihe 1961–1970 angegeben sowie die HHThw – es sind die Scheitelwerte der Sturmflut vom 3. Januar 1976 – und die NNTnw, die jeweils zu verschiedenen Zeiten eintraten. Ferner ist der absolute Schwankungsbereich des Wasserspiegels abzulesen.

Innerhalb einer größeren Zeitspanne sind Schwankungen in dem gesamten Höhenbereich an der Nordseeküste zwischen etwa NN +5,5 m und –4,5 m, an der Ostseeküste zwischen NN +3,5 m und –2,5 m möglich.

Die Kenntnis dieser Bereiche spielt für die Bewegungsvorgänge des Wassers und für die Nutzung der Gewässer eine Rolle. Von großem Wert für die Beurteilung von Sturmflutgefahren ist die Beobachtung der Steiggeschwindigkeit des Wasserstandes. An der Nordseeküste muß man mit Werten bis 1,90 m je Stunde rechnen, an der Ostseeküste dagegen nur mit Anschwellungen bis zu etwa 20 cm je Stunde.

Auch für die schon erwähnten SpThw und SpTnw oder NpThw und NpTnw bildet man Mittelwerte. Auf das mittlere Springtideniedrigwasser (MSpTnw) werden die Tiefenangaben von Seekarten bezogen. Geringere Tiefen kommen nur bei extrem ablandigen Winden vor. Daher kann der Schiffer darauf vertrauen, daß er bei normalen Verhältnissen mindestens die Tiefe vorfindet, die auf der Seekarte angegeben ist.

Wasserstände bei Sturmfluten

Da es eine nur aus den astronomischen Gegebenheiten resultierende Tidekurve praktisch nicht gibt, ist der Verlauf der Tidekurven, die auf einem Pegelbogen aufgezeichnet werden, auch selten so glatt und ruhig wie auf Abb. 6. Besonders bei Sturmfluten sehen die Pegelbögen oft sehr wild aus (Abb. 9). Die Tidekurven, also die Ganglinien des Wasserstandes, laufen völlig durcheinander, so daß sie nur von erfahrenen Fachleuten richtig ausgewertet werden können. Abb. 10 zeigt die Häufigkeitsverteilung der höchsten Thw von Cuxhaven für eine Zeitspanne von etwa hundert Jahren. Es ist hier in sehr starker Verzerrung der horizontalen Achse der oberste Bereich der Thw-Häufigkeitslinie aus Abb. 1 dargestellt. Lotet man den Häufigkeitswert 0,5, das ist einmal in zwei Jahren, bis zum Schnittpunkt mit der Häufigkeitslinie hoch, so erhält man die obere Grenze der leichten oder die untere Grenze der schweren Sturmfluten. Sie liegt für Cuxhaven 216 cm über MThw. Entsprechend erhält man durch den Schnitt des in dem Häufigkeitswert 0,05 (einmal in zwanzig Jahren) auf der Horizontalen errichteten Lotes mit der Häufigkeitslinie den oberen Grenzwert der schweren bzw. unteren Grenzwert der sehr schweren Sturmfluten; für Cuxhaven liegt er 290 cm über MThw. Die Grenzwerte sind für alle Pegelorte verschieden. In absolute Höhen über NN oder PN (= NN –500 cm) umgerechnet, erhalten wir folgende Grenzwerte der Jahresreihe 1961–1970 für Cuxhaven:

Leichte Sturmflut:
   262 cm bis 358 cm über NN
bzw. 762 cm bis 858 cm über PN

Schwere Sturmflut:
   359 cm bis 432 cm über NN
bzw. 859 cm bis 932 cm über PN

Sehr schwere Sturmflut:
   ab 433 cm über NN bzw. 933 cm über PN

Um genau angeben zu können, wann eine leichte, schwere oder sehr schwere Sturmflut an den verschiedenen Orten vorliegt, müßte man also für jeden betreffenden Ort eine Häufigkeitslinie wie in Abb. 10 aufzeichnen, und zwar für eine möglichst lange Zeitspanne. Das ist noch nicht überall geschehen. Für die Küstenorte der Deutschen Bucht (Ostfriesland bis Eiderstedt) kann man etwa sagen, daß leichte Sturmfluten zwischen 1,20 und 2,30 m über MThw liegen, schwere zwischen 2,30 und 3,00 m und sehr schwere Sturmfluten 3,00 m und höher. Für Nordfriesland sind die Werte etwas kleiner.

Die Häufigkeitslinien aller anderen Orte an der deutschen Nordseeküste gleichen in der Form weitgehend der in Abb. 10. Nur die Höhenlage ist je nach den örtlichen Gegebenheiten unterschiedlich. Schon vor über zweihundert Jahren hat der Deichrichter Albert Brahms für einen Pegel am Jadebusen eine Häufigkeitsstatistik in Tabellenform aufgestellt, die sich auf Beobachtungen zwischen 1717 und 1754 stützt. Er gibt an, wie häufig

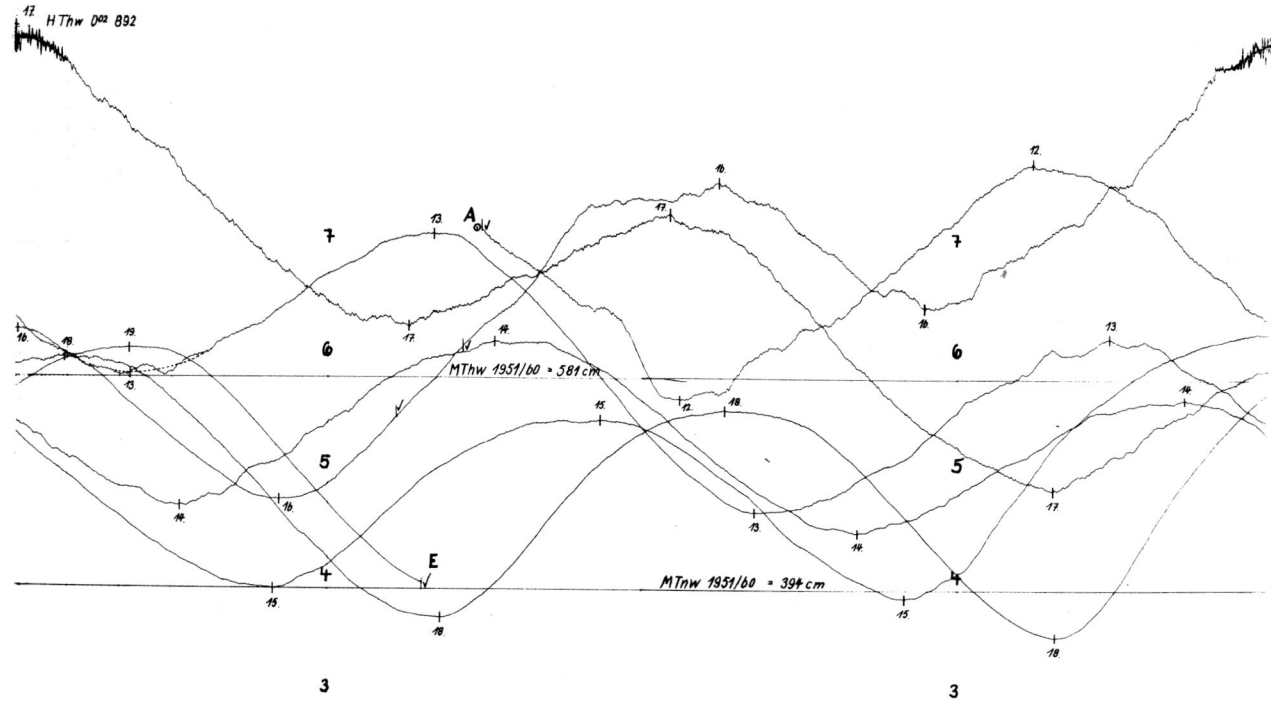

Abb. 9. Unregelmäßiger Verlauf der Tidekurven des Pegels Hörnum/Sylt. Originalaufzeichnung 12. 2.–19. 2. 1962 mit der sehr schweren Sturmflut am 16./17. 2.

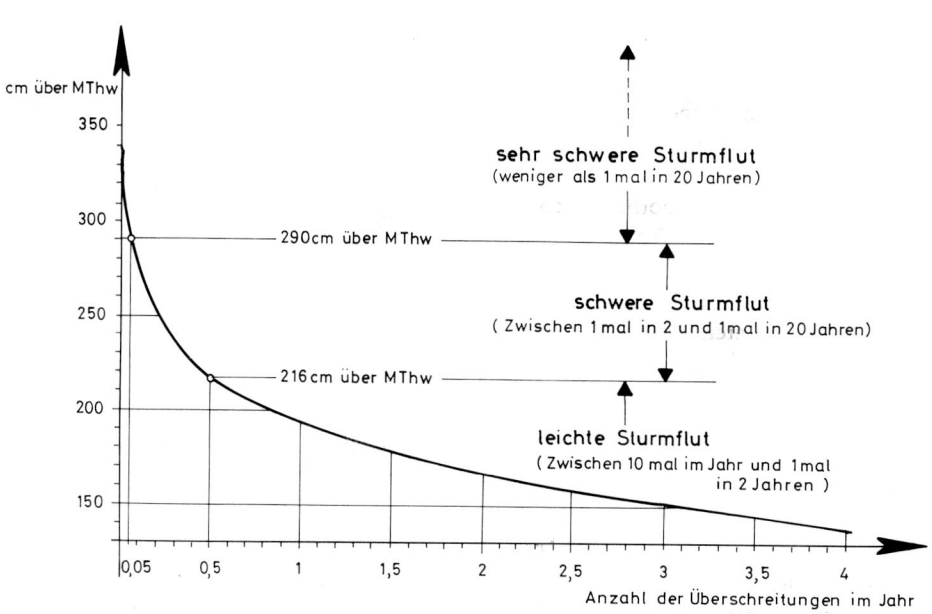

Abb. 10. Häufigkeitsverteilung hoher Tidewasserstände über MThw für den Pegel Cuxhaven und Einteilung der Sturmfluten nach der Eintrittshäufigkeit. Die Kurve entspricht dem obersten Teil der Häufigkeitskurve des Thw in Abb. 1, der Maßstab in der Horizontalen ist jedoch stark vergrößert.

ein Wasserstand einer bestimmten Höhe über „ordinärer Flut" – etwa MThw – im Jahr zu erwarten ist. Trägt man diese alten Werte in derselben Weise auf wie in Abb. 10, so stimmt die Kurve fast mit der heutigen von Cuxhaven überein. Das ist ein Beweis dafür, daß sich die Häufigkeitsverteilung der Sturmfluthöhen seit damals praktisch nicht geändert hat.

An der Ostseeküste von Schleswig-Holstein steigen nach unserer Definition leichte Sturmfluten 0,90 m bis 1,50 m, schwere Sturmfluten 1,50 m bis 2,00 m, sehr schwere Sturmfluten mehr als 2,00 m über das Mittelwasser.

Abb. 11 zeigt die Sturmflut-Tidekurven von 15. bis 18. Februar 1962 in Cuxhaven. Gestrichelt ist die vorausberechnete Tidekurve angegeben, die sich eingestellt hätte, wenn kein Sturm gewesen wäre. Die Thw steigen an, bis in der Nacht vom 16./17. Februar der Sturmflutscheitelwert erreicht ist, und danach fallen sie wieder ab; sie sind deutlich ausgeprägt und etwa zu den Zeiten eingetreten, als sie zu erwarten waren. Die Windstaukurve (unten) ergibt sich aus der Differenz zwischen der vorausberechneten und der tatsächlich eingetretenen Tidekurve. Ein solcher Verlauf der Tidekurven kommt verhältnismäßig häufig vor; man nennt die erhöhten Tiden vor dem eigentlichen Sturmflutscheitel Vortiden und die erhöhten Tiden nach dem Sturmflutscheitel Nachtiden.

Die Sturmflut vom 3. Januar 1976 brachte für Cuxhaven (Abb. 12) den bisher höchsten Scheitelwasserstand. Von einem verhältnismäßig normalen Verlauf steigt die Tidekurve plötzlich bis zu dem höchsten Wasserstand steil an. Die Ebbe wird dabei fast ganz unterdrückt. Nach dem Scheitel fällt der Wasserspiegel verhältnismäßig schnell wieder auf normale Höhen ab. Die Windstaukurve ist bei diesem Verlauf der Tidekurve viel weniger füllig als 1962. Hier ist also keine eigentliche Vortide vorhanden.

Daß bei Sturmfluten eine Ebbe ausbleibt, kommt gelegentlich vor. Das höchste Thw der Sturmflut tritt gegenüber dem vorausberechneten häufig früher ein. Besonders extreme Verhältnisse wurden bei der Sturmflut am 10. Februar 1949 an der Westküste beobachtet (Abb. 13). Bis zum 9. Februar verlief die Tide fast normal. Dann stieg der Wasserstand, als eigentlich das Thw erreicht sein mußte, weiter und weiter an, bis zur eigentlichen Tnw-Zeit endlich der Sturmflutscheitel erreicht war. Erst zur Zeit des nächsten vorausberechneten Tnw trat wieder ein Tnw auf, und danach verlief die Tidekurve weitgehend normal. Hier fehlten also ein Tnw und ein Thw ganz! Die Windstaukurve zeigt eine extrem hohe und schlanke Spitze von 5,70 m.

Einen anderen Sturmfluttyp stellt die Tidekurve der Sturmflut vom Dezember 1895 dar (Abb. 14). Der Windstau betrug zwar maximal nur etwas mehr als 3,00 m, aber es traten sechs Thw unmittelbar hintereinander auf, bei denen der Windstau jeweils mehr als 2,00 m erreichte. Eine solche Folge hoher Thw nennt man Kettentiden. Mehrere Kettentiden können einander auch in kurzen Zeitabständen folgen, wie zum Beispiel im Dezember 1792 oder im November und Dezember 1973.

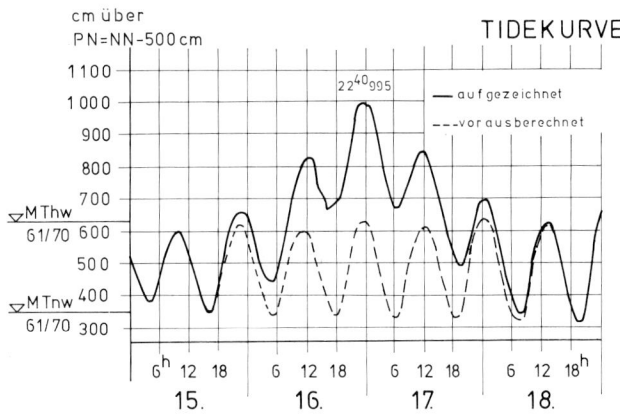

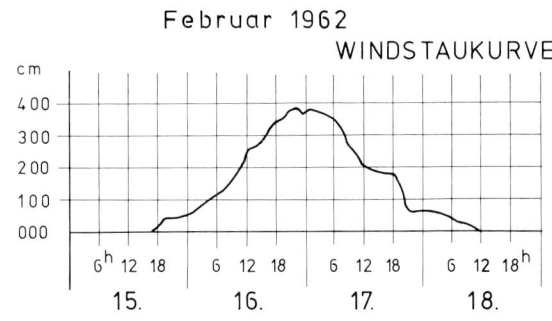

Abb. 11. Tidekurve und Windstaukurve 15.–18. 2. 1962 für den Pegel Cuxhaven.

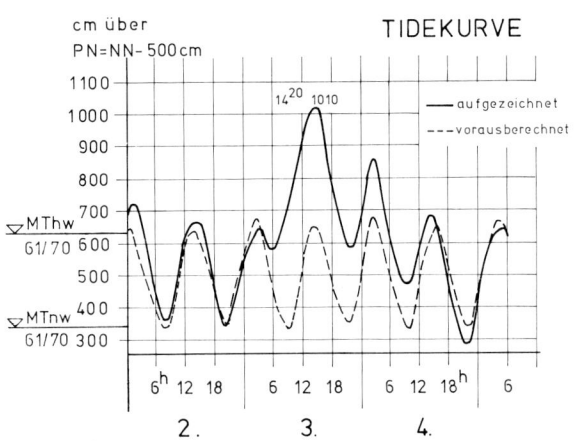

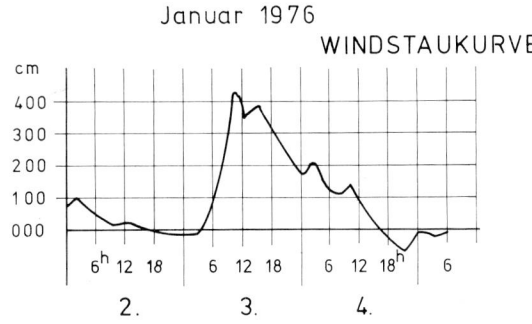

Abb. 12. Tidekurve und Windstaukurve 2.–5. 1. 1976 für den Pegel Cuxhaven.

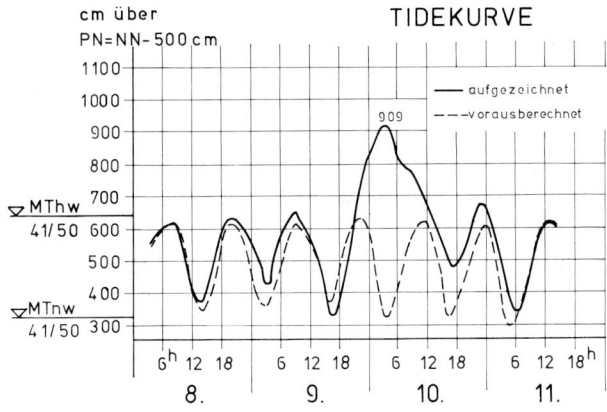

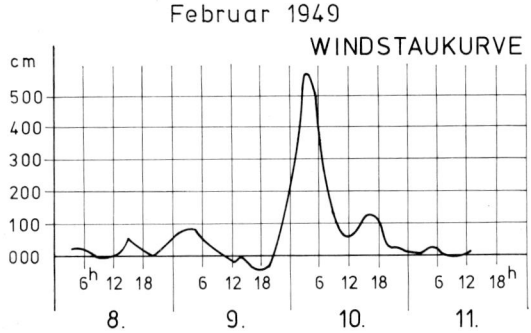

Abb. 13. Tidekurve und Windstaukurve 8.–11. 2. 1949 für den Pegel Husum.

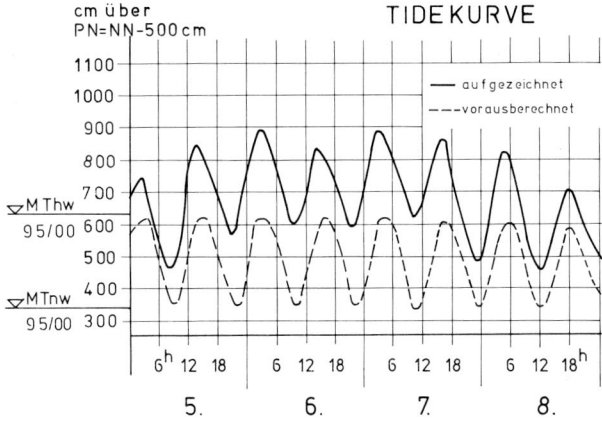

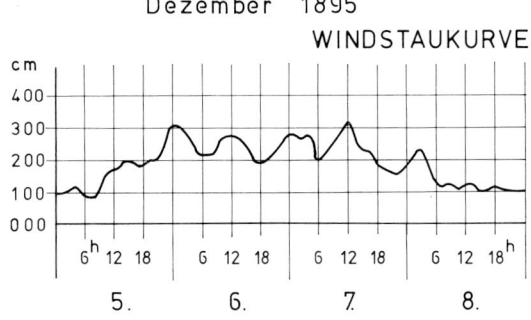

Abb. 14. Tidekurve und Windstaukurve 5.–8. 12. 1895 für den Pegel Cuxhaven.

Schließlich soll noch die Wasserstandsganglinie einer Ostseesturmflut gezeigt werden (Abb. 15). Es handelt sich um die bisher schwerste Sturmflut der westlichen Ostsee vom November 1872 und die Ganglinie am Pegel Flensburg. Die Ganglinie stimmt praktisch mit der Windstaukurve überein, denn die Tide spielt hier keine Rolle. Der Wasserstand steigt vom 8. November zunächst allmählich an, nimmt vom 11. an stark zu und fällt nach dem Scheitel am 13. November steil ab.

Wie mit den vorstehenden Ausführungen und den Abbildungen gezeigt werden sollte, gleicht praktisch keine Sturmflut der anderen. Man kann sie zwar in einzelne Gruppen einteilen, aber letztlich ist doch der Verlauf jeder Sturmflut wieder anders als der jeder früher beobachteten. Die Entstehung einer Sturmflut hängt von so vielen verschiedenen einzelnen, räumlich und zeitlich veränderlichen und sich gegenseitig beeinflussenden Gegebenheiten ab, daß die Form der Wasserstandsganglinie bei jeder Sturmflut eine andere wird. Das macht natürlich die Voraussage des künftigen Verlaufs so schwer, eine genaue Voraussage sogar unmöglich. Deshalb kann man nicht erwarten, daß Warnungen und Gegenmaßnahmen für alle Orte immer sofort richtig getroffen werden.

Wir können die Einflußfaktoren in drei große Gruppen einteilen: die meteorologischen, hydrologischen und morphologischen. An erster Stelle stehen die *meteorologischen* Faktoren. Sturmfluten werden ja durch starken Wind erzeugt. Windstärke und Windrichtung in örtlicher und zeitlicher Änderung spielen hier die Hauptrolle. Zu den *hydrologischen* Bedingungen gehört die allgemeine Wasserstandsentwicklung vor der Sturmflut: Fällt der Sturm mit einer Springtide oder einer Nipptide zusammen? Hat der Tidefluß gerade eine große Wassermenge aus dem Binnenland abzuführen? Wie sind die Eisverhältnisse, herrscht zum Beispiel Eistreiben, sind große Eisbarren oder ist eine geschlossene Eisdecke vorhanden? Meteorologische und hydrologische Faktoren wirken sich auch im Hinblick auf die *morphologischen* Bedingungen unterschiedlich aus: In einer tief ins Land reichenden Förde oder einem langen engen Flußschlauch läuft die Sturmflut besonders hoch auf, wenn der Sturm die Sturmflutwelle direkt dort hineintreibt. Verläuft die Windrichtung dagegen quer dazu, erreicht die Sturmflut nicht so hohe Scheitelwasserstände. Die Windrichtung kann sich aber im Verlauf der Sturmflut ändern! Anders als in einem engen Fluß liegen die Verhältnisse an einer glatten Küste, anders wieder an einer Küste mit vorgelagerten Watten, Inseln, Halligen, anders in einer sich nach innen erweiternden Bucht. Von Bedeutung ist dabei auch, ob die Küste flach ist, also allmählich ansteigt, oder ob unmittelbar vor einer felsigen Steilküste große Wassertiefen vorhanden sind. Ist die Bucht, die Förde, der Wattstrom, der Fluß tief oder flach? Können bei hohen Wasserständen Entlastungen durch große Überschwemmungen eintreten, sind Nebenflüsse abgedämmt?

Wie sich das flache und 20 bis 30 km breite Wattengebiet der Westküste als morphologischer Faktor für die

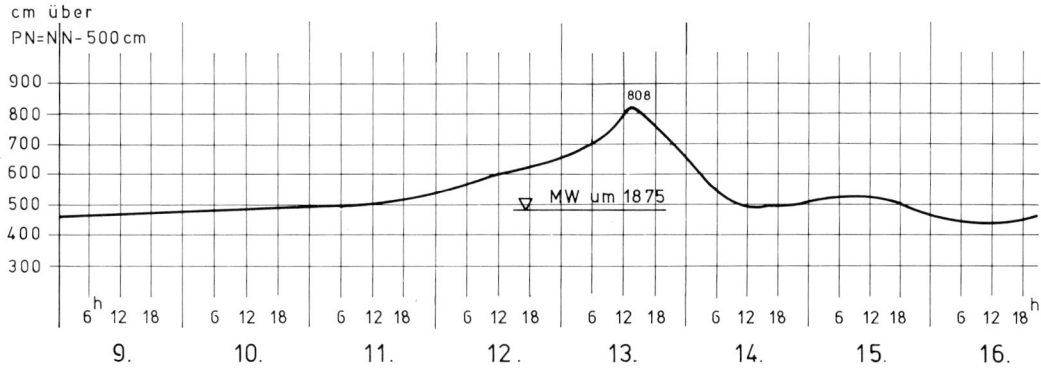

Abb. 15. *Wasserstandsganglinie 9.–16. 11. 1872 für den Pegel Flensburg.*

Änderung der Wasserstände von der See bis zur Festlandsküste auswirkt, sollen einige Zahlen verdeutlichen.

Schon das MThw steigt vom äußeren Rand des Wattenmeeres zur Küste hin überall an, und zwar:

von Hörnum (Sylt) bis Südwesthörn (24 km) um 34 cm
von Amrum bis Dagebüll (23 km) um 10 cm
von der Hevermündung bis Husum (32 km) um 24 cm
von Trischen bis Meldorf (25 km) um 12 cm

Die Ursache dafür sind Stau- und Reflexionserscheinungen. Bei Sturmfluten sind die Wasserstandsdifferenzen wesentlich größer. Für die oben genannten vier Linien betrugen die Differenzen bei den sehr schweren Sturmfluten vom 16./17. Februar 1962 und 3. Januar 1976:

Hörnum – Südwesthörn	196	264 cm,	1976	110 cm
Amrum – Dagebüll		1962 45 cm,	1976	57 cm
Hevermündung – Husum		1962 70 cm,	1976	91 cm
Trischen – Meldorf		1962 78 cm,	1976	81 cm

Ganz anders sind die Wasserstandsänderungen in einem trichterförmigen Tidefluß. So steigt das MThw von der Elbmündung bei Cuxhaven bis nach Hamburg auf einer Strecke von 100 km um 39 cm (Abb. 8) und von Hamburg bis Geesthacht (37 km) um 90 cm. Der Unterschied der Sturmflutscheitel 1962 zwischen Cuxhaven und Hamburg betrug 75 cm und 1976, als nur sehr wenige Deichbrüche an der Unterelbe und im Hamburger Stadtgebiet vorkamen, 135 cm.

Die Wirkung der morphologischen Faktoren wollen wir hier nicht allgemein betrachten, wir werden sie erwähnen, wenn wir in späteren Abschnitten über die einzelnen Sturmfluten sprechen, die im Laufe der Geschichte an den Küsten von Schleswig-Holstein und an der Elbe überliefert sind.

Wetter und Sturmfluten

Da die Sturmfluten durch starken Wind, Sturm, verursachte hohe Wasserstände an der Küste sind, wollen wir uns in diesem Abschnitt mit dem Wetterfaktor Wind, seinen Ursachen und unmittelbaren Folgen befassen. Wind als Luftströmung wird charakterisiert durch Richtung und Größe der Strömungsgeschwindigkeit, die in m/s (Meter in der Sekunde), km/h (Kilometer in der Stunde) oder kn (Knoten = Seemeilen in der Stunde) gemessen wird. Trifft eine Strömung auf ein Hindernis, so verursacht sie einen Strömungsdruck, eine Druckkraft.

Beim Wind spricht man vom Winddruck. Je größer die Windgeschwindigkeit, um so größer ist der „Winddruck", die „Windkraft" oder die „Windstärke".
Aus der Zeit der Segelschiffahrt, als man die Windgeschwindigkeit noch nicht direkt messen konnte, stammt die Einteilung des Windes in zwölf Windstärken. Diese Einteilung – nach dem Manne, der sie aufgestellt hat, Beaufort-Skala genannt – gibt folgende Tabelle an. In der letzten Spalte werden die Windgeschwindigkeiten den einzelnen Stärkegraden zugeordnet:

Windstärke	Bezeichnung	Auswirkungen	Windgeschwindigkeit km/h
0	still	Windstille, spiegelglatte See, Rauch steigt senkrecht empor	0 bis 1
1	leiser Zug	Windrichtung nur durch Zug des Rauches zu erkennen, kleine Kräuselwellen auf See	1 bis 5
2	leichte Brise	Wind am Gesicht spürbar, Blätter säuseln, Windfahne bewegt sich, kleine, kurze Wellen auf See	6 bis 11
3	schwache Brise	Blätter und dünne Zweige in Bewegung, Wind streckt Wimpel, auf der See vereinzelt kleine Schaumköpfe	12 bis 19
4	mäßige Brise	Hebt Staub und loses Papier, bewegt Zweige und dünne Äste, Wellen werden länger, Schaumköpfe treten verbreitet auf	20 bis 28
5	frische Brise	Kleine Laubbäume schwanken, überall auf See weiße Schaumkämme	29 bis 38
6	starker Wind	Starke Äste in Bewegung, Telegraphendrähte pfeifen. Bildung großer Wellen beginnt auf See, Kämme brechen, etwas Gischt	39 bis 49
7	steifer Wind	Ganze Bäume in Bewegung, fühlbare Hemmung beim Gehen gegen Wind. Die See türmt sich, weißer Schaum legt sich in Streifen in Windrichtung	50 bis 61
8	stürmischer Wind	Bricht Zweige von Bäumen, erschwert das Gehen gegen den Wind erheblich. Mäßig hohe Wellenberge, von deren Kämmen Gischt abweht	62 bis 74
9	Sturm	Kleinere Schäden an Häusern, Abwehen von Dachziegeln. Hohe Wellenberge auf See, Gischt beeinträchtigt die Sicht	75 bis 88
10	schwerer Sturm	Entwurzelt Bäume, bedeutende Schäden an Häusern. Sehr hohe Wellenberge, See weiß durch Schaum	89 bis 102
11	orkanartiger Sturm	Verbreitete Sturmschäden, außergewöhnlich hohe Wellenberge, Sicht durch Gischt herabgesetzt	103 bis 117
12	Orkan	Luft über See mit Schaum und Gischt angefüllt. See vollständig weiß, Sicht stark herabgesetzt	118 und mehr

Die Geschwindigkeit kann mit Meßgeräten unmittelbar gemessen werden, zum Beispiel mit dem Schalenkreuz, das durch den Wind in Drehung versetzt wird (Abb. 16). Die Zahl der Umdrehungen in einer bestimmten Zeit ist ein Maß für die Windgeschwindigkeit. Es gibt viele meteorologische Stationen – an der Küste wie im Binnenland –, an denen ständig die Windgeschwindigkeit und damit die Windstärke gemessen und meist registriert wird. Außerdem wird die Windrichtung durch die Richtung einer Wetterfahne angezeigt und registriert.
Richtung und Windgeschwindigkeit ändern sich ständig mehr oder weniger schnell. Die kurzfristigen Schwankungen der Geschwindigkeit und dabei manchmal auch der Richtung eines Sturmes nennt man Böen. Sturmböen sind häufig die Ursache für das Kentern von Segelschiffen, Autos können von ihrer Fahrtrichtung abgedrängt werden. Die Böigkeit des Windes drückt sich in den Aufzeichnungen eines Windschreibers durch die Ungleichmäßigkeit der Windkurve aus (Abb. 17).
Wie entsteht überhaupt Wind? Wie jede Strömung setzt auch die Luftströmung, der Wind, ein Gefälle voraus; hier: ein Luftdruckgefälle. Es müssen Luftdruckunterschiede vorhanden sein, die zwischen zwei verschiedenen Orten durch unterschiedliche Erwärmung der Lufthülle über dem Wasser und dem Festland infolge der Wärmeabstrahlung der Sonne hervorgerufen werden. So bilden sich Gebiete hohen Luftdrucks – Hochs – und solche tiefen Luftdrucks – Tiefs. In den unteren Luftschichten strömt die Luft von einem Hoch fort und zu einem Tief hin. Durch die Erdumdrehung kommt es dabei auf der Nordhalbkugel zu einer Rechtsablenkung der Strömung. Hochdruck- und Tiefdruckgebiete liegen nicht fest, sie

Abb. 16. Windmeßanlage des Seewetteramtes Hamburg. Schalenkreuz für die Windgeschwindigkeit und Wetterfahne für die Richtung.

ziehen meist von Westen nach Osten. Dabei können sich die Luftdruckunterschiede ausgleichen, Tiefs und Hochs sich auflösen, oder es entstehen neue. Das ständige und komplizierte Wechselspiel zwischen den Tiefs und Hochs, dem wir unser Wetter verdanken, ist aus den täglich veröffentlichten Wetterkarten bekannt.

Wenn ein kräftiges Tief vom Westen oder Nordwesten zur Nordsee heranzieht, entsteht eine starke Luftströmung. Je nach Lage dieses „Sturmtiefs" zu den benachbarten Hochdruckgebieten, nach den Luftdruckverhältnissen in den Hochs, nach Lage von Warm- oder Kaltfronten, nach Wanderrichtung und Wandergeschwindigkeit des Tiefs kann es zu einem schweren Sturm, ja zu einem Orkan, über der Nordsee kommen, dessen Größe und Richtung sich mehr oder weniger kurzfristig ändern kann. Da der Wind das Zentrum des Tiefs rechts umkreist, entsteht an der Nordseeküste ein Wind aus westlicher und nordwestlicher Richtung.

Die Tiefdruckgebiete, die den Nordatlantik überqueren und unser Wetter bestimmen, ziehen in ganz unterschiedlichen Richtungen. Es sind unendlich viele Zugbahnen möglich. Bei dem Durchzug der meisten Tiefdruckgebiete, die wegen starken Druckgefälles stärkere westliche Winde verursachen, kommt es an den deutschen Nordseeküsten zu einer mehr oder weniger großen Erhöhung der Wasserstände. Die Sturmtiefs, die an der deutschen Nordseeküste die schweren und sehr schweren Sturmfluten hervorrufen, bewegen sich vorwiegend auf Zugbahnen, die sich in drei Haupttypen einteilen lassen (Abb. 18).

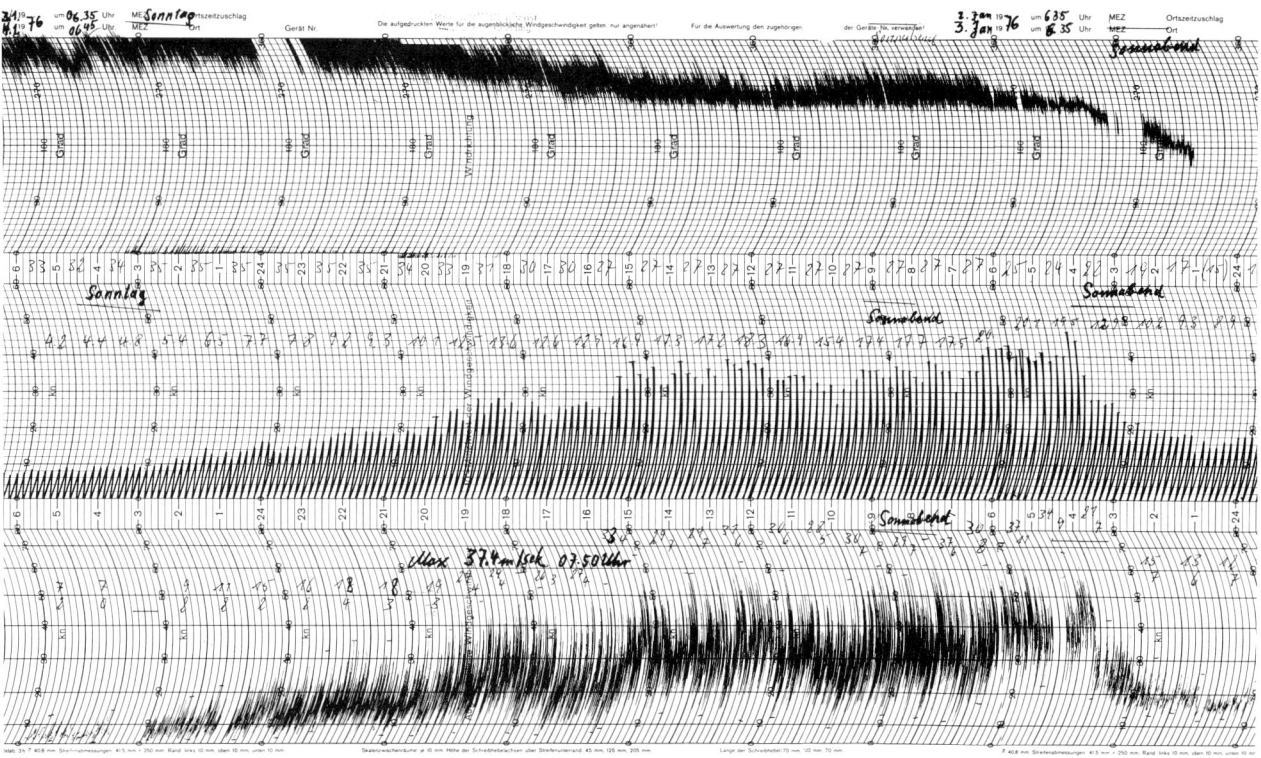

Abb. 17. Aufzeichnung der Windmeßanlage im Seewetteramt Hamburg 2. – 4. 1. 1976. – Obere Skala: Windrichtung. 0° oder 360° = Nord, 90° = Ost, 180° = Süd, 270° = West. Der Wind drehte also von Südost über Süd nach West und Nordwest. – Mittlere Skala: Über jeweils 10 Minuten gemittelte Windgeschwindigkeit in Knoten (kn). 1 kn = 0,52 m/s, 10 kn = 5,15 m/s, 20 kn = 10,30 m/s, 30 kn = 15,45 m/s. – Untere Skala: Momentane Werte der Windgeschwindigkeit (Böen) in kn. Der Maximalwert war am 3. 1. um 7.50 Uhr mit 73 kn = 37,40 m/s, das entspricht bereits Windstärke 12 nach der Beaufort-Skala.

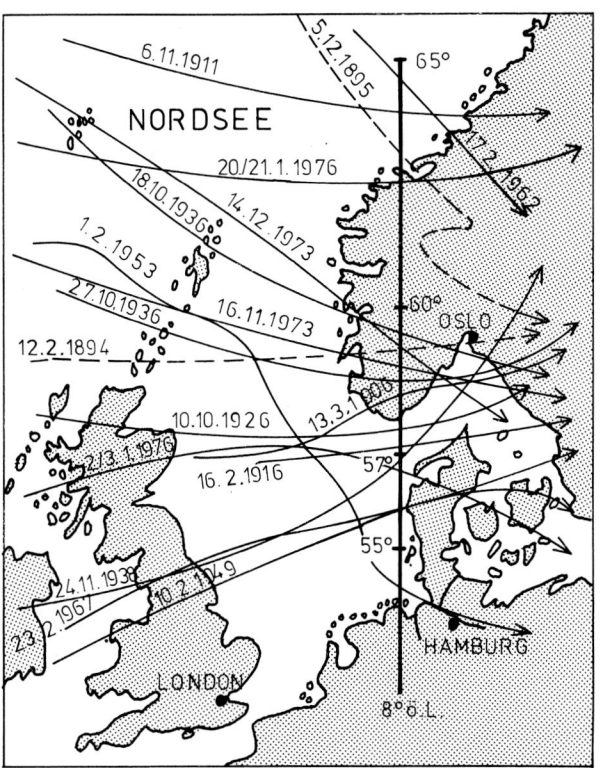

Abb. 18. Zugbahnen einiger Sturmtiefs, die an der Nordseeküste zu Sturmfluten führten. Das Datum bezieht sich auf den Eintritt des Scheitelwasserstandes der Sturmflut (nach H. Prügel und H. Schelling, ergänzt durch Seewetteramt Hamburg).

1. Die Zugbahnen der Sturmtiefs vom *Jütland-Typ* verlaufen von West nach Ost. Die Entstehungsgebiete dieser Tiefdrucksysteme liegen meist an der nordamerikanischen Küste südlich des 60. Breitengrades im Gebiet von Neufundland, wo der Golfstrom auf den Labradorstrom trifft. Der Kern eines solchen Tiefs zieht von Mittelengland über die Nordsee, überquert zwischen dem 55. und 57. Breitengrad Jütland und zieht dann entweder über Südschweden weiter nach Osten oder biegt nach Nordosten ab.

Diese Tiefs ziehen meist sehr schnell, sie verursachen für kurze Zeit starke Stürme über der Nordsee, die zunächst aus Südwesten kommen, dann aber nach Westen und später nach Nordwesten drehen. An der schleswig-holsteinischen Westküste kann es dabei zu sehr hohen Windstauwerten kommen. Dabei ist es besonders gefährlich, wenn die hohen Windstauwerte mit dem Thw oder sogar mit dem SpThw zusammenfallen. Die Sturmfluten vom 24. November 1938, 10. Febr. 1949 (Abb. 13), 23./24. Februar 1967 und 3. Januar 1976 (Abb. 12) sind durch Sturmtiefs dieses Typs hervorgerufen worden. Die Windstaukurven erscheinen meist sehr wenig „füllig", sie sind steil, schlank und hoch. Der Sturm dauert nur eine relativ kurze Zeit.

Bemerkenswert ist, daß die Sturmflut vom 10. Februar 1949 zwar den bisher höchsten an der Westküste beobachteten Windstau von 5,70 m in Husum brachte, der Sturmflutscheitel aber nicht besonders hoch war, weil das Maximum der sehr schlanken Windstaukurve mit dem Tnw zusammenfiel. Ähnlich war es auch bei der Sturmflut im Februar 1967. Dieser Sturm, der Adolph-Bermpohl-Orkan — genannt nach dem in ihm gekenterten Seenotrettungskreuzer Adolph Bermpohl —, brachte die höchsten bisher jemals gemessenen Windgeschwindigkeiten über der Nordsee, die über mehrere Stunden im Mittel etwa 140 km/h erreichten. Im Januar 1976 war das Windstaumaximum, das auch zur Tnw-Zeit eintrat, zwar niedriger, aber der Wind war zur Zeit des Thw, das ein Spring-Thw war, stärker als 1949 und 1967 und führte zu dem bisher höchsten Thw an den meisten Orten der schleswig-holsteinischen Westküste und in der Elbe.

2. Die Sturmtiefs des *Skandinavien-Typs* entstehen im Gebiet von Grönland und Island, sie ziehen von dort nach Südosten und überqueren Skandinavien etwa zwischen dem 60. und 65. Breitengrad. Kräftige Tiefs dieses Typs verursachen sehr lange anhaltende Stürme aus Nordwest über der Nordsee, wenn auch nicht so starke bisher beobachtet wurden wie beim Jütland-Typ. Es kommt häufig vor, daß sich diese Tiefs festsetzen und dadurch die für die gesamte deutsche Nordseeküste besonders lange anhaltenden Nordweststürme erzeugen. Die Windstaukurven der Sturmfluten des Skandinavien-Typs sind oft sehr füllig und haben über mehrere Tage eine große Höhe, zum Beispiel die Sturmfluten vom 5. bis 8. Dezember 1895 (Abb. 14), vom 5. und 6. November 1911, vom 16. und 17. Februar 1962 (Abb. 11), vom 20. bis 22. Januar 1976.

Da der Wind bei diesem Typ von Sturmtiefs sehr lange in gefährlicher, stauwirksamer Richtung weht, trifft hoher Windstau auch stets mit einem oder mehreren Thw zusammen. Besonders hoch wird aber der Scheitelwasserstand auch hier bei Sturm zur Springtidezeit. Die Wetterkarten vom 16. und 17. Februar 1962 werden als Beispiel für eine Sturmwetterlage vom Skandinavien-Typ dargestellt (Abb. 19). Die Sturmfluten dieses Typs sind verhältnismäßig selten.

3. Zwischen den Zugbahnen der Sturmtiefs vom Jütland- und Skandinavien-Typ verlaufen die des *Skagerrak-Typs*. Sie queren den 8. Längengrad, der unmittelbar vor der Westküste von Schleswig-Holstein verläuft, zwischen dem 57. und 60. Breitengrad. Ihre Richtung verläuft meist mehr von WNW nach OSO, doch kommen auch die Richtungen West–Ost und NW–SO vor. Die meisten schweren und sehr schweren Sturmfluten der letzten hundert Jahre sind von Sturmtiefs dieses Typs verursacht worden.

Die Windstaukurven erreichen für eine längere Zeit größere Höhen als die des Jütland-Typs, sie sind aber nicht so füllig wie die vom Skandinavien-Typ. Die Sturmfluten treffen meist die gesamte deutsche Nordseeküste mit unterschiedlichen Schwerpunkten. Im gesamten Raum der Nordsee ist der Wind auf die Küste zu gerichtet. Die Wirkung der von Norden in die Nordsee einlaufenden Gezeitenwelle addiert sich mit der Wirkung der nordwestlichen Winde. Der Wasserstand ist an der schleswig-holsteinischen Westküste besonders hoch, wenn schon lange Zeit vor der eigentlichen Sturmflut westliche

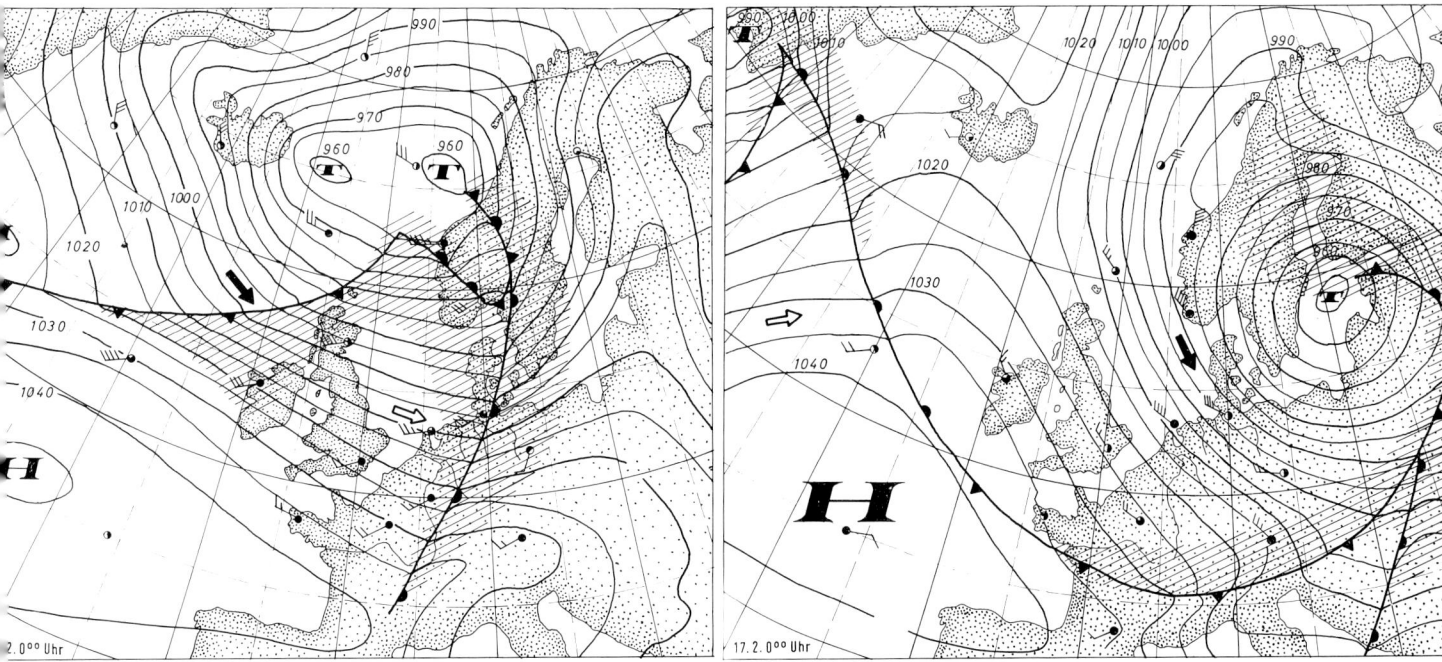

Abb. 19. Wetterkarten vom 16. u. 17. Februar 1962, 0.00 Uhr MEZ.

und südwestliche Winde die Wasserstände angehoben haben. Zu diesem Typ gehören zum Beispiel die Sturmfluten vom 12. Februar 1894, 13. März 1906, vom 13. Januar und 16. Februar 1916, 10. Oktober 1926, 18. und 27. Oktober 1936 sowie vom 16. November 1973.

Die Sturmflut vom März 1906 brachte für den westlichen Teil der deutschen Nordseeküste besonders hohe Wasserstände. Auch das Sturmtief, das 1953 die sehr schwere Sturmflut an der Küste der Niederlande hervorgerufen hat, gehört zunächst dem Skagerrak-Typ an. Die Zugrichtung bog dann aber auf der Höhe zwischen Schottland und Südnorwegen scharf nach Süden ab (Abb. 18). An der deutschen Nordseeküste konnte sich keine schwere Sturmflut entwickeln. Überhaupt kann man sagen, daß ein Tiefdruckgebiet, dessen Kern südlich des 54. Breitengrades den 8. Längengrad überquert, an der deutschen Nordseeküste keine gefährlichen Sturmfluten bringt. Zu welchem Typ die sehr schweren Sturmfluten früherer Jahrhunderte gehört haben, kann man nicht angeben, weil es noch keine Wetterkarten gab.

Nicht jedes Tiefdruckgebiet, das auf einer der in Abb. 18 dargestellten Zugbahn dahinzieht, bewirkt eine schwere oder sehr schwere Sturmflut. Es kommt darauf an, wie der Luftdruck im Tief und in den benachbarten Hochdruckgebieten verteilt ist, wie schnell das Tief wandert, wie die Wind- und Wasserstandsverhältnisse an den vorausgegangenen Tagen waren und wie sie zu der betreffenden Zeit in anderen Teilen der Nordsee herrschten. Dabei sind nicht allein die Luftdruck-, Temperatur- und Windverhältnisse in der Nähe der Erdoberfläche maßgebend, sondern auch die in höheren Schichten. Ob sich bei einer bestimmten Wetterlage eine Sturmflut entwickelt, die für die Nordseeküste oder Teile von ihr gefährlich werden kann, hängt von einer rein zufälligen Kombination sehr vieler Faktoren ab, die sich bisher nicht exakt vorausberechnen läßt. Um das zu ermöglichen, sollte das Netz der meteorologischen Beobachtungen über der Nordsee und über großen Teilen des Nordatlantiks verdichtet werden.

Die ständig wachsende Zahl an Beobachtungswerten kann allerdings nur noch im Rechenzentrum mit Hilfe komplizierter Rechenprogramme ausgewertet werden. Solche Rechenmodelle sind schon entwickelt und werden weiter ausgebaut. Das Hauptproblem liegt zur Zeit aber noch in der Gewinnung ausreichend vieler und exakter Beobachtungswerte aus dem weiträumigen Gebiet, in dem die Entwicklung der meteorologischen Verhältnisse für die Entstehung einer Sturmflut an der deutschen Nordseeküste maßgebend ist, und in der rechtzeitigen Bereitstellung dieser Werte. Es wäre schon viel gewonnen, wenn es gelingen würde, einige Tage im voraus anzugeben, ob es zu einer Sturmflut kommen wird. Noch läßt sich nur bis zu einer Tide im voraus sagen, ob eine schwere oder sehr schwere Sturmflut zu erwarten ist. Wie hoch dann der Scheitelwert der Sturmflut ansteigt, hängt von weiteren Faktoren ab.

Für die Tideelbe läßt sich mit großer Sicherheit einige Zeit im voraus angeben, welche Sturmflutscheitelhöhen zu erwarten sind, wenn zum Beispiel in Cuxhaven schon die Sturmflut selbst eingetreten ist. Dabei spielt auch der über dem Fluß herrschende Wind sowie dessen Richtung im Verhältnis zum Flußverlauf eine Rolle. Im Tidefluß trägt zusätzlich noch die Größe des Oberwasserzuflusses zu der Höhe des Sturmflutscheitels bei. Besonders im oberen Abschnitt eines Tideflusses kann ein sehr hoher Wasserstand eintreten, wenn außergewöhnlicher Oberwasserzufluß mit dem Scheitel einer Sturmflut zusammentrifft.

Auch Fernwellen, die in weit entfernten Gebieten des Atlantik ihren Ursprung haben, können bis in die Nordsee hineinwirken und die Sturmfluten noch erhöhen. Eine Fernwelle ist zum Beispiel bei der Sturmflut im Februar 1962 beteiligt gewesen. Fernwellen können durch Erdbeben entstehen, durch rasche Luftdruckänderungen oder starke Stürme über entfernten Meeresgebieten.

Der enge Zusammenhang zwischen starkem West- und Nordweststurm einerseits und Sturmfluten an der Nordseeküste andererseits hat auch einen entscheidenden Einfluß auf die Verteilung der Sturmfluten über das Jahr. Die starken Stürme aus westlicher und nordwestlicher Richtung treten vor allem im Winterhalbjahr auf, im Herbst, Winter und zeitigen Frühjahr, wenn die Gegensätze zwischen kalter Polarluft im Norden und warmer Luft über dem Atlantik besonders groß sind.

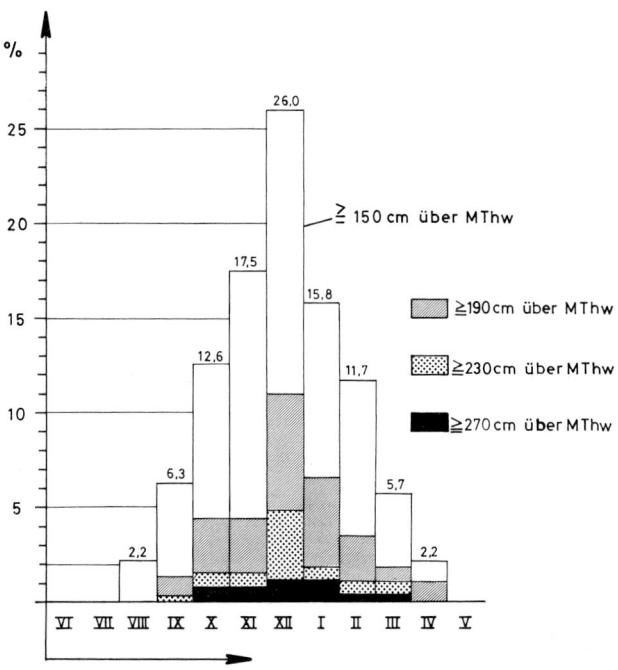

Abb. 20. Verteilung der Tidehochwasserstände von MThw + 150 cm und mehr über die Monate des Jahres am Pegel Cuxhaven für die Zeitspanne von 1864 bis 1976. 366 Sturmflutscheitel = 100 %.

Im Durchschnitt einer langen Jahresreihe ist der Monat Dezember derjenige mit den meisten Sturmfluten, ihm folgen Januar, November und Oktober. Im Februar, September und März sind Sturmfluten wesentlich weniger häufig, im April und August sind sie schon recht selten; im Juli, Juni und Mai kommen sie kaum noch vor. Mit schweren und sehr schweren Sturmfluten ist eigentlich nur zwischen Oktober und März zu rechnen. Abb. 20 gibt die Häufigkeitsverteilung der Sturmfluten verschiedener Höhen über MThw in den einzelnen Monaten eines Jahres für Cuxhaven an. Für andere Orte der deutschen Nordseeküste ist die Verteilungskurve ähnlich. Es fällt auf, daß die leichten Sturmfluten in den Herbstmonaten etwas häufiger sind als in den Wintermonaten: Die Häufigkeitswerte für Sturmfluten von mehr als 1,50 m über MThw sind im Januar, Februar und März jeweils niedriger als im November, Oktober und September. Im Winter haben wir ja auch häufiger Hochdruckwetterlagen mit Ostwind und starkem Frost. Die Häufigkeit der Sturmfluten mit Scheitelwerten von mehr als 2,70 m über MThw ist im Januar und Dezember am größten, dann folgen Oktober und danach Februar und März. In ähnlicher Weise verteilen sich auch die Schadensfluten früherer Jahrhunderte über die Monate des Jahres.

Wegen der langgestreckten Form des Ostseebeckens, das praktisch als tidefreies Binnenmeer anzusehen ist, erzeugen stürmische Winde aus Nordosten die Sturmfluten an der schleswig-holsteinischen Ostseeküste. Nur ganz bestimmte Zugbahnen der Tiefdruckgebiete kommen dafür in Betracht. Man kann sie in vier verschiedene Typen einteilen.

1. Das Tief zieht vom südlichen Nordmeer über die nördliche Nordsee, Dänemark und über die mittlere Ostsee nach Polen oder über das südliche Schweden und die östliche Ostsee nach dem Baltikum; es kann auch weiter nördlich über Mittel- oder Nordskandinavien und über den Finnischen Meerbusen nach Südosten wandern.

2. Fast ebenso häufig kommt die Zugbahn vor von Oberitalien über Ungarn nach Südpolen, von wo sie über die untere Oder und Mecklenburg nach Nordwestdeutschland schwenkt (z. B. am 13. November 1872), sie kann von Polen auch über die östliche Ostsee nach Finnland ziehen oder nach der südwestlichen Sowjetunion.

3. Seltener ist die Zugbahn von Zyklonen aus dem Seegebiet westlich von Irland über England und die südliche Nordsee oder über Holland und Nordwestdeutschland an der südlichen Ostsee entlang nach Nordpolen oder nach der nördlichen Ukraine.

4. Das Tief zieht vom Nordosten in den Ostseeraum wie am 4. Januar 1954.

Wellen

Es gibt viele Arten von Wellen, wir wollen uns hier nur mit den fortschreitenden Oberflächenwellen des Meeres befassen. Als eine derartige Welle bezeichnet man die senkrechte Bewegung der Wasseroberfläche, die um einen mittleren Wasserstand, den Ruhewasserstand, schwingt. Den lotrechten Abstand zwischen dem tiefsten Punkt eines Wellentales und dem höchsten Punkt des folgenden Wellenberges nennen wir die Wellenhöhe, den waagerechten Abstand zweier aufeinanderfolgender Wellenberge oder Wellentäler die Wellenlänge und die Zeitspanne, während der die Welle den Weg einer Wellenlänge zurücklegt, die Wellenperiode. Das Verhältnis von Wellenhöhe zur Wellenlänge gibt die Wellensteilheit an.

Die durch die Anziehungskraft von Mond und Sonne erzeugten Tide- oder Gezeitenwellen sind nach der eben gegebenen Definition sehr langperiodische Wellen. Die Wellenhöhe entspricht dem Tidehub, der unter normalen Verhältnissen an unserer Küste 2 bis 3 m beträgt, die Wellenperiode ist die Tidedauer von 12 Stunden und 25 Minuten und die Wellenlänge mehrere 100 km. Die schon erwähnten, durch Erdbeben erzeugten Tsunamis sind mit Wellenperioden zwischen 10 und 60 Minuten auch noch langperiodische Wellen, die Wellenlängen betragen mehr als 100 km, die Wellenhöhe, die im Ozean nur etwa 1 m beträgt, kann an den Küsten bis zu 40 m ansteigen.

Hier soll allein von den vom Wind erzeugten Meereswellen die Rede sein, den Windwellen. Je stärker der Wind über eine Wasseroberfläche dahinweht, desto stärker ist die Wellenbewegung des Wassers. Zu den Windwellen gehören sowohl die kleinen Kapillarwellen mit Perioden von 0,1 Sekunden und Wellenhöhen von 2 mm als auch die Wellen, die wir bei stärkerem Wind auf jedem Gewässer beobachten. Sie haben Perioden von 1 bis 30 Sekunden und können im Ozean Höhen bis zu 35 m erreichen, in der südlichen Nordsee wurden schon Höhen bis 14 m, in der nördlichen Nordsee bis 27 m beobachtet. Die höchste Welle, die unter bestimmten Windbedingungen innerhalb einer längeren Beobachtungszeit an einem bestimmten Ort gemessen wurde, ist nur eine seltene Erscheinung und deshalb nicht entscheidend für die Bemessung von Küstenschutzanlagen. Dafür wird aus dem Spektrum der gemessenen Wellen eine wesentlich häufiger auftretende hohe Welle ausgewählt, die kennzeichnende Welle. Bei Sturmfluten sind die Wellen besonders gefährlich, weil sie bei den hohen Wasserständen hochgelegene Teile von Bau-

Abb. 21. Sturzbrecher bei Helgoland.

Abb. 22. Brandung auf dem Strand.

werken – Deiche, Böschungsbefestigungen, Mauern, Gebäude – mit immer neuer Wucht angreifen und schließlich zerstören können. Als Seegang bezeichnet man das örtliche Gesamtwellenbild, das durch Überlagerung verschiedener Wellen erzeugt ist. Die Dünung unterliegt nicht dem unmittelbaren Windeinfluß; diese Art des Seeganges ist allein der Massenträgheit zuzuschreiben. Die Dünung wird meist durch winderzeugten Seegang in einem entfernteren Gebiet angefacht.

Je nach Windrichtung und -stärke ändern sich in einem Küstenabschnitt die maßgeblichen Wellengrößen. Wellenperiode und Wellenhöhe nehmen im allgemeinen mit der Länge des Wirkweges des Windes, der Windgeschwindigkeit und der Winddauer zu. Der Wirkweg des Windes (Fetch) ist die Strecke, auf der der Wind auf die Wasseroberfläche einwirken kann, ohne daß sie durch Landstrecken unterbrochen ist. Für die deutsche Nordseeküste ist zum Beispiel der Wirkweg des Nordwestwindes sehr viel größer als der des Windes aus genau westlicher Richtung. Zu jedem Wirkweg und jeder Windgeschwindigkeit gehört eine bestimmte Winddauer, um einen ausgereiften Seegang zu erzeugen. Bei größerer Winddauer nehmen dann Wellenhöhe und Wellenperiode nicht mehr zu. Die Gestalt der Küste und ihre Lage zu den Windrichtungen ist für das Wellenklima eines Ortes auch von Bedeutung.

Im tiefen Wasser bewegen sich die Wasserteilchen in der Welle auf kreisförmigen Bahnen. Die Wassermasse wird nicht weitertransportiert, nur der wellenförmige Zustand der Wasseroberfläche schreitet fort. Bei kleinerer Wassertiefe gehen die kreisförmigen Bahnen der Wasserteilchen in elliptische über. Die Bahnen sind nicht mehr in sich geschlossen, deshalb findet ein Wassertransport in Fortschrittsrichtung der Wellen statt. Wenn die Wassertiefe allmählich kleiner wird, zum Beispiel im Watt oder beim Auflaufen auf einen Strand, werden die Wellen in Bodennähe stärker gebremst, während sie an der Oberfläche mit unverminderter Geschwindigkeit weiterlaufen. Dadurch werden sie steiler. Bei zu großer Steilheit wird die Welle instabil, sie bricht. Dabei kommt es zur Umwandlung der Wellenenergie. Alle Vorgänge beim Brechen faßt man unter dem Begriff Brandung zusammen. Normalerweise brechen die Wellen bei einem flachen Strand schon in größerer Entfernung vor der Küstenlinie. Wir unterscheiden verschiedene Arten von Brechern: Schaumkronenbrecher, Sturzbrecher (Abb. 21), Schwallbrecher.

Nach dem Brechen laufen die Wellen mit kleinerer Höhe und geringerer Wellenenergie weiter und laufen auf dem flachen Strand oder einem Uferdeckwerk aus. Durch Aufarbeiten des Untergrundes infolge der beim Brechen freiwerdenden Wellenenergie bilden sich in der Brecherlinie Riffe. Ein Riff ist ein langgestreckter, durch Brandung geformter Sandkörper auf dem Vorstrand. Da der Seegang sich aus Wellen unterschiedlicher Länge und Höhe zusammensetzt, also ein Wellenspektrum vorhanden ist, branden die verschiedenen Wellen an verschiedenen Stellen; es gibt in der Brandungszone deshalb meist mehrere Riffe hintereinander. Wenn eine Welle am äußeren Riff bei Tnw brandet, braucht dort bei Thw noch keine Brandung zu sein.

Bei Sturmflutwasserständen kommen die Wellen mit recht großer Höhe und Energie bis hoch auf den Strand oder in die Nähe der Küstenschutzbauwerke. Abb. 22 zeigt die Brandung bei einer leichten Sturmflut am Strand von Amrum. Im Deichvorland kann es zum Brechen der Wellen kommen und zu einem daran anschließenden Schwall, dem Wellenauflauf am Deich (Abb. 23). Hierbei und auch beim Rücklaufen des Wassers von der Böschung des Deiches oder Uferschutzwerkes wird die Böschungsfläche angegriffen und kann beschädigt werden. Über die Deichkrone schlagende Wellen können die rückwärtige Deichböschung zerstören. Diese Schäden können noch dadurch verstärkt werden, wenn der Deichkörper bei hohem Sturmflutwasserstand allmählich durchfeuchtet wird; das Sickerwasser fördert die Auswaschung.

Besonders stark ist der Angriff auf einen Deich, wenn bei einer Sturmflut die Wellen auf der Deichböschung brechen und Druckschläge von ungeheurer Wucht auf der Oberfläche des Deiches auslösen. Wasser- und Luftteilchen, die sich in den oberen Schichten der Böschung befinden, üben eine regelrechte Sprengkraft aus, und so können stärkere Zerstörungen eingeleitet werden. Bei der Sturmflut vom Februar 1962 sind die Schäden an Deichböschungen durch Druckschlag besonders umfangreich gewesen (Abb. 24). So leiten die Wellenangriffe oft die Zerstörung der Deiche ein. Wenn erst einmal dem Wasser ein kleiner Durchbruch in einem Erddeich gelungen ist, kommt es schnell zu einer Zerstörung auf breiter Front, und beim Wassereinbruch können dann riesige Gebiete hinter dem Deich überflutet werden. Deshalb müssen die Deiche und andere Bauwerke wie Uferschutzmauern, Hafenmolen, Kaimauern, Leuchttürme oder Bohrinseln sehr sorgfältig auf den Wellenangriff bemessen werden. Besonders beim Aufprall von Wellen auf eine senkrechte Wand treten gewaltige Kräfte auf (Abb. 25). 1962 wurden bei Westerland/Sylt drei 6 t schwere Tetrapoden (vierbeinige Bauelemente) aus Beton zum Schutz der Ufermauer mehrere Meter verlagert.

In den letzten ein bis zwei Jahrzehnten wurde die Seegangsforschung auf der ganzen Welt erheblich vorangetrieben. Leistungsfähige und zuverlässige Wellenmeßgeräte wurden entwickelt, und moderne Rechenautomaten ermöglichen die Auswertung des sehr umfangreichen Datenmaterials. Seegangsstatistiken werden aufgestellt und die Einflüsse der verschiedenen meteorologischen und morphologischen Parameter auf die Seegangsgrößen ermittelt.

Auch an der deutschen Nordseeküste sind gerade in den letzten Jahren umfangreiche Untersuchungen zur Wellenforschung in Angriff genommen worden, sie werden noch fortgesetzt. Bei dem Wellenmeßprogramm an der Westküste von Sylt wurden mit neuentwickelten Wellenmeßgeräten während der Sturmfluten vom Herbst 1973 größte Wellenhöhen bis zu 7,20 m seewärts des Riffes, in der flachen Brandungszone um 6 m registriert, Höhen die man bisher an den deutschen Küsten nicht für möglich

Abb. 23. Wellenauflauf an einem Deich.

Abb. 24. Schäden an der Außenböschung eines Deiches durch Druckschlag (vgl. auch Abb. 54 u. 59).

lich gehalten hatte. Die kennzeichnende Wellenhöhe betrug nach den Messungen in der flacheren Brandungszone bei Wind aus WNW 4,90 m, bei W- und WSW-Wind 5,20 m, bei SW-Wind 3,80 m und bei S-Wind 2,70 m. Man kommt durch solche Untersuchungen zu besseren Bemessungsgrundlagen für Bauwerke und strebt eine rechtzeitige, zuverlässige Voraussage des Seegangs an. Weil die Küstenanlagen bei sehr schweren Sturmfluten am stärksten beansprucht werden, ist gerade die Kenntnis extremer Wellenspektren wichtig.

Die Ostsee ist im Gegensatz zur Nordsee ein praktisch gezeitenfreies Meer. Nur bei langer Windstille kann man in der westlichen Ostsee Tidebewegungen mit einem Tidehub von 10 bis 20 cm beobachten. Langperiodische Wellenerscheinungen – Eigenschwingungen, auch Seiches genannt – mit Perioden von etwa 12 bis 20 Stunden und Wellenhöhen von 1 bis 2 m kommen dagegen in der Ostsee wie auch in großen, langgestreckten Binnenseen vor: Durch lang anhaltenden Westwind wird das Wasser

Abb. 25. Aufprall einer Welle gegen eine senkrechte Wand. Wittdün auf Amrum.

nach Osten gedrückt; am 3. Januar 1976 zeigte der Pegel Flensburg 1,22 m unter MW an. Wenn der Sturm nachläßt, flutet das Wasser zurück und kann mehrmals hin und her schwingen. Ein solcher Vorgang wird in den Berichten über die Sturmflut 1872 beschrieben und ist am 3. und 4. Januar 1976 beobachtet und von den Schreibpegeln anschaulich registriert worden. Als der starke Weststurm nachließ, schwappte das Wasser aus der Ostsee nach Westen zurück und stieg an der Küste von Schleswig-Holstein bis auf 1,55 m über MW, obwohl der Wind noch aus Westen kam in Stärke 3 nach der Beaufort-Skala.

Bei starkem Ost- und Nordostwind, der bei langer Dauer an der Ostseeküste zu Sturmflutwasserständen führt, kommt es auch hier zu starken Windwellen. Der Wirkweg der östlichen Winde ist an unserer Ostseeküste etwas länger als der Wirkweg des Westwindes an der Nordseeküste, aber kürzer als der des Nordwestwindes dort. Deshalb herrscht an der Ostseeküste im Vergleich zur Nordseeküste im allgemeinen ein niedrigerer Seegang. In den engen Buchten können sich aber auch Wellenhöhen von 5 m entwickeln mit Wellenlängen von 80 bis 90 m. Sie gefährden Deiche und andere Bauwerke und führen an den steilen Kliffküsten zu starken Abbrüchen und damit zu Landverlusten.

Häufig findet man die Ansicht vertreten, daß bei Sturmfluten hohe Strömungsgeschwindigkeiten des Wassers in den Wattströmen und Tideflüssen auftreten und Fahrrinnen versanden. Das ist jedoch im allgemeinen nicht der Fall. Meistens sind schon die Vortiden einer Sturmflut erhöht. Wegen der nach oben stark zunehmenden Breite der Rinnenquerschnitte oder der Querschnitte eines Tideflusses – das überflutete Vorland spielt hier auch eine Rolle – sind die bei einer Sturmflut durchströmten Querschnitte sehr groß und die Strömungsgeschwindigkeiten selbst häufig kleiner als bei einer normalen Tide. Wenn der Sturm nachläßt und die Sturmflutwasserstände bei großem Tidefall schnell zurückgehen, kann es dagegen zu erhöhten Ebbestromgeschwindigkeiten kommen. Man hat oft beobachtet, daß Priele und Tideflüsse nach Sturmfluten sogar stärker ausgeräumt waren. Andererseits können sich gelegentlich Sandplaten unter Einfluß der Brandung umbilden und so verlagern, daß Schiffahrtshindernisse in den Fahrrinnen entstehen.

Langfristige Wasserstandsänderungen

Wie die allgemeine Entwicklung der Wasserstände in längeren Zeitspannen verlaufen ist, soll für die jüngste geologische Zeit erläutert werden, in der die Gestalt des Landes in unserem Gebiet in ihren Grundzügen ähnlich war wie heute. In weiter zurückliegenden Zeiten war die Verteilung von Land und Wasser eine ganz andere. Manche der heutigen Gebirge sind durch tektonische Kräfte aus früherem Meeresboden aufgefaltet. Diese Jahrmillionen zurückliegenden Verschiebungen zwischen Land und Wasser wollen wir nicht betrachten.

Das Pleistozän ist die Epoche der Eiszeiten. Es werden in Nordeuropa vier Vereisungsperioden unterschieden, in denen die Eiskappe vom Norden her bis weit nach Deutschland reichte. Während dieser Vereisungsperioden — Glazialzeiten — waren riesige Mengen des auf der Erde vorhandenen Wassers, dessen Gesamtmenge praktisch unveränderlich ist, in den Eiskappen gebunden. Dadurch mußte der Wasserstand in den Weltmeeren verhältnismäßig tief liegen. In den Zeiten zwischen den Vereisungsperioden, den Interglazialzeiten, mit höheren Temperaturen, stieg der Wasserstand in den Weltmeeren an. Die Wassermengen, die beim Schmelzen abflossen, schnitten breite Täler, die Urstromtäler, in den Untergrund. Diesen folgen heute noch unsere größeren Flachlandströme wie Elbe, Weser, Oder, sie sind, verglichen mit den damaligen Urströmen, kleine Rinnsale. Die jüngste Vereisung, auch Weichseleiszeit, Weichselglazial- oder Würmeiszeit genannt, reichte am wenigsten weit nach Süden. Die Höhenzüge im Osten von Schleswig-Holstein sind Endmoränen aus dieser Zeit.

Die Weichseleiszeit hatte ihren Höhepunkt vor etwa 25 000 bis 30 000 Jahren. Der Spiegel des Weltmeeres lag etwa 90 bis 100 m tiefer als heute, soviel Wasser war in den Eiskappen der Erde festgehalten. Mit der dann einsetzenden Erwärmung schmolzen die Festlandeismassen allmählich ab, das Eis zog sich zurück, und der Meeresspiegel hob sich. Vor etwa 10 000 Jahren lag der mittlere Meereswasserspiegel rund 60 m unter dem gegenwärtigen. Doggerbank und Jütlandbank begrenzten die Nordsee im Süden und Südosten, England war mit dem Festland verbunden, die westliche Ostsee lag weitgehend trocken. Der Rhein, zu dessen linken Nebenflüssen auch die Themse gehörte, mündete westlich der Doggerbank in die Nordsee, die Elbe östlich der Doggerbank (Abb. 26). An der Nordsee erodierten damals Gezeiten und Sturmfluten die Küsten, vielleicht noch stärker als gegenwärtig — wir wissen jedoch keine Einzelheiten. Wie sich in den letzten etwa 9000 Jahren, also seit dem Ende des Pleistozäns, der mittlere Wasserstand der Nordsee entwickelt haben dürfte, zeigt Abb. 27. Sie gibt die heute vorwiegende Auffassung wieder. Unten sind in drei Zeilen die geologischen, klimatischen und kulturgeschichtlichen Epochen dargestellt.

Es ist zu erkennen, daß der Wasserstand zunächst etwa 2 m im Jahrhundert anstieg. Die Küstenlinie muß damals schnell nach Süden vorgerückt sein, man bezeichnet diese Periode des Vordringens der Nordsee auch als die Flandrische Transgression. Einige höhergelegene Stellen ragten noch längere Zeit als Inseln heraus; in Senken, die keine Verbindung mit dem Meer hatten, bildete sich Torf. Etwa zwischen 4000 und 5000 v. Chr. verlangsamte sich der Wasseranstieg merklich. Er hat seitdem rund 5 m betragen, also im Mittel weniger als 10 cm im Jahrhundert.

Der Wasseranstieg erfolgte jedoch nicht gleichmäßig. Zeiten mit langsamerem Anstieg, ja sogar mit einem Rückgang des Wasserstandes — Regressionsphasen — wechselten mit solchen stärkeren Anstiegs ab. Der Verlauf der langfristigen Wasserstandsganglinie läßt sich nicht genau ermitteln, denn Höhen des Nordseewasserspiegels sind nur für wenige einzelne Punkte bekannt. Die ältesten Werte hat man aus Bohrungen und Proben des Nordseebodens abgeleitet. Aus einem Bohrprofil kann man zum Beispiel ablesen, welche Schichten im Süßwasser und welche unter Seewassereinfluß entstanden sind. Die Zeitbestimmungen werden mit Hilfe der Pollenanalyse oder der Radiokarbonmethode vorgenommen.

Andere Wasserstandsangaben lassen sich aus archäologischen Untersuchungen gewinnen. Zum Beispiel kann

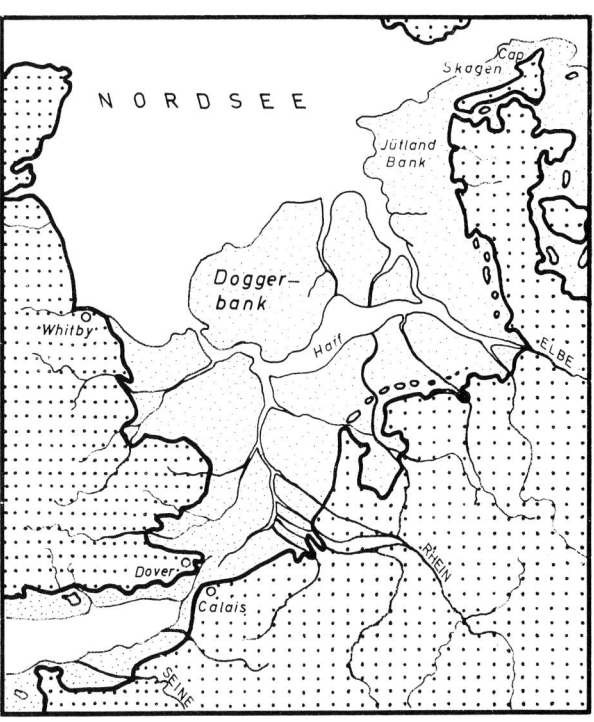

Abb. 26. Vermutliche Gestalt des Nordseeküstengebietes vor etwa 10 000 Jahren (nach Haarnagel).

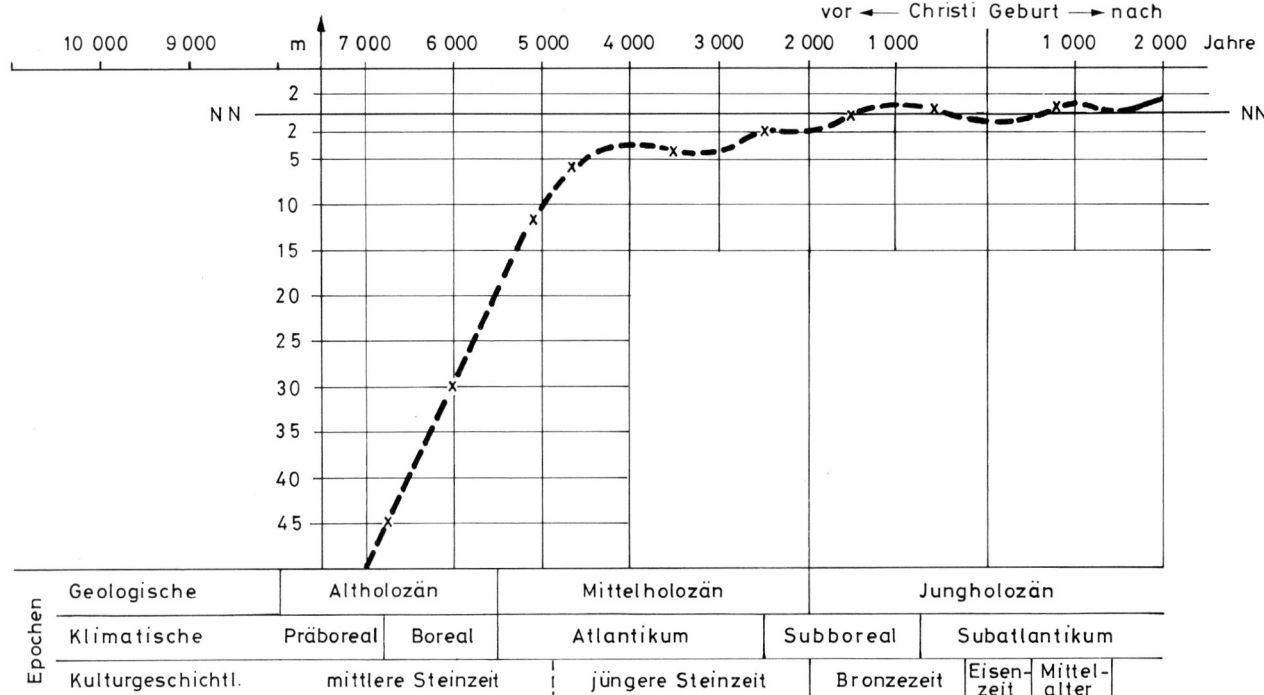

Abb. 27. *Wasserstandsganglinie für die Nordseeküste von 7000 v. Chr. bis zur Gegenwart. Der Verlauf der Kurve bis etwa 1500 in der dargestellten Form wird vermutet. Die als gesichert geltenden Wasserstandsangaben sind mit Kreuzen in den Kurvenverlauf eingetragen (nach Menke). Der Kurvenverlauf von 1500 bis 1800 ist nach Angaben über Sturmflutscheitelhöhen rekonstruiert, von 1800 bis zur Gegenwart beruht er auf Wasserstandsmessungen (Pegelablesungen).*

man aus der Höhenlage von Gräben, Schwellen, Bootsanlegern bronzezeitlicher Siedlungen die damalige Lage des Wasserstandes ungefähr bestimmen. Dabei muß man natürlich untersuchen, ob die Geländehöhen dieselben geblieben sind. Ist der Boden gesackt, weil im Untergrund weiche organische Bodenschichten vorhanden sind? Sind durch Salzstöcke im tiefen Untergrund zeitweise Hebungen eingetreten (Salztektonik) oder durch deren Auswaschung Absenkungen? Die wenigen Punkte, die für den Wasserstandsverlauf als gesichert gelten können, sind in der Kurve der Abb. 27 als Kreuze kenntlich gemacht.

An der deutschen Nordseeküste und der westlichen Ostseeküste wurde ein Anstieg des Wasserstandes von etwa 25 bis 30 cm in den letzten hundert Jahren festgestellt. Dieser säkulare Anstieg ist also viel größer als der Durchschnitt in den letzten 6000 Jahren. Aus Untersuchungen der höchsten Sturmflutscheitel, deren Höhen für einige Orte seit der Mitte des 16. Jahrhunderts bekannt sind oder rekonstruiert wurden, kann man folgern, daß sich der Meeresspiegel seitdem auch um etwa 25 bis 30 cm im Jahrhundert gehoben haben dürfte. Demnach werden das MThw und das MTnw an der Nordseeküste sowie das MW an der Küste der westlichen Ostsee seitdem um etwas mehr als 1 m angestiegen sein. Um das Jahr 1000 lag der mittlere Wasserstand etwa ebenso hoch wie heute, dazwischen dürfte er zeitweise niedriger gewesen sein; ähnlich schwankte er wahrscheinlich zwischen einigen Jahrhunderten v. Chr. und um 1000 n. Chr. Wegen der Unsicherheiten wurde der Wasserstandsverlauf in Abb. 27 gestrichelt gezeichnet, ab 1500 ist die Linie ausgezogen.

Die Ursachen für den allgemeinen Wasserstandsanstieg seit der letzten Eiszeit und für den schwankenden Verlauf der Wasserstandsganglinie werden vorwiegend in Klimaschwankungen zu suchen sein, sie sind bisher jedoch nicht ausreichend erforscht. Hier wirken zahlreiche Faktoren zusammen, die sich zeitweise addieren oder auch ausgleichen. Die steigende Tendenz der Wasserstandskurve kann durch eine Erwärmung des Meeres hervorgerufen werden. Durch klimatisch bedingte höhere Temperaturen schmelzen das Inlandeis der Antarktis und in Grönland sowie die Gletscher in den Gebirgen, vermehren damit die Wassermengen der Ozeane und Nebenmeere und führen zu höheren Wasserständen. Niedrige Temperaturen dagegen binden das Wasser in Form von Eis, folglich sinkt der Wasserstand. Daß kalte und warme Zeitabschnitte in den letzten Jahrhunderten einander abgelöst haben, läßt sich nachweisen.

Auch langfristige Änderungen von Windstärke, Windrichtung und Luftdruck können zu einem Ansteigen oder Absinken der Wasserstände an den Küsten führen. Weniger Gewicht dürfte dem veränderten Salzgehalt und der Sedimentation im Ozean, den unterseeischen Vulkanen und einer Änderung der Schwerkraft und der Anziehungskräfte sowie der Bahnelemente von Planeten beizumessen sein.

Noch vor wenigen Jahrzehnten deutete man den allmählichen Anstieg des Wasserstandes an der deutschen Küste als Folge einer Küstensenkung, wobei vorausgesetzt wurde, daß sich der Meeresspiegel auf gleichbleibender Höhe hielt. Von dieser Anschauung ist man aber abgekommen. Durch exakte Höhenmessungen, die nach etwa 25 Jahren wiederholt wurden (erstes und zweites Küstennivellement), war eine allgemeine Senkung der Küste nicht nachzuweisen.

Selbstverständlich kommen gerade bei den jungen Böden im Küstengebiet, die auch viel organisches Material (Torf und Klei) enthalten, Setzungen und Sackungen vor, insbesondere bei örtlichen Belastungen oder infolge von tiefer Entwässerung. Das sind aber auf Teilgebiete begrenzte Erscheinungen.

Eine großräumige Hebung liegt dagegen zum Beispiel bei Skandinavien vor, das von den Eismassen der Eiszeit entlastet wurde. Das Absinken der Wasserstände an den Pegeln in Schweden und in Finnland dauert gegenwärtig noch an.

Welcher Wasserstandsverlauf langfristig zu erwarten ist, läßt sich nicht voraussagen. Es ist möglich, daß wir den Höhepunkt des säkularen Anstiegs erreicht haben und ein Absinken folgt. Auch sind kleinere Schwankungen denkbar, wie sie in den letzten sechs Jahrtausenden mehrfach vorgekommen sind. Eine Verlangsamung des säkularen Anstiegs in den letzten Jahrzehnten scheint sich abzuzeichnen. Da die Entwicklung aber nicht genau vorausgesagt werden kann, muß man an unseren Küsten für die nächsten hundert Jahre vorsichtshalber mit einer weiteren Zunahme des Wasserstandes um etwa 25 cm rechnen.

Die säkularen Wasserstandsänderungen haben natürlich auch einen Einfluß auf die Sturmfluten. Bei gleich großem Windstau wird eine Sturmflut, die hundert Jahre nach einer anderen unter sonst gleichen Bedingungen abläuft, einen um 20 bis 30 cm höheren Scheitelwert haben. Wir wissen aus der Geschichte der Sturmfluten, daß überschwemmte Gebiete in Perioden mit steigendem Wasserstand eher für immer unter Wasser blieben und menschliche Siedlungen in höhergelegene Gebiete zurückwichen, bis auch diese aufgegeben werden mußten. In den großen Urstromtälern drang die See – besonders bei Sturmfluten – weit ins Land vor und schuf im unteren Lauf „ertrunkene Flußtäler".

Umgekehrt war es bei säkularer Abnahme des Wasserstandes: Der Sturmfluteinfluß nahm ab, die Angriffe wurden geringer. Menschliche Siedlungen rückten weiter seewärts vor. Die klimatischen Verhältnisse in solchen Regressionsperioden mögen auch so gewesen sein, daß Sturmfluten verursachende Stürme weniger häufig auftraten als in Zeiten mit starkem Wasserstandsanstieg. Vor etwa 4000 Jahren werden größere Flächen des flachen Landes vor der Westküste von Schleswig-Holstein infolge des Wasseranstiegs vom Meer in Besitz genommen worden sein, denn Reste von Siedlungen aus der Steinzeit sind weit westlich der heutigen Küste auf dem Nordseeboden gefunden worden.

Im 2. Jahrtausend v. Chr. erreichte das MThw etwa die Höhe unseres heutigen NN und vielleicht um 1000 v. Chr. einen Höchststand. Es folgt dann eine lange Zeit mit einem allmählichen Wasserstandsrückgang. Dünen und widerstandsfähige Strandwälle werden den Süßwasserabfluß in das Meer so stark behindert haben, daß sich weite Sumpf- und Moorflächen vor der Geest bilden konnten. Seewärts schloß sich das Wattenmeer an, aus

Abb. 28. Hochwasserkante der Hallig Habel. Es ist deutlich die Sturmflutschichtung des gewachsenen Marschbodens (Kleiboden) zu erkennen. Diese Struktur ist durch eine dichte Folge übereinanderliegender, jeweils begrünt gewesener Oberflächen entstanden (vgl. Abb. 29). Die Grasnarbe der Halligoberfläche ist in Ufernähe durch Brandungswirkung abgeschält.

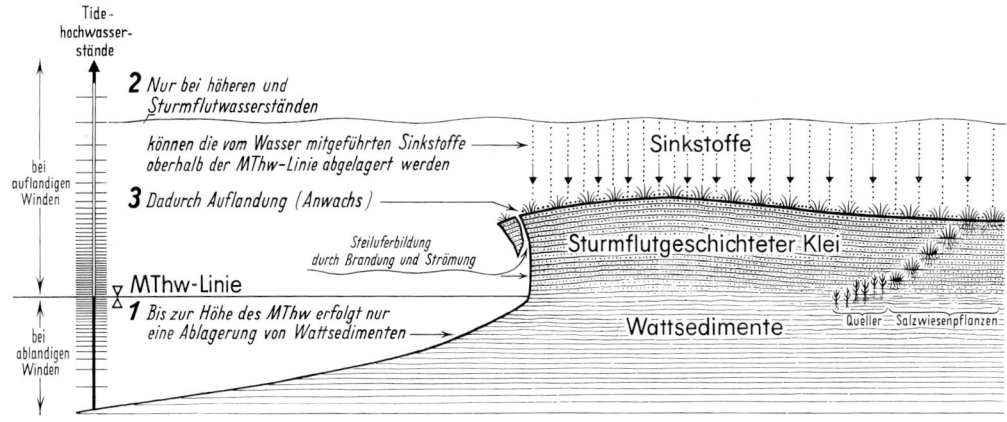

Abb. 29. Schema der Bildung begrünten Marschlandes. Der Aufwuchs des Marschlandes über den Spiegel des MThw erfolgt nur bei außergewöhnlich hohen Wasserständen (die Häufigkeit der Wasserstandshöhen ist links durch Abstandsunterschiede waagerechter Linien schematisch angedeutet). Etwa bis zur Höhe des MThw werden Wattsedimente abgelagert, auf denen unter günstigen Umständen der Queller als einzige Landpflanze gedeihen kann (rechts im Profil). Erst bei weiterem Aufwuchs bedeckt sich die Oberfläche mit einem dichten Rasen von Salzwiesenpflanzen. Das bei Überflutungen abgelagerte Sediment wird nunmehr zwischen den Pflanzenstengeln festgehalten. In der Struktur unterscheidet sich der auf diese Weise gebildete „Anwachs" von den unter dem Spiegel des MThw abgelagerten Wattsedimenten (vgl. Abb. 28) (nach Bantelmann).

dem einige alte Moränen – z. B. die heutigen Inseln Sylt, Föhr und Amrum – herausragten.

Vom 2. Jahrtausend v. Chr. an kam es zur Bildung eines breiten Marschengürtels – der „alten Marsch" in Nordfriesland – vor der Geest und dem Sumpfgürtel. Wattflächen wurden bei jeder Tide überflutet. Wenn einige geschützt gelegene Stellen, meist in Küstennähe, infolge stärkerer Sedimentation, eine Höhe erreicht hatten, die über MThw lag, konnten sich Pflanzen ansiedeln. Die erste derartige Salzpflanze war der Queller. Die Pflanzen hielten die Sedimente mehr und mehr fest, so daß das Land schneller hochwuchs. Begünstigt wurde ein solcher Prozeß durch ein zeitweises Absinken des mittleren Wasserstandes. Ein weiteres Aufwachsen der Marsch erfolgte, wenn erhöhte Fluten feine Bodenbestandteile (Schwebstoffe) und Schwimmstoffe heranbrachten; sie setzten sich auf der mit Pflanzen bewachsenen Oberfläche ab. Diese Stoffe stammten aus dem Binnenland und den Sumpfgebieten vor der Geest; sie stammten aber auch aus Abbrüchen, die an anderer Stelle durch den Angriff des Meeres, besonders bei Sturmfluten, verursacht wurden. Auf der einen Seite zerstörten Sturmfluten das Land, bauten aber an anderer Stelle neues Land auf.

Je höher nun das Land aufwuchs, um so seltener wurde es überflutet. Nur die höchsten Sturmfluten, die nach der anfangs betrachteten Häufigkeitslinie (Abb. 1) selten vorkommen, konnten noch zu einem weiteren Aufwachsen beitragen. In Perioden mit langsamem Wasserstandsanstieg traten solche Sturmflutüberschwemmungen häufiger ein. So können Sturmfluten bei langsamem Wasserstandsanstieg einerseits höhergelegene Stellen angreifen und zerstören, andererseits aber in windgeschützten Lagen aus dem Abbruchmaterial die Marsch schneller höherwachsen lassen – ein ewiges „Stirb-und-Werde", das sich in der Gegenwart noch ebenso vollzieht wie damals.

Abb. 28 zeigt die Sturmflutschichtung des Marschbodens an einer Abbruchkante der Hallig Habel. Abb. 29 verdeutlicht die Marschbildung als Folge hoher Fluten. Zerstörungen und Aufbau sind zur besseren Veranschaulichung für ein und denselben Ort dargestellt. Meistens wird die Zerstörung weit von der Anlandungsstelle entfernt stattfinden.

Die Vorgänge, die zur Bildung der Marschen an der gesamten deutschen Nordseeküste geführt haben, konnten hier nur allgemein dargestellt werden. Sie sind örtlich unter den unterschiedlichen Einflüssen des Windes und der vielfältigen Gestalt des pleistozänen Untergrundes verschieden verlaufen. Im ostfriesischen Küstengebiet hatte der Marschgürtel in dem Jahrtausend v. Chr. etwa die jetzige Ausdehnung erreicht, jedoch ohne die großen Einbrüche vom Dollart und Jadebusen. An der schleswigholsteinischen Westküste waren ausgedehnte Gebiete des heutigen Wattenmeeres grünes Marschland. In Nordfriesland entstanden später weite Sümpfe und Moore über der „alten Marsch", die ab 1000 v. Chr. von „junger Marsch" überlagert wurden.

Sturmfluten der Nordsee

Die Entwicklung der Küstenlandschaft an der Nordsee ist eng mit den Sturmfluten verknüpft. Wir wollen deshalb in den nächsten Abschnitten die Geschichte durchblättern und die Entwicklung der Westküste Schleswig-Holsteins insbesondere unter dem Einfluß von Sturmfluten betrachten, wie wir sie zu erkennen glauben. Wir werden dabei gelegentlich Ausblicke auf andere Gebiete einblenden.

Die Entwicklung ist in Nordfriesland, Dithmarschen und in den Elbmarschen ganz verschieden verlaufen. Schriftliche Zeugnisse gibt es erst seit dem Hochmittelalter, genaue Kartendarstellungen seit etwa 300 Jahren. Zum Teil kann man Erkenntnisse aus archäologischen Untersuchungen, aus Ausgrabungen von Siedlungen, gewinnen. In vielen Gebieten, die früher besiedelt waren und die heute vom Meer bedeckt sind, wurden die Siedlungsreste völlig zerstört.

Die Küstenbewohner mußten sich gegen die Wirkungen des Meeres zur Wehr setzen oder ihnen weichen. Sie haben mit Zunahme der technischen Möglichkeiten die Verteidigung ihres Landes verbessern können, ja sie haben dem Meer sogar frühere Verluste wieder abgerungen, wobei sie sich die natürlich vorhandenen Auflandungstendenzen in einigen Gebieten zunutze gemacht haben. Andererseits hat der Mensch aber auch durch sein Wirken gelegentlich verhängnisvolle Auswirkungen von Sturmfluten begünstigt oder erst ermöglicht.

Von der Römerzeit bis zum Ende des 14. Jahrhunderts

Seit dem 2. vorchristlichen Jahrtausend hatte sich weit westlich vor der heute vorhandenen Küstenlinie von Schleswig-Holstein ein breiter Gürtel von Marschland gebildet, zwischen dem und der Geest im nordfriesischen Raum ausgedehnte Moor- und Sumpfflächen lagen. In Dithmarschen und an der Elbe war der Marschengürtel schmaler. Das Land war dünn besiedelt und noch nicht bedeicht. Es wird von Prielen durchzogen gewesen sein, in denen das Wasser unter Tideeinfluß ein- und auslief. Ob die Schwankungen des Meeresspiegels tatsächlich so verlaufen sind, wie sie in Abb. 27 zwischen 1500 v. Chr. und 1500 n. Chr. eingezeichnet sind, ist nicht sicher. Man kann keine genauen Aussagen machen, weil das Meer später stark vorgedrungen ist und das alte Land weggerissen hat. Aus Bohrungen oder Ausgrabungen im Binnenland kann man zwar annähernd den mittleren Wasserstand zur damaligen Zeit für einige Stellen höhenmäßig bestimmen. Man weiß aber nicht, wie weit der betreffende Ort von der damaligen Küstenlinie entfernt war und kennt weder das Gefälle des Wasserspiegels von dort bis zum Meer noch die mittlere Höhenlage des Meeres.

Über die Sturmfluten der damaligen Zeit weiß man nur, daß es welche gegeben hat, denn sonst wären keine Marschen entstanden. Die erste Sturmflut, die als geschichtliches Ereignis vielleicht eine Realität ist, soll sich zwischen 120 und 115 v. Chr. an der Westküste der jütischen oder cimbrischen Halbinsel ereignet haben. Es heißt, daß in den nordfriesischen Marschländern viele Menschen und viel Vieh umkamen. Diese Flut soll die in der Marsch lebenden Volksstämme der Cimbern, Teutonen und Ambronen – an die Ambronen erinnert der Name Amrum – bewogen haben, ihre Heimat zu verlassen. Sie zogen nach Süden, bedrohten das mächtige Römische Reich, dessen Heeren sie in Südfrankreich schwere Niederlagen beibrachten, bis sie selbst schließlich 102 v. Chr. bei Aquaesextiae und 101 v. Chr. bei Vercellae vernichtet wurden.

Im Jahre 100 n. Chr., also zur römischen Kaiserzeit und etwa am Beginn der Völkerwanderung, bestand in einer Eiderschleife die Siedlung Tofting etwa zwischen Tönning und Oldenswort. Hier liegt die unterste Siedlungsschicht direkt auf der Oberfläche der alten Marsch (Abb. 30). Als das Wasser nach und nach anstieg und der Einfluß von Sturmfluten zunahm, errichteten die Marschbewohner höhere Wohnplätze, sie bauten Warfen. In Dithmarschen, Eiderstedt und Nordfriesland sind zu der Zeit viele Siedlungen neu entstanden, so daß man von einer kolonisationsartigen Landnahme sprechen kann. Im 5. und 6. Jahrhundert wurden zahlreiche Siedlungen wieder aufgegeben, vielleicht im Zusammenhang mit einer Auswanderung nach den britannischen Inseln.

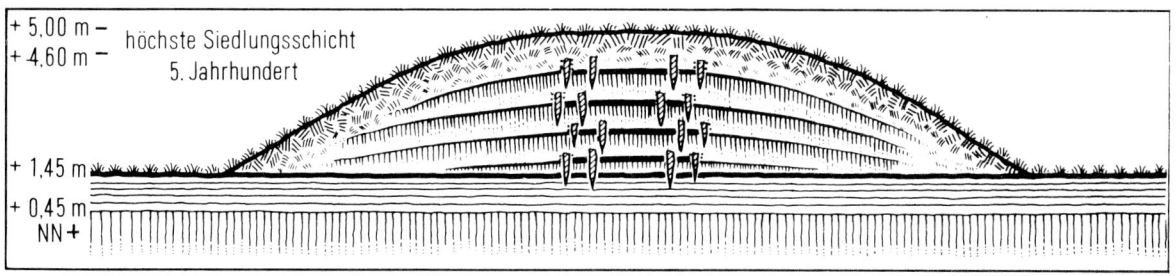

Abb. 30. Schematischer Schnitt durch eine alte Warf vom Typ Tofting. Die erste Besiedlung erfolgte um 100 n. Chr. auf flacher unbedeichter Marsch. Siedlungsreste des 5. Jahrhunderts liegen bereits auf NN + 4,60 m, eben unter der heutigen Warfoberfläche (NN + 5,00 m). Die Oberfläche der mindestens 1900 Jahre alten unvermoorten Marsch unter der Warfbasis liegt mit NN + 1,45 etwas höher als die unbedeckten Marschoberflächen der Umgebung (nach Bantelmann).

Eine zweite Besiedlungswelle mit der Gründung neuer Orte ist dann im 8. Jahrhundert nachzuweisen. Es waren Friesen aus dem heutigen Westfriesland (Niederlande) und Ostfriesland, die sich in den Marschen nördlich der Eider ansiedelten. Nach ihnen heißt diese Landschaft Nordfriesland. Die Elisenhofwarf auf einem Uferwall an der Eider dicht bei Tönning stammt aus dieser Zeit. An der Alster siedelte man ebenfalls; hier entwickelte sich später Hamburg. Es war die Zeit der Wikinger, die auf ihren Zügen alle Küsten Europas heimsuchten. Im Jahre 845 zerstörten die Wikinger die Siedlung Hamburg, eine Tatsache, die darauf schließen läßt, daß Hamburg damals schon als Hafen und Handelsplatz eine wirtschaftliche Bedeutung gehabt hat. Die Elbe wurde von den friesischen seefahrenden Kaufleuten soweit wie möglich landeinwärts als Wasserstraße genutzt.

In der damaligen Zeit hatte auch die Eider als Transportweg eine große Bedeutung. Schiffe kamen zum Beispiel vom Rhein, fuhren die Eider aufwärts und über die Treene bis Hollingstedt. Von hier wurden die Waren über Land nach Haithabu an der Schlei gebracht, um dann wieder per Schiff zu den Handelsplätzen an der Ostsee befördert zu werden. Zum Teil sind wohl auch Schiffe ein Stück die Rheiderau aufwärts gefahren und von dort über Land nach dem nur wenige Kilometer entfernten Haithabu gebracht worden. Auch die Fahrt um Skagen war ein vielbenutzter, wenn auch wesentlich längerer Schiffahrtsweg.

Bei der großen Breite der Elbe – man kann dieses ehemalige Urstromtal als eine langgestreckte Meeresbucht ansehen – ist anzunehmen, daß die Tide schon im 2. Jahrtausend v. Chr. bis über Hamburg hinaufreichte. Als der Meereseinfluß etwa zwischen 1000 vor und um Christi Geburt nachließ, reichte sie nur noch bis unterhalb von Hamburg. Auf beiden Seiten des Flusses bildeten sich die Elbmarschen. Bei dem etwa seit der Zeitenwende zu beobachtenden allmählichen Anstieg des MThw drang die Tidebewegung wieder bis in das verästelte Flußgebiet zwischen Hamburg und Harburg vor. Die Mündung der Eider wird um Christi Geburt sehr viel weiter westlich gelegen haben als heute, denn die Siedlungen Tofting und Elisenhof entstanden mehr im oberen Tidegebiet des Flusses.

Zur Karolingerzeit sind auch die ersten christlichen Sendboten in das Land nördlich der Elbe gekommen, um hier den christlichen Glauben zu verbreiten. Karl der Große dehnte sein Reich bis an Eider und Schlei aus. In Esesfeld (Itzehoe) errichtete er eine Burg, auch Hamburg entstand um 820 als karolingisches Kastell. Aus dieser Zeit stammen die ältesten Kirchen nördlich der Elbe in Hamburg, Heiligenstedten (bei Itzehoe), Schenefeld (nördlich von Itzehoe) und Meldorf. Die christlichen Missionare gründeten über das karolingische Reichsgebiet hinaus weiter im Norden die Kirchen in Ripen (Ribe) und Viborg in Jütland sowie in Südschweden. Von diesen Hauptorten hat sich das Christentum in den folgenden Jahrhunderten weiter ausgebreitet. Christen und Heiden haben wahrscheinlich längere Zeit in Mischsiedlungen zusammengewohnt, bis der christliche Bevölkerungsanteil eine neue Siedlung gründete und an der höchsten Stelle der Siedlung ein Gotteshaus errichtete.

Für den Kirchenbau wählte man die höchste Stelle, um den heiligen Ort rein optisch hervorzuheben und andererseits, um den Begräbnisplatz bei der Kirche dem Einfluß der Sturmfluten zu entziehen. Die meisten dörflichen Steinkirchen in den schleswig-holsteinischen Marschen sind im 12. Jahrhundert gebaut worden. Im 9. bis 11. Jahrhundert werden dort zunächst hölzerne Kapellen errichtet worden sein.

Die Priester hatten als ehemalige Mönche eine höhere Ausbildung erfahren als die übrige Bevölkerung, sie konnten lesen und schreiben; in der bäuerlichen Bevölkerung waren sie wahrscheinlich die einzigen Personen, die diese Kunst beherrschten. Ihnen ist es zu danken, daß etwa vom Ende des 1. Jahrtausends an Nachrichten über Sturmfluten überliefert sind. Zwar gibt es bis zum 15. Jahrhundert kaum Originalberichte, meistens finden wir nur die Jahreszahlen und vielleicht noch die Tage – benannt nach den Kalenderheiligen – erwähnt, an denen Sturmfluten stattgefunden haben. Solche Nachrichten wurden aus früheren Originalaufzeichnungen der schriftkundigen Priester in spätere Chroniken übernommen. Die Priester mögen derartige Mitteilungen aufgezeichnet haben, weil sie größere Unglücksfälle als Strafen Gottes deuteten und weil jede halbwegs schwere Sturmflut für die Marschbauern wegen der angerichteten Schäden ein solcher Unglücksfall war.

Die Ausbreitung des Christentums hat für die Geschichte der Sturmfluten noch eine weitere Bedeutung: Die Kirche stellte eine straffe Verwaltungsorganisation dar. Kirchspiele mußten Steuern und Abgaben leisten, dafür gab es in den bischöflichen Kanzleien Verzeichnisse. Aus diesen Verzeichnissen wissen wir, daß damals an der Westküste sehr viele Kirchspiele und Kirchen vorhanden gewesen sind, von denen eine größere Anzahl nach und nach bei schweren Sturmfluten untergegangen ist.

Wie man sich das Marschland an der Westküste etwa zwischen 1000 und 1300 vorstellen kann, zeigt die Karte von Nordfriesland (Abb. 31) des Husumer Kartographen Johannes Mejer (1652). Sie soll den Zustand von 1240 wiedergeben. Diese Karte ist nicht in allen Einzelheiten richtig, wie aus kritischen Untersuchungen hervorgeht. Sie vermittelt dennoch einen im allgemeinen zutreffenden Eindruck.

Vor der heutigen Küstenlinie erstreckte sich ein breiter Marschengürtel weit nach Westen. Das Land war von vielen Prielen durchzogen. Man kann annehmen, daß Mejer als Grundlage für seine Karte Nachrichten über früher bestandene Orte und Kirchen herangezogen hat, die unter anderem aus den bischöflichen Registern und Abgabenlisten stammten. Daher dürfte die Zahl der eingetragenen Kirchen weitgehend zutreffend sein, wenn auch vielleicht die Lage der Orte nicht genau stimmt.

Die Eider wird im Bereich ihres heutigen Mündungstrichters als ein verhältnismäßig schmaler Fluß dargestellt, eine Vorstellung, die zutreffend sein könnte. Zwischen der Eider und der Hever lagen mehrere Inseln, von denen nur die drei östlichen – Utholm, Everschop

Abb. 31. Karte von Nordfriesland um 1240 von dem Husumer Kartographen J. Mejer (1652). Die Karte ist in Einzelheiten zwar ungenau, gibt aber einen im allgemeinen wohl weitgehend zutreffenden Eindruck von dem Landschaftsbild der Westküste vor dem 14. Jahrhundert.

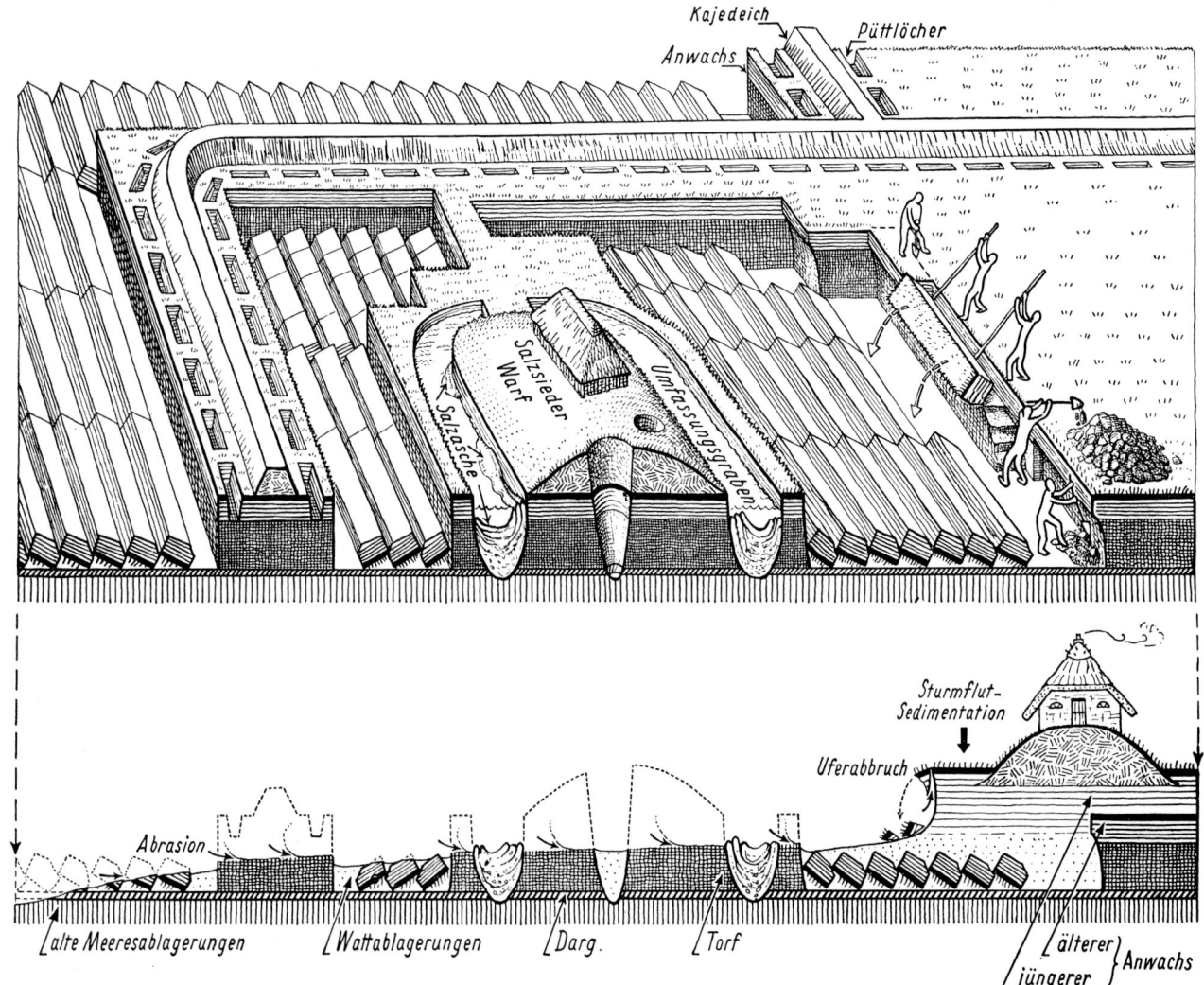

Abb. 32. Schematische Darstellung des Salztorfabbaus und seiner Folgen im Raume Langeneß-Nordmarsch. Oben: Vorgang der Zerstörung ausgedehnter Halligflächen durch Salztorfabbau unter Halligland im hohen und späten Mittelalter. Kajedeiche schützten die Abbaugebiete vor Sommerüberflutungen. Unten: Die heutigen Verhältnisse im gleichen Gebiet. In unzerstörten Restgebieten (ganz rechts) liegt eine Schicht jüngeren Anwachses über der mittelalterlichen Oberfläche. Die durch den Abbauvorgang vertieften Flächen (links) wurden zunächst in ein Wattgebiet verwandelt, in dem alle höherliegenden Teile wie Kajedeiche und Salzsiedlungen durch Erosionsvorgänge abgetragen wurden. Nur die Grundflächen und künstlichen Eintiefungen wie Püttlöcher, Zisternen und Gräben, letztere teilweise mit Salzasche gefüllt, blieben erhalten. Durch Verlandung entstand hier allmählich neues Halligland, dessen Ausdehnung durch Uferabbruch bis zur Gegenwart ständig verringert wurde. Viele der heutigen Warfen von Langeneß-Nordmarsch (ganz rechts) sind während der jüngeren Halligphase errichtet. Trotz des geringen Alters sind sie im unteren Teil von einer Schicht junger Überflutungssedimente (vgl. Abb. 28) bedeckt (n. Bantelmann).

und Eiderstedt – zu der heutigen Landschaft Eiderstedt zusammengewachsen sind, während die westlichen untergegangen sein müssen. Ob das Land damals so weit über die Insel Utholm hinaus nach Westen ragte, daß sogar noch Helgoland mit zum Eidermündungsgebiet gehörte, bleibt allerdings fraglich. Tatsache ist jedoch, daß auch Helgoland früher einen größeren Umfang gehabt hat.

Die vielen mehr oder weniger breiten Priele teilten das unbedeichte Land inselartig auf. Dafür spricht das Vorhandensein so vieler kleiner Gotteshäuser: Achtzehn Kirchen sind als feste steinerne Gebäude zwischen 1100 und 1200 allein in dem kleinen Gebiet des heutigen Eiderstedt gebaut worden. Sie waren damals nötig, weil es den Menschen in diesem nassen, unwegsamen Gelände unmöglich gewesen wäre, am Gottesdienst in weiter entfernt liegenden Kirchen teilzunehmen. So wird es in ganz Nordfriesland und ähnlich auch in Dithmarschen und in den Elbmarschen gewesen sein.

Solange der Meereseinfluß zunahm (nach Abb. 27 bis etwa 1000 n. Chr.), verbreiterten sich die Priele in der unbedeichten Marsch, hier und dort vertieften sie sich sogar. Bei den damaligen geringen technischen Mitteln war es ausgeschlossen, das gesamte Land durch Deiche zu schützen und größere Priele zu durchdämmen. Das konnte erst Aussicht auf Erfolg haben, wo Priele allmählich verlandeten. Ein solcher Vorgang wird begünstigt durch ein langsames Absinken des Meereswasserspiegels, wie wir ihn vom Jahre 1000 n. Chr. ab annehmen können. Und tatsächlich setzten auch in den ersten Jahrhunderten nach der Jahrtausendwende umfangreiche Bedeichungen an der Westküste und in den Elbmarschen ein. Diese zunächst bescheidenen Dämme und Erdwälle gewährten den so entstandenen Kögen den erwünschten Schutz gegen Sturmfluten, die wegen des sinkenden MThw grundsätzlich auch abnehmende Scheitelhöhen gehabt haben dürften.

Durch die Bedeichung wurden viele kleine Priele abgedämmt. Zahlreiche Inseln wurden „zusammengedeicht", größere zusammenhängende Landgebiete entstanden. In den noch verbleibenden eingeengten Prielen und Flüssen wird aber die Tidebewegung stärker geworden sein: Der Tidehub nahm zu, und die Tidegrenze wurde stromaufwärts verschoben. Das von See her bei Sturmfluten eindringende Wasser konnte sich nun nicht mehr über das verzweigte Prielsystem über das ganze Land ausbreiten, sondern es drängte sich in den wenigen großen Tidewasserläufen zusammen mit höheren Wasserständen, vor allem bei Sturmfluten. Dieser stärkeren Belastung hielten manche der schwachen Deiche nicht stand, Deichbrüche waren die zwangsläufigen Folgen.

Die Überschwemmung eines Koges infolge eines Deichbruchs ist aber ein viel schwerwiegenderes Ereignis als die allmähliche Überflutung eines unbedeichten Landes. Menschen und Vieh sehen das Wasser im unbedeichten Land allmählich kommen, sie können sich auf hochliegende Flächen zurückziehen. Bei einem Deichbruch tritt die Überflutung plötzlich ein, und sie trifft auf Menschen, die weniger vorbereitet sind, weil sie sich hinter ihrem Deich verhältnismäßig sicher fühlen. So kann es dann zur Flutkatastrophe kommen mit großen Verlusten an Menschenleben, Vieh und Sachgütern. Wir erinnern an dieser Stelle an die Sturmflutkatastrophen unserer Tage: Hollandflut 1953, Hamburg 1962! Wenn man die Deiche nicht bald wiederherstellte, konnte die nächste Sturmflut den Schaden noch vergrößern, Priele ausweiten; sogar dauernde Landverluste kamen vor. Über die Wirkung des „blanken Hans" bei der zweiten, nachfolgenden Flut ist aus früheren Jahrhunderten überliefert: „Dem ersten was he in de Höhe nich gelik, doch tobrak he viel mehr den Diek."

Daß trotz des nach dem Jahre 1000 n. Chr. allmählichen Absinkens des Meeresspiegels dauernde Verluste von eingedeichten Ländern nach Deichbrüchen zu verzeichnen sind, liegt auch an der Nutzung der Köge. Während in der unbedeichten Marsch nur Viehwirtschaft möglich war, das Land also überall mit einem Rasen abgedeckt war, trieb man im bedeichten Koog auch Ackerbau. Bei Überflutungen kann die Oberfläche des Ackerbodens weggespült werden (Abrasion). Für den Ackerbau wird eine tiefere Entwässerung benötigt, die erst nach der Bedeichung und dem Bau von Sielen möglich war. Je größer der Anteil an organischen Substanzen ist, desto mehr sackt der Marschboden zusammen. Diese Vorgänge spielen bis in die Gegenwart eine bemerkenswerte Rolle. Die Oberfläche des eingedeichten Landes konnte auf diese Weise unter MThw gelangen, obwohl das MThw der Nordsee säkular absank.

Abb. 33. Durch Abrasion freigelegte Anwachsschollen als Reste mittelalterlichen Salztorfabbaues im Wattgebiet südlich der Hallig Langeneß-Nordmarsch. Im Schnitt ist die Schichtung des Anwachses in den Schollen deutlich sichtbar. Durch die Wucht der beim Abbauvorgang herabstürzenden Schollen wurde die Oberfläche der unter der ausgeräumten Torfschicht liegenden älteren Ablagerungen verdrückt.

Abb. 34. *Pflugfurchen ehemals bedeichten Marschlandes im Wattgebiet südwestlich der Hallig Südfall, untergegangen im 14. Jahrhundert. Oberflächenhöhe etwa –0,85 m NN, d. h. mehr als 2 m unter dem MThw der Gegenwart.*

Verstärkt wurde dieses Absinken der Oberfläche in Nordfriesland noch durch den Abbau des Torfs zwischen der „alten" und „jungen" Marsch, um Brennmaterial zu gewinnen. Der Torf hatte durch frühere Überflutungen, die auch mit früherem Anstieg des Meeresspiegels zusammenhingen, einen relativ hohen Salzgehalt. Daher hat man hier auch Torf abgebaut, um daraus Salz zu gewinnen. Der Abbau erfolgte zum Teil in dem unbedeichten Halligland, indem man jeweils kleinere Flächen gegen Sommersturmfluten eindeichte (Abb. 32). Abb. 33 zeigt die heute im Watt vorhandene Oberfläche eines solchen früheren Abbaugebietes.

Diese Ausführungen erschienen uns nötig, um die Auswirkung der Sturmfluten des Spätmittelalters, über die in den Chroniken berichtet wird, verständlich zu machen. Auf den ersten Blick scheint ein Widerspruch darin zu bestehen, daß in der Zeit zwischen 1000 und 1400 n. Chr. der Nordseewasserspiegel fiel und etwa gleichzeitig Sturmflutkatastrophen mit erheblichen, für Jahrhunderte bleibenden Landverlusten eintraten.

Welche Sturmfluten sind nun aus dieser Zeit überliefert? Die Nachrichten fließen erst mit der Zeit häufiger und zuverlässiger. Sie stammen im ersten nachchristlichen Jahrtausend vorwiegend aus niederländischen und ostfriesischen Quellen. Sicherlich haben einige dieser Sturmfluten auch für unsere Westküste und für das Elbegebiet Bedeutung gehabt. In schleswig-holsteinischen Quellen werden Sturmfluten erst für die Jahre 1010, 1020, 1075, 1094 genannt, dann wieder für 1102 und 1114.

Eine der ersten großen Schadensfluten nach dem Bau der Deiche soll die Julianenflut im Februar 1164 gewesen sein. Zeitgenössischen Berichten entnehmen wir, daß damals zwischen Rhein und Elbe 20 000 Menschen ertrunken seien. Die Bildung des Jadebusens wurde bei dieser Sturmflut durch erste Einbrüche eingeleitet. Chronisten erwähnen für 1170, 1173, 1187 und 1196 weitere Sturmfluten. Im 13. Jahrhundert werden 27 Sturmfluten aufgeführt, Daten und Jahreszahlen sind meist nicht ganz sicher. Manchmal verwechseln die alten Chronisten einzelne Fluten, vielleicht geben sie ein und dieselbe Sturmflut mit unterschiedlichen Daten mehrmals an. Besonders schwer wird wohl die erste Marcellusflut vom 16. Januar 1219 gewesen sein, von der es schon einen ersten Augenzeugenbericht gibt. Diese Flut soll vorwiegend im westlichen Teil der Nordseeküste schwere Verluste gebracht haben (36 000 Tote). In einer anderen Chronik ist von einer Flut 1216 die Rede, bei der alle Marschländer unter Wasser gestanden haben und in Eiderstedt, Dithmarschen und Nordstrand über 10 000 Menschen ertranken. Besonders große Schäden soll wieder die Luciaflut vom 14. Dezember 1287 an der gesamten deutschen Nordseeküste mit 50 000 Toten angerichtet haben. Bei dieser Flut soll die Bildung des Dollarts eingeleitet worden sein, nach anderen Quellen bereits zehn Jahre vorher. Die Zahlenangaben über Verluste aus der damaligen Zeit sind allerdings meistens übertrieben.

Im 14. Jahrhundert werden 23 Fluten von verschiedenen Chronisten genannt. 1338 soll der Eiderstrom aufgerissen worden sein, die Eider hat seitdem die heutige trichterförmige Mündung. 1354 werden für die gesamte Westküste schwere Schäden und Verluste an Menschenleben erwähnt.

Die Sturmflut mit den größten Verlusten war die zweite Marcellusflut vom 16. Januar 1362. Sie ist in die Geschichte unter dem Namen „Große Mandränke" eingegangen. Mit diesem Namen sind im Laufe der Zeit noch mehrere Fluten belegt worden, wenn viele Men-

Abb. 35. *Der Hauptbalken vom Kammerboden der jüngeren „Rungholt"-Schleuse, nach 600 Jahren noch an Ort und Stelle im gezimmerten Verband. Der Balken wurde 1961 geborgen und befindet sich im Nordfriesischen Museum, „Nissenhaus" in Husum.*

schen ertrunken sind, was der Name Mandränke ausdrücken will. Diese Sturmflut kann man für die gesamte deutsche Nordseeküste als die bis heute folgenschwerste bezeichnen. Die Chroniken sprechen von 100 000 Toten. Weite Gebiete wurden überschwemmt und gingen für immer verloren. Jadebusen, Dollart, Harle und Leybucht wurden weiter vergrößert. In Nordfriesland drang die Flut stellenweise bis an den Geestrand vor. Große Buchten wurden in das Land gerissen, einige Wattströme zu breiten Meeresarmen erweitert. Östlich des heutigen Pellworm versank der Ort Rungholt in den Fluten, der Hauptort Nordfrieslands im Mittelalter. Damals erhielt die Marschinsel Strand ihre Hufeisenform mit der Rungholtbucht. Aus Rungholt hat die Legende eine besonders sündige Großstadt gemacht, ihr Untergang wurde als Strafe Gottes angesehen. Die Rungholtsage regte den Lyriker Detlev von Liliencron während des Aufenthalts auf der Insel Pellworm als Hardesvogt zu seiner weithin bekannten Dichtung „Trutz, Blanke Hans" an; darin heißt es:

Mitten im Ozean schläft bis zur Stunde
Ein Ungeheuer, tief auf dem Grunde.
Sein Haupt ruht dicht vor Englands Strand,
Die Schwanzflosse spielt bei Brasiliens Sand.
Es zieht, sechs Stunden, den Atem nach innen
Und treibt ihn, sechs Stunden, wieder von hinnen.
    Trutz, Blanke Hans.

Doch einmal in jedem Jahrhundert entlassen
Die Kiemen gewaltige Wassermassen.
Dann holt das Untier tiefer Atem ein,
Und peitscht die Wellen und schläft wieder ein.
Viel tausend Menschen im Nordland ertrinken,
Viel reiche Länder und Städte versinken.
    Trutz, Blanke Hans.

Ein einziger Schrei – die Stadt ist versunken,
Und Hunderttausende sind ertrunken.
Wo gestern noch Lärm und lustiger Tisch,
Schwamm andern Tags der stumme Fisch.
Heut bin ich über Rungholt gefahren,
Die Stadt ging unter vor sechshundert Jahren.
    Trutz, Blanke Hans?

Noch heute findet man bei Pellworm und Südfall, aber auch an anderen Stellen im nordfriesischen Watt, Reste des damals untergegangenen Landes: Gräben und Ackerfurchen (Abb. 34), Brunnenringe aus Torfsoden, Ziegelsteine, Sielbalken (Abb. 35), Scherben, Tier- und Menschenknochen. Die alten Marschflächen sind bald nach der Zerstörung der Deiche von neuen Sedimenten überlagert worden. Diese „junge Marsch" entstand durch die schon erwähnte schichtweise Sturmflutsedimentation. Der Neubildung des Marschbodens kam das gleichzeitige Absinken des mittleren Meereswasserspiegels entgegen (Abb. 27). Unter den jungen Ablagerungen konnten sich die alten Kulturspuren erhalten, bis sie bei Erosionen in jüngster Zeit zum Vorschein kamen.
Augenzeugenberichte über diese Flutkatastrophe gibt es nicht. Die ersten Chroniken sind erst etwa 250 Jahre später entstanden, wenn auch angenommen werden

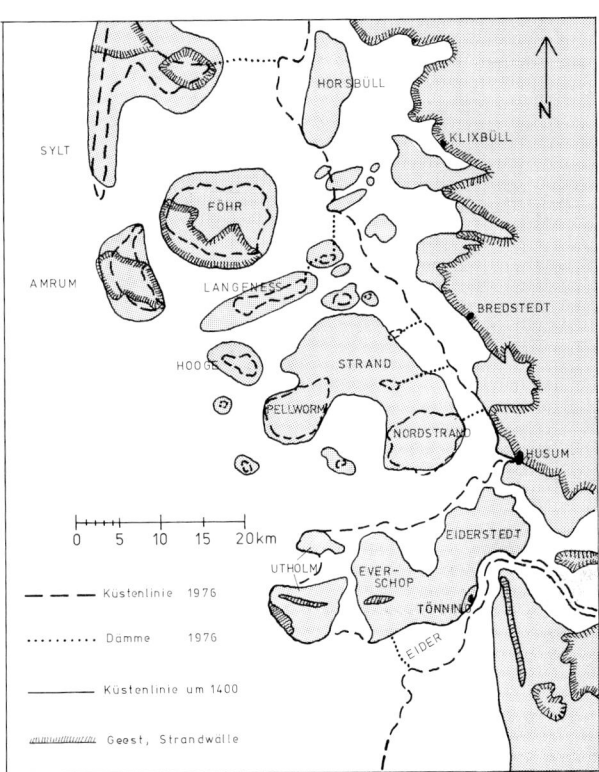

Abb. 36. Mutmaßliche Küstenlinie in Nordfriesland und Norderdithmarschen im 14. Jahrhundert. Zum Vergleich ist die heutige Küstenlinie eingetragen. Zwischen der Küstenlinie am Festland und den Inseln lag das von Prielen durchzogene Wattenmeer. Die Priele sind nicht dargestellt, da ihr damaliger Verlauf unbekannt ist. Das Meer war stellenweise bis an den Geestrand vorgedrungen.

kann, daß sie nicht nur nach mündlicher Überlieferung, sondern nach älteren, inzwischen verlorenen Berichten aufgezeichnet worden sind. Sicher sind die Verluste an Menschenleben, Vieh und Gütern sehr hoch gewesen, ebenso die Landverluste, die Zahlenangaben darüber dürften aber auch hier übertrieben sein.
Sicherlich ist der heutige Verlauf der deutschen Nordseeküste sehr wesentlich durch diese Sturmflut oder die Sturmfluten dieser Zeit geformt worden. Es ist wohl so, daß man die großen Landverluste in Nordfriesland nicht allein der Sturmflut von 1362 zuschreiben sollte, sondern allgemein den schweren Sturmfluten des 13. und 14. Jahrhunderts. Das Jahr 1362 oder das Datum 16. Januar 1362 wird man vielmehr als den Höhepunkt der Sturmflutwirkungen dieser Zeit zu werten haben.
Abb. 36 zeigt, wie in Nordfriesland am Ende des 14. Jahrhunderts wahrscheinlich die Küstenlinie verlaufen ist. Sie zeigt zugleich die heutige Küstengestalt. Wenn man diese Darstellung mit der Karte von Mejer vergleicht, kann man die Landverluste des 13. und 14. Jahrhunderts ermessen. Es war im ausgehenden 14. Jahrhundert schwer, die Deiche nach einer Sturmflut wiederherzustellen. Die Pest hatte die Menschheit noch mehr dezimiert als die Sturmfluten, und es fehlte daher an Arbeitskräften.
Bezeichnend ist, daß nach den Chroniken die für Nordfriesland als schwer und verlustreich genannten Sturm-

fluten von 1380, 1387, 1391, 1393 und 1395 im Mai und Juni stattgefunden haben sollen, also in einer Zeit, wo eigentlich keine schweren Sturmfluten zu erwarten sind. Das kann so gedeutet werden, daß die Deiche in den vorausgegangenen Katastrophenfluten völlig zerschlagen waren und das Meer überall weit vordringen konnte. In den Chroniken wurden deshalb auch leichte Sommerfluten als Schadensfluten erwähnt. Südlich der Eider und an der Elbe haben die Sturmfluten dieser Zeit ebenfalls schwere Schäden hervorgerufen, wenn auch wohl nicht in dem Maße wie in Nordfriesland.

Die Zeitspanne vom 15. bis Ende des 18. Jahrhunderts

Am Ende des 14. Jahrhunderts stand das Meer mit tiefen Buchten weit im Land, einige große Inseln lagen in Nordfriesland vor der eigentlichen Küstenlinie. Für das 15. Jahrhundert enthalten die Chroniken wiederum Berichte über zahlreiche Sturmfluten. Insgesamt werden 27 Sturmfluten genannt. Die schwersten waren die vom 1. November 1436 (Allerheiligenflut) und am Dreikönigstag (6. Januar) 1470. Die Allerheiligenflut von 1436 traf die gesamte deutsche Küste mehr oder weniger stark. Allein in dem kleinen Dorf Tetenbüll in Eiderstedt sollen 180 Menschen umgekommen sein. Es wird berichtet, daß der Bürgermeister Dethlefs von Tönning, als er eine Frau aus dem Wasser retten wollte und sich deshalb in einen Kübel gesetzt hatte, durch die Strömung nach der Eider getrieben wurde und erst in Büsum wieder an Land kam, immerhin gesund und wohlbehalten.

Alles in allem haben die Sturmfluten des 15. Jahrhunderts aber nicht so schwere Landverluste gebracht wie die des 14. Das kann an den Sturmflut-Wetterlagen gelegen haben. Wahrscheinlich ist auch, daß nach den Katastrophenfluten des 14. Jahrhunderts nur die verhältnismäßig sicheren Gebiete übriggeblieben waren, hochliegende Gebiete, vielleicht mit besonders widerstandsfähigem Boden, die vorwiegend als Weide genutzt wurden. Außerdem konnten die Sturmfluten bei gleichen Wetterbedingungen und sinkendem Meeresspiegel (Abb. 27) nicht dieselbe Höhe erreichen wie die des 14. Jahrhunderts.

Die Küstenbewohner nahmen von nun an die Landverluste nicht mehr tatenlos hin. Sie gingen ihrerseits zum Angriff über und versuchten, einen Teil des ihnen entrissenen Landes zurückzugewinnen. Das Jahr 1362 wird – vielleicht mehr symbolisch, wie wir gesehen haben – als Höhepunkt des Vordringens des Meeres angesehen, zugleich bezeichnet man es als Geburtsjahr der Landgewinnung. Tatsache ist, daß im 15. Jahrhundert überall an der deutschen Küste Wiederbedeichungen in Angriff genommen worden sind.

In Nordfriesland entstanden neue Köge vor den Geesteinbuchtungen. Einige große Inseln wurden neu bedeicht, wie der Wiedingharder alte Koog und der Kornkoog. Dasselbe gilt für Eiderstedt und Dithmarschen. Die Verbindung, die zwischen Hever und Eider bestand, wurde in dieser Zeit nach und nach zugedeicht, 1489 der letzte Verbindungspriel geschlossen. Wegen des tiefen Einbruchs der Eidermündung drang die Flut weiter eideraufwärts vor; auch oberhalb von Friedrichstadt bis Erfde wurden Deiche erforderlich. Etwa zu derselben Zeit begann man am Jadebusen, in der Leybucht, in Budjadingen und in den Elbmarschen verlorenes Land wieder zu bedeichen. Durch die Schadensflut vom 26. September 1509 an der Küste von Holland bis zur Weser erreichte der Dollart seine größte Ausdehnung. Danach setzte auch hier die Rückgewinnung verlorengegangenen Landes ein. Sturmfluten behinderten natürlich diese zähe Arbeit. Für das 16. Jahrhundert sind über fünfzig Schadensfluten in den Chroniken überliefert. Manche haben zwar nur örtlich größeren Schaden angerichtet. Als schwerste Sturmfluten gelten die Allerheiligenfluten von 1532 und 1570. Beide trafen die gesamte deutsche Nordseeküste. Die Sturmflut von 1532 hatte ihren Schwerpunkt an der Westküste von Schleswig-Holstein, während 1570 die größten Schäden westlich der Elbe eintraten. Auf die Fluten am Allerheiligentag 1436, 1532 und 1570 ist der alte Spruch gemünzt: „Allerheiligendag Vrisland veel beklagen mag."

Für 1532 heißt es, „daß man in vielen Städten und Dörfern mit Kähnen zueinander fahren konnte. In Eiderstedt, Nordstrand, Süder- und Norderdithmarschen sollen viele Tausend Menschen mit allen ihren Gütern im wilden Meer umgekommen sein, in Eiderstedt 1100, in Koldenbüttel allein 100 und in Witzwort 60. Das Wasser stand damals 3 Klafter über dem Land. In Nordstrand kamen 1500 Menschen und 3 Prediger um, das Wasser ging 3 Ellen über alle Deiche. In Tondern stand das Wasser 3 Ellen hoch an der Kirchenmauer und hat am Schloß viel Schaden getan".

Für die Allerheiligenflut 1570 hat man an Hand der alten, noch vorhandenen Quellen für Holland, Ostfriesland und bis zur Weser für einige Teilgebiete genaue Zusammenstellungen über die Schäden erarbeitet. Danach lassen sich die Verlustzahlen an Menschenleben für das Land zwischen Ems und Weser recht gut abschätzen, etwa 9000 bis 10 000 Menschen sind hier ertrunken. In Ostfriesland gingen etwa 13 km² verloren, eine ungefähr gleichgroße Fläche wurde zu der gleichen Zeit in der Harlebucht neu gewonnen.

Für die Geschichte der Sturmfluten ist von besonderem Interesse, daß von den beiden Allerheiligenfluten zum erstenmal Angaben über Scheitelhöhen vorhanden sind. In der Kirche von Klixbüll in Nordfriesland befanden sich innen an der Nordwand zwei Farbstriche, die anzeigten, daß 1532 und 1634 das Wasser dort bis zu diesen Höhen gestanden hat. Vor etwa hundert Jahren hat man diese Höhenmarken erstmals eingemessen. Danach lag der Sturmflutscheitel 1532 auf NN + 4,16 m und 1634 auf NN + 4,30 m. Die Striche sind zwar im Laufe der Jahrhunderte mehrfach nachgezogen worden und können dabei geringe Veränderungen in ihrer Höhenlage erfahren haben. Dennoch dürfte die Höhenlage ungefähr richtig überliefert worden sein. Die Marke für 1532 von Klixbüll bekommt wegen des Standortes der Kirche am Geestrand ein erhebliches Gewicht, denn 1532 lag davor kein bedeichtes Land, und im Innenraum der

Kirche gab es keinen Welleneinfluß. Im Gegensatz dazu lag 1634 die Kirche Klixbüll schon hinter einem Koog, der damals überflutet gewesen sein muß. Der in der Kirche vermarkte Wasserstand wird deshalb wahrscheinlich niedriger sein als die Sturmfluthöhe am Seedeich davor. Die beiden Originalwasserstandsmarken in der Kirche von Klixbüll sind bei einer Renovierung 1963 leider beseitigt worden. Es wurden aber an der Südwand entsprechende Marken wieder als Farbstriche angebracht. An der Kirche von Suurhusen bei Emden gibt es an der äußeren Stirnwand des Kirchturms einen Stein, der die Wasserstandshöhe von 1570 anzeigt. In der Kirche befindet sich außerdem eine hölzerne Gedenktafel über die Sturmflut von 1570. Der Sturmflutscheitel 1570 dürfte demnach in der Ems bei Emden etwa zwischen NN + 4,40 m und 4,50 m gelegen haben. Für den Jadebusen bei Dangast wurde für 1570 eine Höhe von NN + 4,41 m ermittelt.

Vor den großen Fluten von 1532 und 1570 verblassen die übrigen des 16. Jahrhunderts. Einige wollen wir dennoch kurz erwähnen, zum Beispiel die Fluten vom 16. Oktober 1501 und von 1506. 1543 brachen die Deiche in Eiderstedt bei Ording und Simonsberg. Die Kirche von Simonsberg wurde dabei zerstört und 1545 an einer anderen Stelle neu gebaut.

Auffallend ist das Datum für die Kornflut am 21. August 1573. Sie wird so genannt, weil viel Korn auf den Äckern vernichtet wurde. Vielleicht war diese Flut gar nicht so sehr hoch. Sie traf aber auf Deiche, die nach der Allerheiligenflut von 1570 noch nicht wieder voll wehrfähig hergestellt werden konnten. Im Januar 1574 richtete eine Sturmflut Schaden an den Deichen in Eiderstedt an, die Deichbruchstelle von der Kornflut 1573 bei Reimersbude brach wieder auf, und aus der Eider trieb viel Eis über das Land, wo es lange liegenblieb.

Auch für die achtziger Jahre des 16. Jahrhunderts werden einige Sturmfluten, besonders von der Unterelbe, erwähnt. 1593 hat eine Sturmflut große Schäden in Nordfriesland hervorgerufen. Alles in allem war aber das 16. Jahrhundert ein Jahrhundert der Landgewinnung und Eindeichungen. Wahrscheinlich erreichte der Meeresspiegel eine so tiefe Lage, wie seit tausend Jahren nicht. In Nordfriesland bedeichte man zahlreiche Köge. Zwischen Wiedingharder Koog und Ockholmer Koog bestand eine weite Bucht mit den Inseln Dagebüll, Fahretoft, Galmsbüll und Nordtoft (Abb. 37). In Dithmarschen und an der Elbe wurde ebenfalls vorgedeicht.

Im 17. Jahrhundert schob man in Nordfriesland die Seedeichlinie weiter nach Westen; auf den Inseln Nordstrand und Pellworm wurden alte Köge wieder bedeicht. Daß in diesem Jahrhundert der Umfang der Eindeichungen nicht so groß war, hat vielleicht seine Ursache darin, daß der Meeresspiegel nun wieder stärker anstieg und damit die Landgewinnung trotz besserer technischer Mittel erschwerte.

Ein weiterer Grund ist wohl, daß diese Zeit durch die Pest (1603) und dann politisch durch den Dreißigjährigen Krieg belastet wurde. Die Hauptkämpfe lagen zwar in Mittel- und Süddeutschland. Aber auch die Küsten-

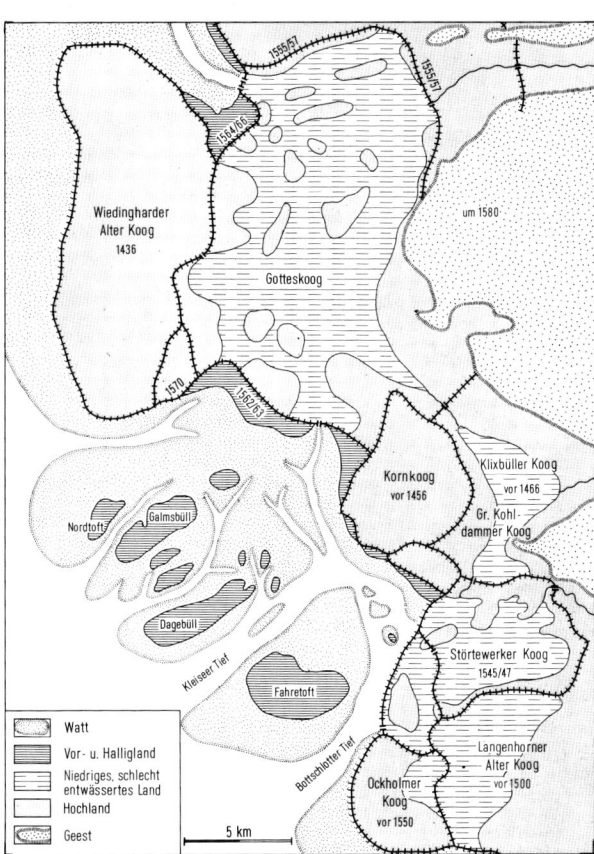

Abb. 37. *Nördliches nordfriesisches Festland um 1580 mit den Eindeichungsjahren (nach Degn und Muuß).*

bewohner bekamen den Krieg zu spüren: Sie mußten Einquartierungen dulden und Abgaben entrichten; Geld und Arbeitskräfte wurden knapp. Zwischen 1626 und 1629 (Frieden von Lübeck) fanden auch in Schleswig-Holstein Kämpfe statt. In Tönning sind 1627 durch Kriegseinwirkung 128 Häuser zerstört worden.

Für das 17. Jahrhundert finden wir wieder mehr als sechzig Sturmfluten überliefert. Schon am Beginn des Jahrhunderts zerstörten einige schwere Sturmfluten Teile der Insel Strand und erweiterten die Meereseinbrüche des 14. Jahrhunderts. Der Versuch, die Bucht durch einen Deich von Pellworm über Südfall nach Nordstrand abzuriegeln, mißlang, ja mußte unter den Zeitumständen und bei den verfügbaren Mitteln mißlingen.

Der 1625 verstorbene Nordstrander Pastor Matthias Boëtius schildert die Sturmfluten von 1612 bis 1617 aus eigenem Erlebnis in seinem 1623 in lateinischer Sprache erschienenen Buch „De Cataclysmo Nordstrandico". Mehrere Schadensfluten traten 1612 und 1615 hintereinander ein. Allein im Jahre 1612 werden fünf Sturmfluten gemeldet; die schwersten sind auf den 24. August und auf den 21. Oktober gefallen. Fast alle Köge Nordfrieslands gerieten unter Wasser. Über die Flut vom 1. Dezember 1615, die noch höher auflief als die von 1612, gibt es mehrere Aufzeichnungen. Auf der Insel Strand sollen 300 Menschen umgekommen sein, und im Schloß zu Tondern soll das Wasser bis an die Fenster gestanden haben. Bei so vielen Schadensfluten konnten die Deiche noch nicht wiederhergestellt werden.

„Van der Jamerlyken Waterfloth, welcke sick in dyssem 1615. Jahre den 1 Decembris in Nordstrande, im Herdochdom Schleswick hefft begeuen und thogedragen" berichtet Leve Johanßen in seinem Sturmflutlied „Nye Tüdinge" (23 Verse, 1616 gedruckt):

4. Do was ein gruwsam Storm und Wind,
Uth dem Südwesten so geschwindt,
Und dede Dyck inbreken,
In groten yl al by den Syl,
Tho Ilgroff tho ick sprecken.

8. Also iß by na de halve Strandt,
Im Solten Water kamen tho dysser Stundt,
Und ys darin gebleuen,
Dem Winter durch vth mit groter noth,
Und dröffenisse groth gewesen.

21. Vnd gyff allen Ouersten in dyssen Landt,
Guden Rath ock Wyßheit und vorstandt,
Vp dat se ydt mögen so anfangen,
Up dat wie arme bedröuede Lüde,
Dröge Landt mochten wedderumb erlangen.

Die Fastnachtsflut vom 26. Februar 1625 wird von allen Chronisten an der Küste als eine hohe Eisflut erwähnt. Die Eisschollen sollen die Deiche an manchen Stellen schwer beschädigt haben. Das gesamte damalige Nordstrand kam unter Wasser, in Eiderstedt, Dithmarschen und an der Elbe wurden Köge überflutet. Von Hamburg wird berichtet, daß das Wasser auf dem Hopfenmarkt – neben der Nicolaikirche, an der heute die große Ost-West-Straße vorbeiführt – gestanden habe, und man habe einen Prediger, der in der Katharinenkirche Beichte hielt, mit einem Boot abholen müssen. Große Schäden entstanden an den im Hamburger Hafen lagernden Gütern.

Für die Fastnachtsflut ist an dem 1623 am Hafen von Tönning erbauten Haus der Schiffergilde eine Höhenmarke angebracht worden. Man hat die alten Höhenmarken leider bei dem Neubau des Schifferhauses 1808 entfernt. Heute befindet sich an diesem Gebäude wieder eine Tafel mit Höhen neuerer Sturmfluten. Nach Angaben aus der Literatur können wir die Höhenlage der früheren Marken rekonstruieren. Danach hat der Sturmflutscheitel vom 26. Februar 1625 in Tönning etwa auf NN + 3,90 m gelegen, das heißt fast 3,50 m über MThw. Für die Jahre von 1627 bis 1630 werden von den Chronisten weitere Sturmfluten erwähnt, die wohl nur örtlich Schäden verursachten.

Dann, am 11. Oktober 1634, wurde besonders die Westküste von Schleswig-Holstein durch eine sehr schwere Sturmflut heimgesucht. Es war eine Katastrophe, die häufig auch als zweite Mandränke bezeichnet wird.

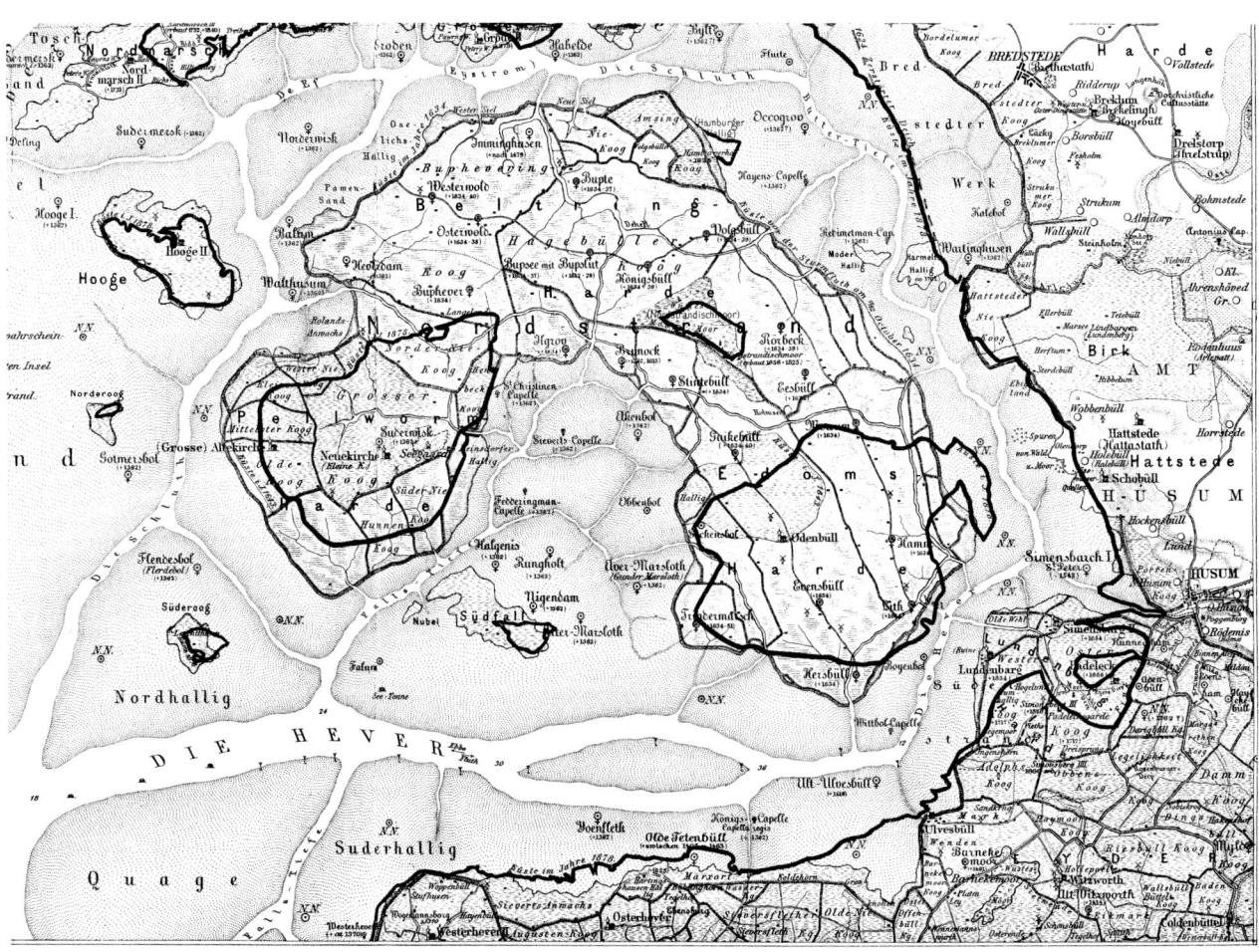

Abb. 38. Alt-Nordstrand vor 1634 und der Küstenverlauf Ende des vorigen Jahrhunderts (Karte von Geertz).

Außerordentlich schwer wurde Nordfriesland betroffen. Große Teile der Insel Strand, ausgedehnte Vorländereien (Autz- und Tratzhallig) und die Halligen Nieland und Nübel in der Rungholtbucht gingen unter und konnten nicht mehr eingedeicht werden (Abb. 38). Seit 1634 bestehen Nordstrand und Pellworm als getrennte Inseln.

Von der Sturmflut 1634 gibt es zahlreiche sehr sachliche Augenzeugenberichte. Amtliche Berichte in den Archiven sowie Eintragungen in Kirchenbüchern enthalten genaue und detaillierte Angaben über Schäden. Von dem Nordstrander Pastor M. Antonius Heimreich, der die Sturmflut miterlebt hat und fast selbst zu Tode gekommen ist, gibt es erschütternde Berichte über Einzelheiten. In seiner „Nordfresischen Chronik" gibt Heimreich auch alle Nachrichten wieder, die er von früheren Sturmfluten aus anderen Quellen in Erfahrung bringen konnte. Da die späteren Quellen heute zum Teil nicht mehr zugänglich sind, hat dieses Werk große Bedeutung für die Sturmflutforschung bekommen. Die meisten der in den vorigen Abschnitten angesprochenen Sturmfluten sind auch in Heimreichs Chronik erwähnt. Am wertvollsten sind natürlich seine Berichte über die Sturmfluten des 17. Jahrhunderts, sie enden mit dem Jahre 1663. Heimreich beschreibt die große Flut von 1634 wie folgt:

„Das Gott der Herr durch außlassung der Wasser das Land könne umbkehren / solches haben diese Nord Fresche Landschafften benebenst allen an der West See liegenden Marsch Ländern am Tage Burchardi (so am Sontage gefellig) des 1634 Jahres besonders müssen erfahren / indem am Tage zuvor (als am 11. Octobris) sich ein ungeheurer Sturmwind aus dem Süd Westen erhoben / so sich in folgender Nacht auf halber Sprinckfluth nach dem Nordwesten gewendet / und so gar übel gehauset / daß er nicht allein hin und wieder die Häuser auff- und abgedecket / auch unzehlig viel gar hinweg genommen / dazu in den Wäldern und Holtzungen starcke und dicke Bäume bey Hauffen niedergeschlagen / und mit den Wurtzelen aus der Erden gerissen / sondern auch das Wasser und Meer in der West-See dermassen bewogen und auffgetrieben / daß es in denen an derselben und an der Elbe belegenen Ländern / als in Stormarn / Dithmarschen / Eiderstet / NordStrand / Jüthland und andern Ortern hin und wieder eingegangen / Teiche und Dämme zerrissen / (vgl. Abb. 39) und dahin gekommen / da man zuvor niemals keine Fluth vernommen / viele 1000 Menschen und Vieh ersäuffet / Häuser und Güter weggeführet / und solchen Schaden gethan / daß es nicht zu beschreiben. Da denn auch die finster Nacht nicht allein die obhandene grose Gefahr bey vielen hat verborgen / sondern ihnen auch alle Mittele derselben zu entkommen beraubt Weßhalben ihrer viele Mutternacket von ihren Bette bey sicherem Schlaffe sein weggetrieben / andere durch ungestümigkeit des Wetters erwecket / haben davon fliehen oder ihre Güter erretten wollen / allein sein zunebenst ihren Häusern und Gütern von den Wellen weggeführet worden. Derhalben viele in dem sie gesehen / daß alle Mittel zu entkommen vergebens / und sie zweyfels frey mit ihren Haußgenossen von den Wellen würden weggeführet

Abb. 39. Deichbruch, Stich von Winterstein aus dem Jahre 1675.

werden / sich und ihre Weiber und Kinder mit Stricken haben aneinander gebunden / daß wie sie alle die Natur und die Liebe vereiniget / also auch sie die grausamen Wellen nicht möchten trennen. Viele haben sich / mit allen ihren Haußgenossen auf den Dächern und Häusern begeben / und sein auff denselben / als auff einem Schiff / herumb geführet worden. Welche aber bald von den Wellen zuschlagen / und also diese elende Leute elendiglich voneinander getrennet / daß auf dem einen Stück der Vater / auff einem andern die Mutter hingetrieben / auf einem andern die zarten Kinderlein. Und hat es allenthalben ein jämmerliches Ansehen gehabt massen man gesehen / wie das unzehlich viele todte Menschen herumb getrieben / Kisten und Schappen / Bette und Bettegewand / Laden und allerhand herrlicher und kostbahrer Haußgerath auff dem Wasser geschwemmet / wie viele Männer / Weiber und Kinder auf stücken Häuser / Breter / Balcken / und dergleichen / neben und unter den annoch stehenden Häusern hingefahren / und Gott und Menschen umb Hülffe und Errettung angeschrien. Und ist das aller grösseste Elende gewesen / daß die solches gehört / ihnen auf ihr klägliches jammer-Geschrey nicht haben können helffen."

In der Gegend von Fahretoft und Bottschlot in Nordfriesland waren damals gerade Landgewinnungsarbeiten einer holländischen Kapitalgesellschaft im Gange. Leitender Ingenieur dieser Unternehmung war der Niederländer Jan Adriaanz Leeghwater. Auch er hat die Sturmflut vom Oktober 1634 miterlebt. Ein 1648 erschienenes Buch enthält unter anderem seinen in holländischer Sprache abgefaßten, sehr sachlich, nüchternen Bericht über diese Sturmflut. Danach herrschte abends starker Südwestwind, der später nach West und Nordwest drehte. Leeghwater ging auf dem Deich entlang, als das Wasser schon den Kamm (Deichkrone) erreicht hatte. In sein Haus auf dem Deiche – 11 Fuß über dem Vorland oder Maifeld – drang das Wasser so hoch ein, daß man in die Rückwand ein Loch schlug, um das Wasser ablaufen zu lassen. Hierher hatten sich etwa zwanzig Menschen geflüchtet, die in Furcht und Schrecken ihrem Ende entgegensahen. Trotz einiger Schäden und Unterspülungen blieb das Haus aber erhalten, das Wasser soll 13 Fuß über dem Vorland gestanden haben. Diese Höhe kann man etwa mit NN + 4,45 m annehmen. Wie es am nächsten Tage aussah, schildert Leeghwater:

„Des Morgens als es Tag geworden war, als wir hörten und vernahmen wie die Sachen standen, da waren alle Zelte und Hütten weggespült, die auf dem ganzen Werk waren, sechs- oder siebenunddreißig an der Zahl, mit allen Menschen die darin waren. Die alten Leute in Holstein bezeugten, daß das Wasser in hundert Jahren nicht einmal bis auf zwei Fuß an diese Höhe herangekommen sei. In alten Seedeichen, die hundert Jahre gelegen hatten, sind viele große tiefe Wehlen eingelaufen, die ich selber gesehen habe. Da liegt ein trefflich Eiland ungefähr anderthalb Meilen südwestlich von Botschloot, auf dem drei- oder vierundzwanzig Kirchspielskirchen stehen (gemeint ist Nordstrand). Das ist fast alles vom Hochwasser verwüstet, sodaß dort nicht mehr als vier oder fünf Kirchen trocken blieben, und wenn ich recht berichtet bin, so sind dort ungefähr sieben oder achttausend Menschen ertrunken, nebst 7, 8 oder 9 Pastoren oder Predigern, die mit ertrunken sind. Am ersten Tag nach der Sturmflut, als das Wasser etwas gefallen war, bin ich über das Seetief gefahren, das wir hatten stopfen wollen. Dort hatte sich Jan Walter von der Ryp mit seiner Hausfrau Aegjen Janß und mit ihnen 18 Menschen auf einem großen Stapel von Busch und Zweigen gerettet. Sie hatten 6 Pferde bei sich, um durch ihre Schwere den Buschhaufen niederzudrücken. So haben sie ihr Leben behalten. Als ich dann zum Dörfchen Dagebüll gegangen war, bin ich auch in der Kirche gewesen, wo der Küster mir zeigte, daß das Wasser viertehalb Fuß hoch in der Kirche gestanden hatte. Das Volk hatte sich auf dem Kirchboden gerettet, aber des Küsters Haus war vom Kirchhof weggespült. Die Wohnung von Pieter Janß Zimmermann und das Zelt von Pauwels Harmenß wohin ich des Abends um etwas zu schnacken gegangen war, waren auch beide weggespült und die Bewohner, Pieter Janß mit all seinem Gesinde, Frauen und Kindern, Pauwels Harmenß mit dem Knecht, der mich des Abends an mein Haus geleitete, die waren des Morgens alle ertrunken, so daß nicht einer davon über geblieben war. Ich bin auch den Strand allda entlang geritten, da habe ich wunderbarliche Dinge gesehen, viele verschiedene tote Tiere, Balken von Häusern, zertrümmerte Wagen und eine ganze Menge Holz, Heu, Stroh und Stoppeln. Auch habe ich dabei so manche Menschen gesehen, die ertrunken waren. Es sah aus als ob es eine Sündflut gewesen wäre."

Von der „grüwlicken vnde erschrecklyken groten Waterfloth" 1634 lassen wir fünf Verse aus dem „Klage Leedt" des Nordstrander Küsters Lobbe Obbesen folgen:

Erstlick fangede sick dat Wedder an
mit einem SüdeOsten Windt vnde Regen
alse ydt nu woll vp den Auendt quam
woll vmme de klocke negen
doh fangede sick an groth Jamer vnde Nodt
dar sach men vör Ogen den bitteren Dodt
deß bedröueden Solten Waters.

Idt was so ein grüwlick Wedder vnde Windt
woll vth dem SüdenWesten
dat Water dat quam also geschwindt
vnde leth nicht veele thom besten
dar müste herholden Mann vnde Wyff
vnde ock dat Kindt in ModerLyff
O weh den groten Elende.

Dat Water quam woll vyff Ellen dick
auer dat schlichte Veldt gegangen
van allen ördern so hüpichlick
doh seten wy vmmefangen
in groter Angest vnde Nodt
dar reep vnde schryede men kleglick tho Godt
dat he vns wolde erredden.

Idt warde men ein kleine tydt
vngefer vmme eine Stunde
doh wehren de meisten dat ehre alles quit
vnde legen gantz tho grunde
mit Huß vnde Hoff mit Fruw vnde Kindt
mit ehre gantze Hußgesindt
in einer so korten stunde.

Idt sindt in dersülüigen groten Sündenflodt
in vnserm Lande vördruncken
alse men dat gewisse bereckenen doth
vnde sindt tho grunde gesuncken
Söß dusent Minschen Arm vnde Ryck
twe hundert twintig alle thogelick
Jammerlick sind vmme gekamen.

Zu diesen anschaulichen Schilderungen paßt das Bild, das sich in einem 1683 erschienenen Buch von E. G. Happel (Happelius) über die „Größten Denkwürdigkeiten der Welt" befindet (Abb. 40). Es bezieht sich auf eine sehr schwere Sturmflut, die 1682 die Niederlande heimgesucht hat, für die deutschen Küsten aber ohne besondere Bedeutung ist. Hier wurden in aller Dramatik die Verhältnisse bei einer Sturmflutkatastrophe, die über eine kleine Stadt hereinbrach, anschaulich nachgezeichnet. Damals wurde die Bevölkerung ja nicht durch Rundfunk oder Fernsehen auf Grund von Wettervorhersagen gewarnt. Es gab kein elektrisches Licht. Das schreckliche Geschehen spielte sich oft weitgehend im Dunkeln ab. Fackeln und Lichte wurden größtenteils durch den Sturm und die Nässe gelöscht. Es gab keine Boote mit starken Motoren oder gar Hubschrauber, die am Tage nach der Flut die Menschen von Bäumen, Dächern oder Hausruinen retten konnten, die dort während der langen Nacht in Nässe und Kälte, nur notdürftig bekleidet, aus-

Abb. 40. „Die erschreckliche Wasser-Fluth." Darstellung einer durch einen Deichbruch überfluteten Stadt. Stich aus dem Buch von Happel „Die größten Denkwürdigkeiten der Welt" aus dem Jahre 1683.

geharrt hatten. So starben auch nach der Flut noch viele Menschen an Unterkühlung und Hunger. Man kann heute gar nicht ermessen, welche Tragödien sich – in großer Zahl – abgespielt haben! Nicht weniger furchtbar waren natürlich die Sturmflutkatastrophen der Jahrhunderte vor 1634. Weil aber Augenzeugenberichte sehr viel seltener und diese auch ungenauer vorliegen, führen sie uns die Leidensgeschichte der Küstenbewohner nicht so deutlich vor Augen wie die Berichte der großen Sturmflutkatastrophen des 17. und 18. Jahrhunderts. Daß solche Tragödien auch heute trotz aller Technik und Zivilisation noch möglich sind, zeigt Abb. 41 a, eines der erschütterndsten Sturmflutdokumente aus unseren Tagen. Für 1634, wie auch für manche andere Sturmflut, ist überliefert, daß bei überfluteten Friedhöfen Särge erst kürzlich Beerdigter infolge des Auftriebs und der noch lockeren Lagerung der Erde aufschwammen und fortgetrieben wurden.

Wie ging es dann nach der Sturmflut weiter? Die Überlebenden hatten ihr Hab und Gut verloren. Sie waren auf Hilfe angewiesen, die ihnen auch zuteil wurde. Der Landesherr und reiche Edelleute gaben große Mittel. In den Kirchen – auch bis weit ins Land hinein – wurden Kollekten für die Flutgeschädigten veranstaltet. Insgesamt reichten diese Hilfen aber nicht aus, um die Not zu beheben. Jedenfalls wurde keinesweg so umfassend geholfen, wie es heute in erster Linie durch den Staat und eine größere Anzahl von Hilfsorganisationen möglich ist. In der Sturmflut von 1634 sind an der Westküste nach neueren Feststellungen 8400 Menschen ums Leben gekommen. Sehr groß waren die Verluste an Vieh, beweglichen Gütern und Häusern. Im Watt bei Pellworm wie auch an anderen Stellen in Nordfriesland findet man noch Spuren des 1634 untergegangenen Landes. Brunnenreste, Scherben und Knochen werden von der Flut in Erosions- und Abrasionsgebieten freigelegt (Abb. 42

Abb. 41a. Ein Bild der Zerstörung und des Grauens von der Sturmflut 1962 im Schrebergartengebiet des Hamburger Stadtteils Wilhelmsburg. Bei dem Haus in der Mitte des Bildes hat sich ein alter Mann auf das Dach seines Hauses gerettet; neben ihm liegt seine tote Frau, gestorben an Entkräftung und Unterkühlung. Es ergeben sich manche Parallelen zu Abb. 40.

Abb. 41 b. Mutige Helfer retten erschöpfte Menschen aus dem Überschwemmungsgebiet in Hamburg während der Sturmflut 1962.

und 43). Manche im Watt gefundenen Gegenstände, die von der Mandränke zeugen, sind im Museum des Nissenhauses in Husum zu besichtigen.

Die Zerstörung von Altnordstrand im Oktober 1634 und die damit verbundene Dramatik ist auch von neueren Schriftstellern nacherlebt und nachgezeichnet worden. Anschauliche Beispiele liegen in den Sturmflutromanen von W. Augustiny und H. Heitmann vor.

Von der Sturmflut 1634 gibt es an der Westküste mehrere Höhenmarken. Die von der Kirche Klixbüll wurde schon erwähnt, der Sturmflutscheitel vor den Deichen dürfte etwas höher gewesen sein. Auch die anderen Höhenmarken in Nordfriesland sind nicht ganz zuverlässig. Sie liegen in damals überfluteten Kögen, oder sie waren von Wellen beeinflußt. Eine frühere Sturmflutmarke am Tönninger Schifferhaus soll die Höhe des Sturmflutscheitels vom 11. Oktober 1634 mit NN + 4,61 m oder 4,68 m angegeben haben.

Nach 1634 wurde versucht, wo eben möglich, Köge wieder einzudeichen. Von der Insel Strand, die kurz vor der Flut mit reichlich 22 000 ha vermessen worden war, hat man bis zum Ende des 17. Jahrhunderts auf Nordstrand etwa 2300 ha und auf Pellworm fast 3000 ha wieder mit einem Deichschutz versehen können, das heißt, man hatte nicht einmal den vierten Teil der alten Insel retten können.

Weitere Sturmfluten folgten 1639, 1643, 1648. Für die Zeit von 1651 bis 1667 ist fast für jedes Jahr ein Sturmflutdatum überliefert. Auch von 1679, 1685, 1696, 1697 und 1699 sind Sturmfluten bekannt, die an der Westküste und im Elbegebiet mehr oder weniger Schäden gebracht haben. Besonders ist hier das Gebiet um Brunsbüttel zu erwähnen. Noch auf der großen Elbekarte von Melchior Lorich aus dem Jahre 1568 ist Brunsbüttel in einiger Entfernung vom Elbeufer eingezeichnet. Im Laufe von etwa 100 Jahren gingen hier große Landflächen bei Sturmfluten verloren. Der Elbedeich mußte mehrmals zurückverlegt und Land ausgedeicht werden. Schließlich hat man den Ort Brunsbüttel 1675 abgebrochen und etwa 700 m nordwärts neu errichtet.

In einem Bericht findet sich der Hinweis, daß die Flut am 19./20. Oktober 1663 in Hamburg höher gewesen sei als 1625 und 1634. Diese Angabe ist von besonderem Interesse, weil wir die Scheitelhöhe der Sturmflut von 1663 kennen. Hamburg hatte sich von den Anfängen im 9. Jahrhundert, besonders seit dem 12. Jahrhundert, zu einer mächtigen und bedeutenden Handelsstadt entwickelt. Es hatte allmählich Lübeck in seiner führenden Rolle im Städtebund der Hanse verdrängt. Die ursprünglichen Hafenanlagen an der Alster reichten nicht mehr aus, und der Hafen wurde deshalb im 16. Jahrhundert bis zur Elbe hin erweitert, die als Schiffahrtsstraße den Verkehr mit den Handelspartnern an fernen Küsten ermöglichte. Zu Beginn des 17. Jahrhunderts verkehrten von und nach Hamburg schon jährlich etwa 2000 Seeschiffe. Die für eine Handelsstadt lebensnotwendige Lage an der Wasserstraße brachte jedoch den Nachteil mit sich, daß Stadt und Hafen bei Sturmfluten überschwemmt

Abb. 42. Reste einer aus Kleisoden gebauten Zisterne der ehemaligen Süderwarf von Hallig Hooge (Aufnahme 1937). Brunnenreste aus der Zeit vor 1634 hat man auch an anderen Stellen im Wattgebiet Nordfrieslands gefunden.

wurden. Schäden und Verluste mußten hingenommen werden.

An der Elbe, Hamburgs Lebensader, wollte man schon früh über die Wasserstände Bescheid wissen. Spätestens um 1660 wurde am alten Waisenhause, das etwa am Ende des heutigen Rödingsmarkts am Hafen stand, ein „Fluthmesser" eingerichtet: Man hat dort eine Pegellatte angebracht, die in erster Linie den Schiffern diente. Sie konnten sich danach ausrechnen, bei welchem Wasserstand sie absegeln mußten, um an bekannten Barren in der Elbe nicht auf Grund zu laufen.

Regelmäßige Wasserstandsbeobachtungen hat man zunächst noch nicht ausgeführt. Aber es sind doch für einige Sturmfluten aus der damaligen Zeit die Scheitelhöhen bekannt, die an dem Flutmesser gemessen sein dürften. Es ist der Unterschied der Höhen zu dem Scheitel der Sturmflut von Weihnachten 1717 überliefert, und da diese Höhe zu NN etwa bekannt ist, kennen wir für Hamburg auch die Höhen der übrigen Fluten. Es sind die Scheitelhöhen der Sturmfluten vom 5. Januar 1661, 20. Oktober 1663, 25. November 1685, 8. Oktober 1688, 31. Dezember 1693, 22. September 1697 und vom 10. November 1699. Am höchsten waren die Scheitel von 1663 (NN + 4,74 m oder 4,81 m) und 1697 (NN + 4,86 m oder 4,93 m). Da von der Flut 1625 berichtet wurde, daß das Wasser in der Stadt bis zum Hopfenmarkt reichte, wird 1663 und 1697 ein mindestens ebenso großes Gebiet überschwemmt gewesen sein, mit größeren Schäden an den Häusern und im Hafen.

Zu Beginn des 18. Jahrhunderts wird von weiteren Sturmfluten berichtet. Für Hamburg sind die Scheitelhöhen der Fluten vom 17. Oktober 1701, 28. Februar 1702, 8. Dezember 1703 und 4. März 1715 überliefert, Einzelheiten aber nicht. Am 1. November 1711 verschwand in einer gar nicht so bedeutenden Sturmflut der letzte Rest der „weißen Klippe" von Helgoland. Durch dieses Ereignis wurde die Trennung der Düne von der Insel eingeleitet, die dann neun Jahre später stattfand.

Die größte Katastrophenflut des 18. Jahrhunderts sollte schon bald folgen; sie ereignete sich Weihnachten 1717

Abb. 43. Ehemaliges Ackerland im Wattenmeer östlich von Hooge. Die Pflugspuren liegen im Bereich des 1634 untergegangenen Dorfes Balum (Aufnahme 1939). Oberflächenhöhe etwa NN ± 0,0 m.

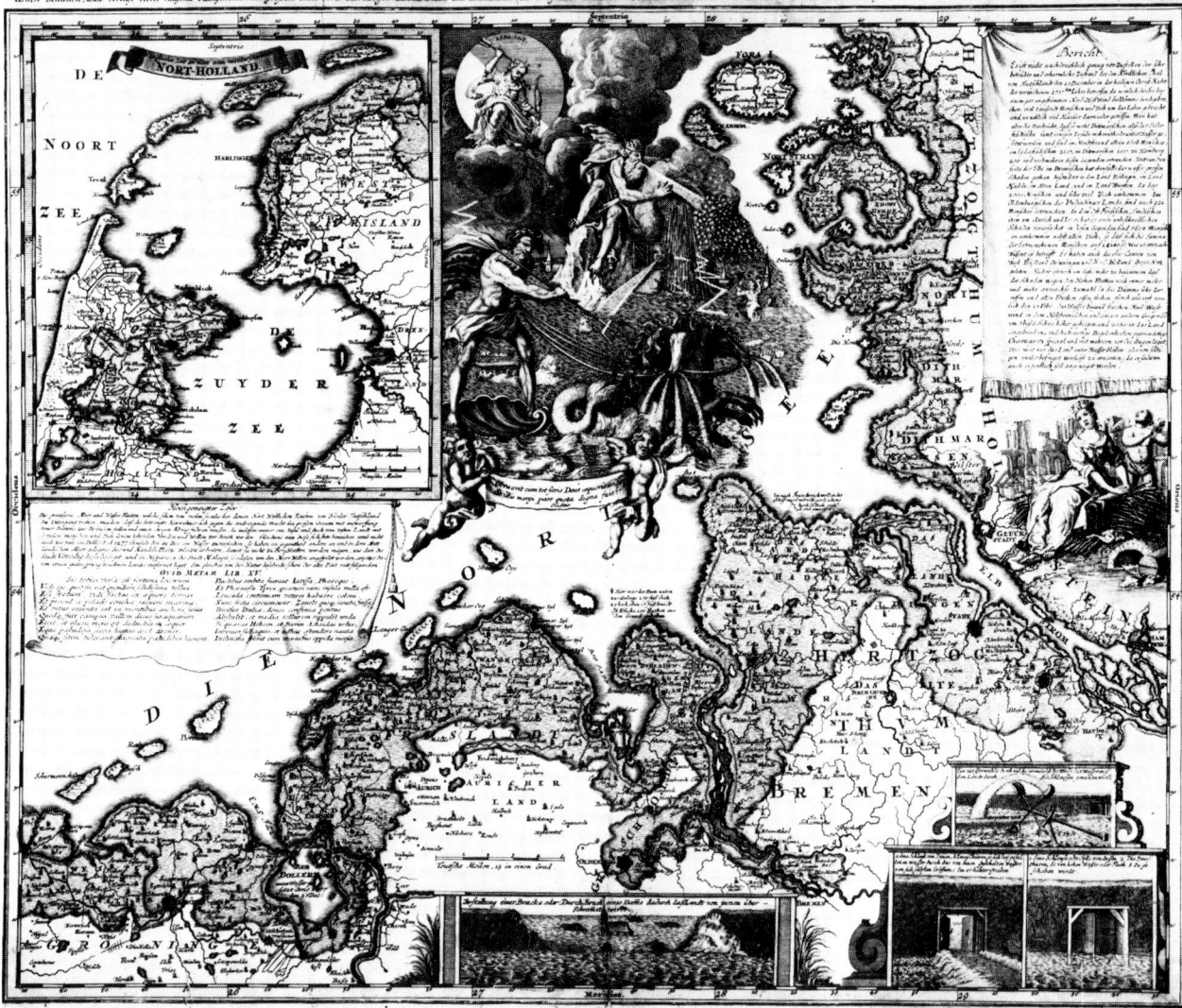

Abb. 44. Kartographische Darstellung der bei der Weihnachtsflut 1717 überschwemmten Gebiete an der deutschen Nordseeküste. Stich von Johann Baptist Homann. Die Darstellung der Küstenlinie ist nicht in allem richtig (zum Beispiel Nordstrand).

und betraf die niederländische, deutsche und dänische Nordseeküste. Über diese Flut gibt es viele Berichte, so daß sie in ihrem Verlauf und ihren Wirkungen sehr genau erforscht ist. Man weiß, welche Verluste an Menschenleben und Sachwerten damals eingetreten sind: Mehr als 11 500 Menschen verloren ihr Leben, 100 000 Stück Vieh kamen um, fast 5000 Gebäude wurden zerstört und etwa 6000 km² Land überflutet.

Eine solche Katastrophe fand auch damals bereits ein weltweites Echo, denn es gab Vorläufer unserer heutigen Zeitungen, in denen über dieses Ereignis ausführlich und manchmal auch übertrieben berichtet wurde. Als ein solcher Bericht ist die „Geographische Vorstellung der jämmerlichen Wasserflutt in Niederteutschland" zu werten, der 1718 von dem Karten- und Atlantenverleger Johann Baptista Homann in Nürnberg herausgegeben wurde (Abb. 44). Im Original sind die überschwemmten Flächen farbig angelegt. Rechts in der oberen Ecke wird ein kurzer Bericht über die Sturmflut gegeben, es werden Zahlen über die Verluste genannt, die jedoch nach neueren Forschungen zu hoch sind und wohl auf unrichtigen Informationen beruhen. 18 140 ertrunkene Menschen nennt der Homannsche Bericht. In der Mitte des Kartenausschnitts oben ist eine allegorische Darstellung wiedergegeben, die die tobenden Elemente symbolisieren soll: Wilde Pferde mit wasserschnaubenden Nüstern, die Poseidon, der Gott des Meeres, mit seinem Dreizack antreibt; Äolus, der Gott der Winde, läßt Sturm, Hagel, Schnee, Regen und Blitze auf die Erde niederbrechen. Unter diesem Götterzorn versinken die Ortschaften in den Fluten, und hilflose Menschen retten sich auf die Dächer ihrer Häuser. Auf einem Bild ganz unten ist ein Deichbruch mit einem überfluteten Dorf zu sehen.

Die Karte ist sowohl hinsichtlich der Wiedergabe der Topographie als auch der überschwemmten Flächen nicht genau. So ist zum Beispiel das alte Nordstrand in seinem Zustand vor 1634 dargestellt. Abb. 45 zeigt, welche Flächen 1717 an der deutschen Nordseeküste nach neueren Forschungen tatsächlich überflutet wurden und welche

49

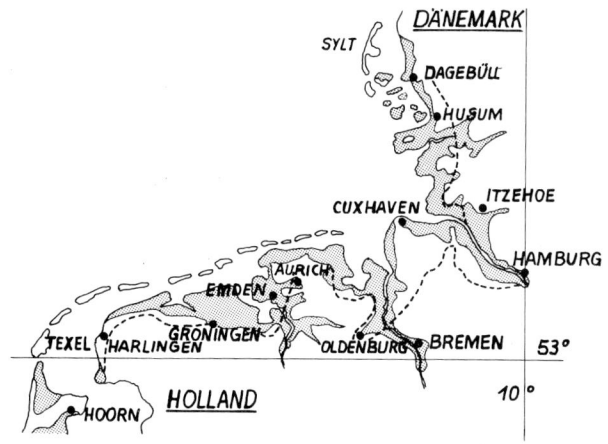

Abb. 45. Überflutungsflächen der Weihnachtsflut 1717. Die Begrenzungslinie aus der Karte von Homann (Abb. 44) ist gestrichelt gezeichnet. Die nach neueren Forschungen (Lang) tatsächlich überfluteten Gebiete sind punktiert angelegt.

Überflutungsgrenzen in der Karte von Homann eingetragen sind. Trotz dieser Abweichungen gibt die Karte von Homann einen eindrucksvollen Überblick von dieser schwersten Naturkatastrophe an der Nordsee in der Neuzeit.

Diese Sturmflut hat wieder einige Männer angeregt, ausführlich zu berichten und Nachrichten über alle ihnen bekannt gewordenen Sturmfluten früherer Zeiten zu sammeln. Das umfangreichste dieser Werke in holländischer Sprache stammt aus der Feder des Emder Pastors Gerhard Outhof „Verhaal van alle Hooge watervloeden in meest alle pladsen van Europa" mit einer sehr genauen Schilderung der Weihnachtsflut von 1717. Ähnlich ist das Werk des Pastors Johann Friedrich Jansen aus Nyende im Jeverland, das in vielem auf Outhof zurückgeht. In beiden Büchern werden von der gesamten Küste detaillierte Angaben gemacht. Weitere gedruckte und handschriftliche Berichte in Archiven ergänzen das Bild über das damalige Geschehen. Die Wetterlage und Windverhältnisse finden wir in den Berichten recht gut beschrieben: Bis zum 23. Dezember war etwas Frost mit schwachen östlichen Winden. Am 24. trat Tauwetter ein mit stürmischen Winden aus SW. Nachmittags drehte der Wind auf WNW und später auf NW und wehte in großer Stärke am 25. und 26. Dezember. Die Sturmflut kam für die Küstenbewohner überraschend. Noch am 24. Dezember war das Tnw sehr niedrig, es war auch keine Springzeit. Wahrscheinlich gehört diese Sturmflut zu dem erwähnten Skandinavien-Typ. Die Zugbahn des Tiefs kann man nicht genau rekonstruieren, denn es gab ja noch keine systematischen Wetterbeobachtungen.

Die Höhe des Sturmflutscheitels ist von einigen Orten der deutschen Nordseeküste mehr oder weniger genau überliefert worden, so von Emden, Dangast, der Geestemündung, Hamburg, Tönning, Husum, Nordstrandischmoor, Hooge und der Wiedingharde. Abgesehen von Nordfriesland, wo der Unterschied geringer ist, lag der Scheitel überall 50 bis 70 cm unter den Scheitelwerten der schwersten Sturmfluten des gegenwärtigen Jahrhunderts. Welche Schäden an den Deichen durch diese große Flut verursacht wurden, zeigt zum Beispiel eine zeitgenössi-

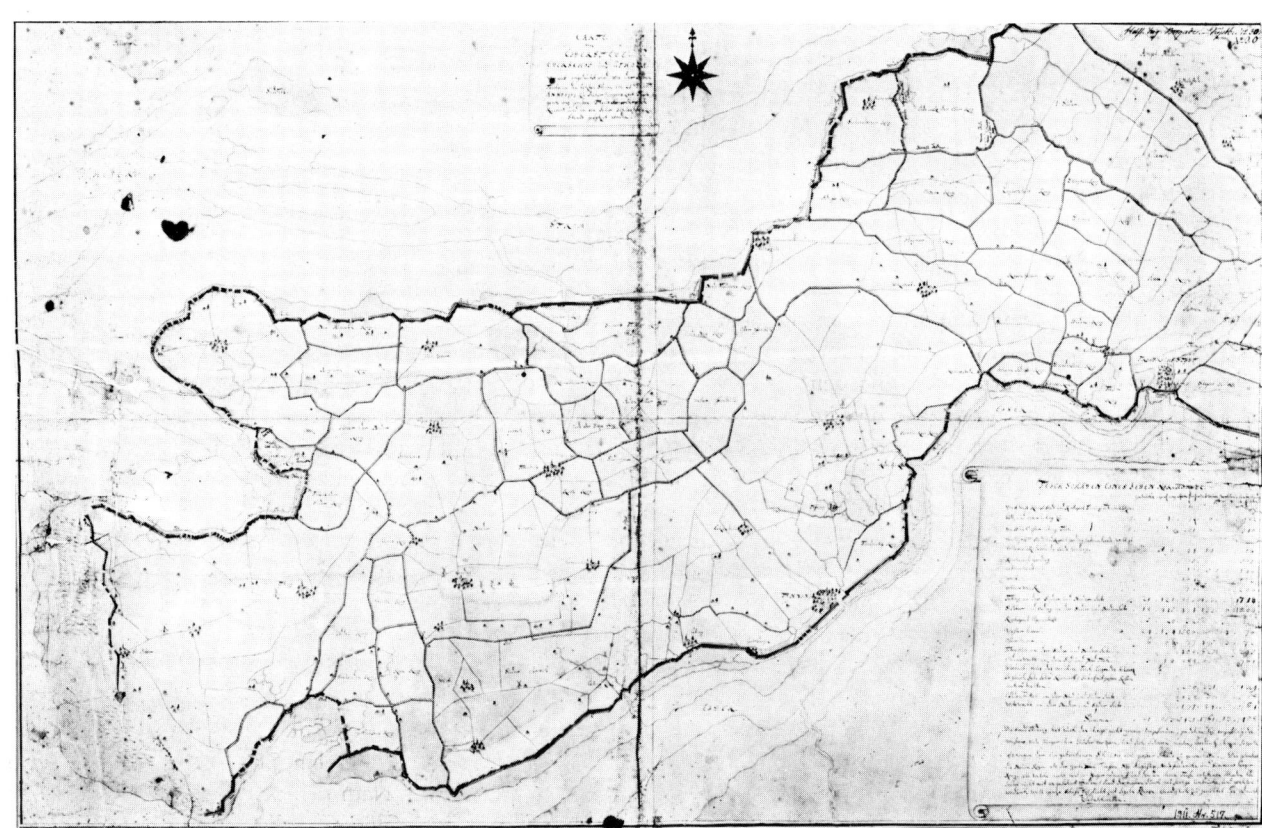

Abb. 46. Karte von Eiderstedt mit den 1717 eingetretenen Deichbrüchen (siehe unterbrochene Deichlinie) und beschädigten Deichstrecken. Original im Landesarchiv Schleswig.

Abb. 47. Deichbau in früherer Zeit. Zeichnung von Gustav Schönleber (etwa 1875).

sche Karte von Eiderstedt (Abb. 46), 87 vollständige Deichbrüche sind zu erkennen und dazu zahlreiche Beschädigungen der Außen- wie auch der Binnenböschungen. Eiderstedt wurde fast vollständig überschwemmt, 54 Menschen verloren hier ihr Leben. Für Norderdithmarschen besteht eine ähnliche Karte, die allein für Dithmarschen 62 Brüche in der vorderen Deichlinie zeigt. Eine weitere, nicht zu unterschätzende Folge der Sturmflut war die wirtschaftliche Not: Die Menschen hatten den Verlust ihrer Habe, insbesondere ihres Viehs und die Überflutung ihres Landes durch Salzwasser zu beklagen. Mißernten waren die notwendige Folge der Überschwemmungen, Hunger herrschte, Krankheiten (z. B. die Pest) traten auf. Viele Menschen starben noch Jahre nach der Flut, letztlich infolge der Sturmflutkatastrophe. Für die Beurteilung der Schäden an der Westküste ist von Bedeutung, daß sich die Flut während des Nordischen Krieges (1700–1721) ereignete. Die Bevölkerung war dezimiert, die Pflege und Unterhaltung der Deiche wird darunter gelitten haben.

Nach der Weihnachtsflut 1717 hat man im deutschen Küstengebiet angefangen, sich wissenschaftlich mit den Wasserständen, den Sturmfluten und dem Deichbau zu beschäftigen. Albert Brahms, ein Bauer im Jeverland am Jadebusen, der selbst durch die Flut große Verluste erlitten hatte, wurde Deichrichter. Er reiste durch die Küstenländer bis nach Holland und sammelte dort Kenntnisse und Erfahrungen, die er für den Deichbau in seiner Heimat verwendete. Über Jahre hinaus beobachtete er an einem Pegel in der Nähe seines Hofes bei Sande regelmäßig die Höhe des Tidehochwassers und stellte als erster eine Häufigkeitsstatistik von den Scheitelwasserständen auf, die sehr gut mit modernen Statistiken übereinstimmen. Sein zweibändiges Werk „Anfangs-Gründe der Deich- und Wasserbaukunst" enthält viele wertvolle Gedanken und Erkenntnisse, die noch gültig sind.

Wie nach jeder Sturmflutkatastrophe, setzte unmittelbar nach 1717 die Wiederherstellung der Deiche ein. Man kann sich die übermenschliche harte Arbeit kaum vorstellen. „... unablässig fuhren die Sturzkarren von dem Vorlande an die Deichlinie, um den geholten Klei dort abzustürzen, und gleicherweise war dieselbe Anzahl schon wieder auf der Rückfahrt, um auf dem Vorland neuen aufzuladen; an der Deichlinie selber standen Männer mit Schaufeln und Spaten, um das Abgeworfene an seinen Platz zu bringen und zu ebenen ..." (Th. Storm „Der Schimmelreiter"; Abb. 47). Trotz der schweren Schäden am eigenen Besitz mußten die Marschbauern in großem Umfange Hand- und Spanndienste für die Wiederherstellung der Deiche als Gemeinschaftsaufgabe leisten. Ihre Bemühungen erlitten schwere Rückschläge durch die Sturmfluten am 25. Februar 1718 (Eisflut) und am 31. Dezember 1720/1. Januar 1721. Sie werden allgemein als außergewöhnlich hoch bezeichnet, aber exakte Höhenangaben sind nicht bekannt. Sicher werden wir sie als sehr schwere Sturmfluten nach unserer heutigen Einteilung einordnen können. So hoch wie Weihnachten 1717 reichten die Scheitel bestimmt nicht. Die Weihnachtsflut war noch keineswegs überwunden, deshalb empfand man diese neuen Schäden ganz besonders deprimierend. Das Wasser flutete über die noch nicht in voller Höhe fertiggestellten Deiche und führte zu neuen Einbrüchen auch an ausgebesserten Deichstrecken. Mancher wird unter diesen Eindrücken sein Land aufgegeben haben.

Trotz aller Rückschläge packten die Küstenbewohner wieder kräftig zu. Sie reparierten ihre zerstörten Deiche, und sie selbst oder finanzkräftige Unternehmer machten sogar die Rückgewinnung untergegangener Gebiete möglich, wo sich Vorland gebildet hatte. In Nordfriesland wurden zwischen der Insel Dagebüll und dem Festland neue Köge bedeicht. Auch westlich von Bredstedt entzog man Land dem Zugriff des Meeres durch Neueindeichungen. Nach den Sturmfluten von 1718 und 1720 gab es zum Glück für die Deichbauarbeiten viele Jahre der Ruhe; erst für 1745, 1747 und 1749 wird wieder von schweren Sturmfluten an der Westküste berichtet. Ihre Scheitelhöhen sind jedoch nicht bekannt. Für Hamburg kennen wir die Höhen von 1736 und 1745.

Am 11. September 1751 und 7. Oktober 1756 folgten dann weitere sehr schwere Sturmfluten. Für Hamburg ist von beiden Fluten überliefert, daß ihre Scheitelhöhen noch 5 bzw. 12 cm über den Werten von 1717 lagen. In Tönning stieg die Flut 1756 nach der Tafel am alten Schifferhaus 26 cm höher als 1717. Hierbei ist zu berücksichtigen, daß seit der Katastrophenflut 40 Jahre vergangen waren und das MThw inzwischen um etwa 10 cm angestiegen war (25 cm in 100 Jahren). Bei gleicher Höhe des Sturmflutscheitels über MThw wäre also auch mit einer um 10 cm höheren Scheitelhöhe über NN zu rechnen gewesen. Vielleicht sind die überlieferten Höhenangaben von 1717 etwas zu niedrig, weil Deichbrüche in der Nähe der Beobachtungsstellen mit örtlichen Absenkungen weniger hohe Scheitelwerte bewirkten. Auf jeden Fall waren die Sturmfluten von 1751 und 1756 ähnlich schwer wie die von 1717, ebenfalls mit Deichschäden und Deichbrüchen. Von Verlusten an Menschenleben wird jedoch nicht berichtet, und die Schäden werden lange nicht so groß gewesen sein wie 1717, weil die Deiche nach der Weihnachtsflut mit großem Aufwand und auch mit besseren technischen Mitteln als je zuvor wiederhergestellt worden waren und sich in gutem Zustand befanden. Und sicher war auch die Erinnerung an die große Flutkatastrophe noch lebendig. So war man auf der Hut, und es kam trotz der sehr schweren Sturmfluten nicht zu einer neuen Katastrophe.

In den Schleswig-Holsteinischen Anzeigen ist ausführlich über die Sturmflut vom 7. Oktober 1756 berichtet worden. Für diese Flut, die die gesamte schleswig-holsteinische Westküste heimsuchte, zeigte man deshalb ein bemerkenswertes Interesse, weil man darin ein Zeichen des Weltunterganges und des kommenden Jüngsten Tages zu erkennen glaubte. Das Erdbeben in Lissabon im Vorjahre war nämlich auch an manchen Orten unserer Westküste wahrgenommen worden und hatte die Küstenbewohner stark beunruhigt.

Erst 1777 und 1788 werden weitere Sturmfluten aufgeführt. Dann aber trat in den Jahren 1791, 1792 und 1793 eine große Anzahl schwerer und sehr schwerer Sturmfluten unmittelbar hintereinander auf. Man wird aus Aufzeichnungen in alten Protokollen schließen dürfen, daß diese Meeresangriffe in Nordfriesland „unbeschreibliches Elend und Armut" hervorgerufen haben. Die Insel Pellworm sei „dem völligen Untergange so sehr nahe", die Deichschäden verschlängen jährlich 30 000 bis 40 000 Reichstaler. Die Bauern hätten kein Saatkorn, aber überall Schulden, sie würden „mit Schuldeintreibungen und Mandaten dergestalt verfolgt und gepresset, daß einer nach dem anderen seine Habseligkeiten seinen Gläubigern überlassen muß", ihre Kräfte seien erschöpft, die Arbeitsleute verlassen die Insel, sie selbst würden bald folgen müssen. Sie erhielten auf ihre Bittschrift an den dänischen König 10 000 Reichstaler Unterstützung. Bittgesuche wiederholen sich fast Jahr für Jahr. Die Not der Bittsteller muß enorm gewesen sein, denn sie bezeichnen sich als „allerunterthänigste Knechte" und bitten „allerfußfälligst", „ersterben" mit „allerdemüthigster Treue, Gehorsam und Dankbarkeit".

In Hamburg und Cuxhaven gab es zu dieser Zeit schon regelmäßig beobachtete Pegel, so daß wir über die absoluten Wasserstandshöhen und über ihre Höhenlage zu MThw recht gut Bescheid wissen. Die Wasserstände in Hamburg wurden sogar zweimal wöchentlich in einer Zeitung abgedruckt und zusätzlich Angaben über das Wetter, über Wind, Luftdruck und Lufttemperatur veröffentlicht. Am 22. März 1791 füllte sich die Elbe bei Hamburg wieder höher an als 1717. Der Scheitelwasserstand blieb nur wenige Zentimeter unter dem von 1756, in Husum 3,58 m über „gew. Flut". Die bedeutendste Folge von schweren und sehr schweren Sturmfluten ereignete sich zwischen dem 5. und 22. Dezember 1792, als in Hamburg vier Sturmfluten eine Höhe von mehr als 2,50 m über MThw erreichten, vier lagen zwischen 1,50 und 2,50 m und weitere zehn zwischen 1,00 und 1,50 m über MThw. Am 11. Dezember 1792 wurde die größte Sturmfluthöhe mit 3,70 m über MThw registriert; sie lag noch 2 cm über der von 1756 und wurde damit für Hamburg die höchste Sturmflut des 18. Jahrhunderts. Nach einer kurzen Pause brachte die Sturmflut vom 3. März 1793 noch einmal eine Scheitelhöhe von fast 3 m über MThw.

Eine Sturmfluthäufigkeit wie 1792/93 ist erst wieder im Winter 1973 aufgetreten, allerdings nicht ganz so schwer. Bei den zahlreichen, kurz aufeinanderfolgenden Sturmfluten im letzten Jahrzehnt des 18. Jahrhunderts entstanden überall an der deutschen Nordseeküste, besonders an der Westküste von Schleswig-Holstein und an der Elbe, erhebliche Schäden. Viele Städte und Dörfer berichteten von Überschwemmungen. Die meisten Häfen waren tideoffen und konnten damals nicht abgesperrt werden, wie später zum Beispiel die Häfen Glückstadt und Husum. Die Schiffe sollten ja gerade zu jeder Zeit den Hafen anlaufen können. Deshalb kamen natürlich die niedrigen Teile der Hafenstädte bei Sturmfluten unter Wasser, wie es für 1791, 1792 und 1793 für Husum, Tönning, Elmshorn, Itzehoe und Hamburg erwähnt wird. Städte und Dörfer ohne Häfen wurden nur bei Deichbrüchen überschwemmt. Von der Eider bei Hennstedt wird 1791 allein von 16 Deichbrüchen berichtet, 1792 von zwei Brüchen bei Itzehoe und wieder von vielen an der Eider bei Hennstedt und St. Annen.

Die Sturmflutserie wollte nicht enden, weitere Fluten folgten 1794, 1796 und 1797. Bei allen Fluten der 90er Jahre ist jedoch zu bemerken, daß die Verluste an Menschenleben gering waren und die übrigen Schäden zusammen nicht an die von 1717 heranreichten.

Die Inseldeiche von Pellworm hielten dieser Beanspruchung nicht stand. Sie brachen, Überschwemmungen durch salziges Meerwasser wiederholten sich und dauerten lange. Schließlich sahen sich die Verantwortlichen gezwungen, die westliche Deichfront kurzerhand auf 15 km zurückzunehmen. In wenigen Jahren baute man einen neuen Deich, das Fundament für den gegenwärtigen Landesschutzdeich der Insel. Ein „nicht unbedeutendes Stück Land mit zwei Warfen" wurde aufgegeben, ausgedeicht.

Vom 19. Jahrhundert bis 1962

Politisch ist der Beginn des 19. Jahrhunderts durch die Napoleonischen Kriege gekennzeichnet. 1806 war ganz Norddeutschland von französischen Truppen besetzt, und 1810 vereinigte Napoleon die Niederlande und Norddeutschland mit Frankreich. Durch den unmittelbaren Besitz der Mündungen von Trave, Elbe, Weser, Ems und Rhein sowie der bedeutenden Hafenstädte Hamburg, Bremen, Emden, Amsterdam, Rotterdam und Antwerpen beherrschte Frankreich den gesamten Seehandel Mitteleuropas. Für die Anlage neuer Häfen und zur Nutzung der Ströme als Wasserstraßen ließ Napoleon genaue Vermessungsarbeiten ausführen, aus denen erste, nach modernen Gesichtspunkten hergestellte Karten der Stromgebiete von Ems, Jade/Weser, Elbe und von der Travemündung hervorgingen. Um in diesen Karten die Tiefen exakt angeben zu können, wurden zusätzlich zu den bereits bestehenden Pegeln zahlreiche weitere eingerichtet, an denen die Höhe des Wasserstandes zur Zeit der Vermessungsarbeiten abgelesen wurde. Sie sind die Grundlage des an der deutschen Nordseeküste bestehenden Pegelnetzes.

Schwere Sturmfluten ereigneten sich im Februar und Dezember 1806. Aus den Jahren 1809 und 1822 werden Eisfluten gemeldet. Vom 1. bis zum 3. Dezember 1821 wurde vor allem Nordfriesland von einer Sturmflutkette betroffen, wie auch vom 1. bis 6. Dezember 1823. In Husum reichte die Flut 1821 bis 3,15 m über die „gewöhnliche Flut". Von Cuxhaven sind ab 1813 sorgfältig geführte Zusammenstellungen über die Häufigkeit hoher Sturmfluten und über die höchsten Sturmflutscheitel eines jeden Jahres vorhanden; auch von Hamburg liegt einiges Material vor. Von anderen Orten der deutschen Nordseeküste sind nur Einzelwerte überliefert, obwohl in dem ersten Viertel des 19. Jahrhunderts schon zahlreiche Pegel bestanden und auch regelmäßig beobachtet wurden.

Der gesamte Winter 1824/1825 war stürmisch. Schon am 3. November 1824 trat nach einer längeren Regenzeit eine schwere Sturmflut ein „mit so heftigen Windstößen, daß sämtliche Deiche, mit soeben vollendeter Bestickung gegen den Winter gepanzert, mehr oder weniger verletzt wurden" (Deichinspektor von Salchow). Da Regen und Sturm anhielten, blieben die Sieltore fast dauernd geschlossen – Überschwemmungen weiter Marschniederungen mit Niederschlagswasser waren unvermeidlich. Der Deich blieb auf größeren Strecken „durch die Landseen von binnen gänzlich isoliert". In drei Monaten meldeten die Halligen mehr als zwanzigmal „Land unter"; sie wurden mit Sand und Muschelschalen bedeckt und haben erhebliche Landverluste hinnehmen müssen. Erst am 3. Februar war die Marsch wieder frei von überschüssigem Binnenwasser. In Cuxhaven stieg die Flut am 3. November 1824 bis 2,40 m über MThw, am 15. bis 2,80 m und in der Nacht vom 26. zum 27. Dezember nochmals bis 2,40 m über MThw.

Nach dieser gründlichen Vorbereitung traf die Sturmflut am 3./4. Februar 1825 genau zur Springzeit auf angeschlagene und durchgeweichte Deiche. Soweit diese in den letzten dreißig Jahren hatten auf das neu festgesetzte Deichbestick gebracht werden können, blieben zwar Deichbrüche aus. Dennoch wurden Tausende Hektar von salzigem Meerwasser überschwemmt.

Ratmann B. N. Friedrichsen, Pellworm, beschrieb „Die hohe Flut" wie folgt: „Das traurigste Schauspiel, welches sich am Morgen nach der verhängnisvollen Nacht den Augen darbot, war die Hallig Südfall, indem von den 5 Wohnungen und 12 Menschen, nebst Schafen und Kühen, auch keine Spur übrig blieb. Alles war von den Wellen verschlungen. Eine einzige Familie dieser Halligbewohner wurde bereits durch die hohe Flut des Jahres 1821 von ihrer Werft vertrieben, sowie durch die hohen Herbstfluten genötigt, ihren Geburtsort zu verlassen, und die Insel Pellworm nahm sich dieser Verlassenen hilfreich an. Was diese Familie damals für ihr größtes Unglück ansah, das diente gerade zu ihrer aller Glück...

Die Hallig Süderoog, wo nur eine Wohnung ist, hat nichts Erhebliches gelitten – dagegen ist die einzige Wohnung auf Norderoog so total ruiniert, daß selbige unbewohnbar ist und wohl schwerlich wieder aufgebaut wird. Die Familie hat ihr Leben auf dem Boden gefristet – von dem Viehstande ist ein Pferd lebendig geblieben, indem selbiges sich immer auf die Hinterfüße richtete und in dieser Stellung gegen die Wellen ankämpfte. Dagegen sind zwei Kühe, 30 Schafe und ein Pferd nebst allem Hausgerät weggetrieben...

Auf der Insel Pellworm empfanden die Einwohner, deren Wohnungen hart am Seedeich liegen, die ersten Wirkungen der Wassersnot und zwar um so angstvoller, weil sie unvorbereitet kam; die hohe Flut des Jahres 1792, welche damals unser Land überschwemmte, diente diesen Bewohnern zum Maßstab, indem sie zu der höchsten gerechnet wurde; seit dieser Zeit sind die Deiche um 3 bis 4 Fuß erhöht, und der Sturm war bei weitem nicht so stark als die Herbststürme, daher ahndete auch keiner Gefahr und übergab sich ruhig den Armen des Schlafes. Aber schrecklich war das Erwachen, und beängstigender wurde ihr Zustand, als die See mit unglaublicher Schnelle anschwoll, die hohen Deiche überstieg, die Mauern niederschlug und mehrere Bewohner zwang, auf den Boden zu flüchten, welche den unteren Teil alsdann dem empörten Meere preisgaben! Glücklicherweise kam kein Mensch dabei ums Leben, auch sind die mehrsten Häuser bewohnbar...

Die Einwohner, deren Wohnungen zerstreut im Lande liegen, wurden zwar, soweit es in der Eile geschehen konnte, gewarnt; allein in dem Bewußtsein, daß unsere Deiche im guten Stande, und selbst die in den Herbststürmen geschwächten Stellen gut verwahrt waren, auch der Sturm uns nicht stark schien, eine Überschwemmung herbeiführen zu können: so hielten wir eine Überschwemmung für unglaublich und die Warnungen für übertriebene Ängstlichkeit. Unsere Bestürzung war daher um so größer, als das salze Wasser anschwoll und anfing, unsere Werften zu umspülen, und uns kaum so viel Zeit übrigblieb, Trinkwasser für Menschen, viel weniger fürs Vieh einzuholen. Der anbrechende Morgen konnte uns nur traurige Anblicke gewähren; denn ohne Trinkwasser fürs Vieh, waren unsere Werften so tief unter Wasser, daß wir nur durch Böte oder Flöße von denselben kommen konnten."

Da das salzige Wasser wochenlang nicht ablaufen konnte, wurde das Land unfruchtbar. Hier übernahm der Landesherr schließlich einen großen Teil des Landes und schenkte es gegen Übernahme der Abgaben an wagemutige Bauern.

Traurig war auch das Schicksal der 937 Halligbewohner. 74 Personen ertranken, und 234 verließen ihre Hallig, weil ihre Häuser und Warfen völlig zerstört oder sehr stark beschädigt waren. Die Viehverluste werden mit 186 Kühen und 1475 Schafen beziffert. Die Wirtschaftsflächen verringerten sich von Jahr zu Jahr, denn der Abbruch der Halligkanten wurde noch nicht verhindert. Hinzu kommt, daß der Bau der Warfen und ihre Anpassung an die Wirtschaft von jeher Sache der Halligbewohner selbst gewesen ist. Die zerstörten Warfen und Häuser wurden auch nach der Sturmflut 1825 ohne Staatshilfe von ihnen wiederaufgerichtet. Sie wurden lediglich durch die öffentliche Mildtätigkeit unterstützt.

Ein Erlebnisbericht von der Hamburger Hallig möge die Lage veranschaulichen, mit der die Halligleute fertig werden mußten. Was damals notwendig war, hat ihre Gültigkeit bis in die jüngste Zeit nicht verloren:

„Der Flutkalender zeigte für 12 Uhr Mitternacht Hochwasser an. Die alte Standuhr hatte aber erst acht geschlagen. Da glaubte mein Vater bereits das Klatschen der Flut am Fuße der Warf zu hören. Er stand daher auf, nahm seine Mütze vom Nagel und ging vor die Tür, um nach dem Wasser zu sehen.

Kaum hatte er aber Umschau gehalten, als er mit bleichem Antlitz wieder hereinkam und mit tiefster Stimme sagte: Es gibt eine hohe Flut. In vier Stunden kann das Wasser noch steigen, jetzt ist es schon am Fuß der Warf.

Darauf schickte sich mein Vater an, wie er bei Unwetter stets zu tun pflegte, das Feuer zu löschen. Er tat dies, um zur Wassersnot nicht auch noch einer Feuersnot ausgesetzt zu werden. Dann füllten die Männer Säcke mit Sand und legten diese vor die Türen, damit die höher steigende Flut die Türen nicht einschlagen möchte. Gespannt und voller Angst saß man beisammen und beobachtete das ansteigende Wasser.

Die Flut stieg immer höher und höher. Um 9 Uhr spritzte die Gischt bereits an die Fenster, noch eine halbe Stunde, da schlugen die Wellen bereits an die Haustür.

‚Mutter, was wird werden', klagte mein Vater, ‚wenn das Wasser so zu steigen anhält, wird es unser Haus mit allem fortspülen? Wir wollen dich mitsamt der Kleinsten auf die große Heumiete betten, die im Osten im Schutze des Hauses steht, die Miete hat sich gut gesetzt und steht fest und sicher, und sie wird länger als die Mauern des Hauses der Flut standhalten.

So geschah es dann, Mutter in warme Decken, den Säugling in Bettzeug gewickelt, wurden alle auf die Heumiete gebracht. Was für schauerliche Stunden wir dort verbrachten, vermag sich jeder wohl auszudenken. Immer höher steigt die Flut, das Angstgebrüll der Tiere im Stall wird übertönt von dem Gebrüll der wilden Wasserwogen, die unser Haus zu vernichten drohen. Schon ist das Wasser durch die Türspalten ins Haus gedrungen. Da, gegen zehn Uhr, wälzt sich eine wuchtige Sturzwelle heran. Sie schlägt die Westmauer ein und zertrümmert alle Sachen im Pesel und wirft sich mit lautem Gepolter gegen die Scheerwand und die Tür der Vorstube (vgl. Abb. 48).

Noch stehen die anderen Mauern und das auf Ständern gebaute Dachgeschoß, aber wie lange wird es dauern, bis auch die anderen Mauern einstürzen? Die einzige Hoffnung setzen alle darauf, daß die Ständer dem Anprall standhalten und das Dachgeschoß stehenbleibt. Mein Vater reißt uns Kinder aus dem Bett und will uns auf den Heuboden tragen. Bevor er ihn aber erreicht, wälzt sich eine zweite Sturzsee heran, schlägt die Südermauer, die Scheerwand und die Bodentreppe weg und wirft alles Hausgerät durcheinander. Mein Vater kommt zu Fall, meine Schwester Anna entgleitet seinen Armen und treibt im Wasser. Aber Sönke Petersen ist hinzugesprungen und hat die bereits ohnmächtige gepackt. Dem jungen Matrosen als dem Gewandtesten gelingt es auch zuerst, auf den Boden zu gelangen, er hilft nun auch den anderen hinauf und so sind wir bald oben geborgen. Uns Kindern werden die nassen Kleider ausgezogen und gegen trockene gewechselt, die vorher auf den Boden gebracht waren. Nachdem man Füße und Hände der immer noch ohnmächtigen Anna längere Zeit kräftig gerieben hatte, schlug sie wieder die Augen auf.

Noch hat die Flut ihren Höhepunkt nicht erreicht. Da donnert eine dritte, gleich hinterher eine vierte Sturzsee heran. Das Gebrüll der Tiere verstummt, sie sind alle verendet bis auf ein Pferd, das hoch auf den Hinterbeinen gerichtet, mit den Vorderfüßen auf einer eingestürzten Mauer steht, und bis auf eine Kuh, die durch die Trümmer des Hauses Schutz gefunden hat und so am Leben geblieben war. Obgleich der Dachstuhl krachte und schwankte und Teile des Strohdaches von der Gewalt des Windes fortgerissen waren, hielt er doch noch eben dank der Heubelastung, mit der er versehen war.

Gegen 11 Uhr konnte man wahrnehmen, daß die Flut zum Stehen gekommen war und dann allmählich wieder zurückging. Um 2 Uhr war das Wasser soweit zurückgetreten, daß die Männer sich vom Boden wagen und das Zerstörungswerk der Sturmflut ansehen konnten.

Ein schreckliches Bild bot sich den Augen dar: Alle Mauern des Hauses waren eingeschlagen, alle Hausstandssachen weggeschwemmt, sämtliche Schafe ertrunken, desgleichen alle Kühe bis auf eine. Drei Pferde waren umgekommen; doch wir Menschen hatten das Leben behalten dürfen. Es hatte uns weniger hart ge-

Abb. 48. Bei der Sturmflut 1962 zerstörtes Haus der Neu-Peters-Warf auf Hallig Langeneß. Der Fething ist bis zum Rand mit Wasser gefüllt. Der Wohnteil des Hauses ist fortgespült. Die Bewohner retteten sich, da der Rest des Hauses einzustürzen drohte, auf den Absatz eines Heuklampen.

troffen als die Bewohner anderer Halligen, von denen viele in der Sturmflut dieser fürchterlichen Nacht umkamen.
Vater hatte schon rechtzeitig einige Krüge Wasser und einige Brote auf den Boden gebracht. Das war das einzige, was uns außer der wenigen Milch von der am Leben gebliebenen Kuh an Nahrungsmitteln zur Verfügung stand. Nachdem es Tag geworden, machten sich die Männer daran, das Strohdach notdürftig zu dichten, und wir richteten uns auf dem Dachboden so gut ein als es eben ging. Es war nicht möglich, Feuer anzuzünden, um etwas Wasser zu kochen. Bei Wasser und Brot mußten wir aushalten. Ein großes Glück war es, daß doch die eine Kuh am Leben geblieben war und etwas warme Milch lieferte.
Drei Tage mußten wir auf der Hallig bleiben, bevor der Sturm sich völlig gelegt hatte und wir die gefährliche Reise über das Watt nach dem Festland antreten konnten. Auf halbem Wege kamen Männer vom Festland uns schon entgegen, um uns auf dem mühevollen Weg behilflich zu sein. In Leck fanden wir bei Verwandten und Bekannten zunächst freundliche Aufnahme.
Viel war uns in der Schreckensnacht genommen, doch überall fanden wir willige Geber, die die schweren Verluste, die denen von der Sturmflut zugefügt waren, mittragen helfen wollten. Von diesen eingegangenen Spenden wurde auch meinem Vater eine Summe zum Wiederaufbau seines Hauses und zur Wiederbeschaffung der erforderlichen Haustandssachen und des nötigen Viehes zur Fortsetzung des Betriebes überwiesen. Ende Mai siedelten wir mit frischem Mut und Gottvertrauen wieder nach der Hallig über."
Aus der Chronik der Hallig Nordstrandischmoor erfahren wir: „Auf der Norderwarft wohnte der Strandvogt Nommen Jacobsen, der Witwer war, mit seinen alten Eltern unter einem Dache. Auch hier mußten die Bewohner auf den Boden flüchten. Als Nommen aus der Dachluke sah, gewahrte er mit Schrecken, daß die Mauern des Hauses bereits eingestürzt waren und der Hausrat wirr durcheinander im Wasser schwamm. Er sah auch, wie ein Koffer, in dem wertvollere Sachen waren, anfing zu schwimmen und von der Werft wegtreiben wollte. Schnell ergriff er eine Leiter, ließ sie durch die Dachluke auf den Boden herab und stieg hinein in die brausende Flut. Er erfaßte auch glücklich noch den Griff des schweren Koffers und kann ihn an einem Ständer mit seinen Strumpfbändern festbinden. Nun schlagen ihm aber schon die Wogen über den Kopf, und er will schnell auf den Boden zurück. Doch die Leiter war weggerissen. Durch die Dachluke kann er nicht mehr hinauf. Mit aller Kraft kämpft er sich in den noch stehenden Teil des Hauses und will versuchen, durch eine in der Decke des Feuerungsraumes befindliche Leiter hochzukommen. Hier sind seine Eltern und rufen jämmerlich nach ihm. Aber er kann die Öffnung nicht erreichen. – Als er den sicheren Tod vor Augen sieht, schwemmt die Flut ein schweres Weinfaß herein, das er als Strandvogt geborgen hatte, klemmt sich in dem engen Raum fest, stellt sich auf den Kopf, und Nommen kann sich hinaufschwingen und seinen Eltern die Hände entgegenstrecken. Mit Mühe können diese ihn hinaufziehen. Nommen ist gerettet."
Die beiden umfassendsten Werke über diese Sturmflut sind die von W. Müller „Beschreibung der Sturmfluthen an den Ufern der Nordsee am 3. und 4. Februar 1825" (Hannover 1825) und von F. Arends „Gemählde der Sturmfluthen von 3. bis 5. Februar 1825" (Bremen 1825). Speziell für Schleswig-Holstein kam 1825 in Tondern das Buch heraus: „Denkmahl der Wasserfluth, welche im Februar 1825 die Westküste Jütlands und der Herzogthümer Schleswig-Holstein betroffen hat." Professor Friedrich Paulsen aus Langenhorn (Schleswig), dessen Großeltern durch die Flut von Langeneß vertrieben worden waren, entwirft in seinem Buch „Aus meinem Leben" nach Berichten von Augenzeugen ein lebendiges Bild der Katastrophe. Ferner wurde diese Flut von dem

Abb. 49. Flutmarke von der Sturmflut im Februar 1825 im Hafen von Tönning am Packhaus.

Pastor auf Hallig Nordstrandischmoor, J. C. Biernatzki, in seinem Roman „Die Hallig" beschrieben.
Über das Wetter zu dieser Zeit heißt es in den Schleswig-Holsteinischen Provinzialberichten:
„Nach mehrtägigen heftigen Südwest-Stürmen, welche in der Regel das Wasser in der Nordsee häufen, drehete sich am 3ten der Wind nach Nordwest, wuchs um 9 Uhr abends zum Sturm. Dieser trieb während der Nacht bei starkem Gewitter, unter Hagel und Schneegestöber, die beim Mondwechsel eintretende Springfluth zu einer nie erfahrenen Höhe."
Das gesamte Küstengebiet von Holland bis Jütland wurde heimgesucht. Große Schäden entstanden an vielen Orten. Deiche brachen, Felder und Orte wurden überschwemmt. Der Sturmflutscheitel erreichte an einzelnen Orten folgende Höhen über MThw (Abb. 49):

Emden	3,65 m	Hamburg	3,66 m
Dangast	3,81 m	Tönning	3,96 m
Cuxhaven	3,58 m	Husum	4,00 m

An der gesamten deutschen Nordseeküste traten die absolut höchsten Wasserstände ein. Nach den sehr schweren Sturmfluten des vorhergegangenen Jahrhunderts (1717 und 1756) waren ja inzwischen 108 bzw. 69 Jahre vergangen, so daß nach unseren heutigen Erkenntnissen über den säkularen Wasserstandsanstieg bei gleichen Wetterverhältnissen mit einem zwischen 20 und 30 cm höheren Scheitelwasserstand gerechnet werden mußte. Diese Erkenntnis fehlte damals, und so erwiesen sich manche Deiche als zu niedrig.
Daß die Schäden und vor allem die Verluste an Menschenleben 1825 nicht so hoch waren wie bei den großen Sturmflutkatastrophen der vorhergegangenen Jahrhunderte, liegt sicherlich daran, daß dank der besseren technischen Mittel die Deiche allgemein stärker und widerstandsfähiger waren als in früheren Zeiten. Immerhin ertranken aber im Küstengebiet von den Niederlanden bis Nordfriesland mehr als 800 Menschen und 45 000 Stück Vieh, 2400 Gebäude wurden zerstört. Welche Überschwemmungen allein im nordfriesischen Raum eintraten, zeigt Abb. 50.
Nach der Sturmflut setzten überall Hilfsmaßnahmen für die Flutopfer ein. Zur Überwindung der harten Notzeit befahl der dänische König die Abhaltung einer Kirchenkollekte und einer Haussammlung mit folgender Bekanntmachung:
„Seine Majestät der König haben durch ein allergnädigstes Rescript der Kanzlei zu eröffnen geruht:
Da die eingelaufenen Nachrichten es mehr und mehr bestätigen, wie bedeutend der Schade ist, welcher kürzlich durch die Überschwemmungen an der Westküste angerichtet worden, so sey es Allerhöchst deroselben landesväterlicher Wille, daß neben der bereits angeordneten Collekte und Haussammlung, eine allgemeine Bekanntmachung erlassen werde, um einen jeden aufzufordern, seinen verunglückten Mitbürgern bei dieser Collekte, so viel seine Kräfte es nur erlauben, zu Hülfe zu kommen. – Bedeutend ist die Zahl derjenigen, welche ihr ganzes Eigenthum verloren und nur ihr Leben gerettet haben, noch mehrere bedürfen ebenfalls der schleunigen Hülfe, wenn sie wieder in den Stand kommen sollen, thätige Mitglieder der Gesellschaft zu werden. Nur durch vereinigte Mildtätigkeit des ganzen Landes kann das Elend der Verunglückten einigermaßen gelindert werden; so groß ist der Schaden, den Sturm und Wogen in einer Nacht verursacht haben. Jeder der ruhig in dem Genusse seines Eigenthums blieb, während so viele seiner Mitbürger mit Todesangst kämpften und darauf dem Mangel und Elende preisgegeben wurden, wird bey dieser dringenden Veranlassung, nach der Aufforderung Sr. Majestät des Königs sich angetrieben fühlen, es zu bewähren, daß der alte, oft erprobte Wohltätigkeitssinn der Bewohner der Herzogthümer, in einer Zeit, bereit ist, die Noth der Mitbürger mit eigener Aufopferung zu mildern.
Königliche Schleswig-Holstein-Lauenburgische Kanzlei, den 19. Februar 1825."
Die auf „allerhöchsten Befehl" veranstalteten Sammlungen erbrachten fast 115 000 Reichsbanktaler. Interessant ist nun, wie dieser Betrag verteilt wurde. Die Halligen erhielten 40 Prozent, Eiderstedt 24 Prozent, Pellworm 16 Prozent, Nordstrand 11 Prozent, Föhr 7 Prozent, Sylt nicht ganz 2 Prozent, und für Amrum ist kein Betrag ausgewiesen. Die verhältnismäßig geringe Entschädigung für Sylt läßt erkennen, daß der Landverlust an den sandigen Küsten noch nicht hoch bewertet wurde; Gebäude waren wohl auch nur in Einzelfällen gefährdet. Der Verteilungsschlüssel entspricht annähernd den überfluteten Flächen in Abb. 50.
Mit großem Aufwand beseitigte man die Deichschäden, gestaltete die Deiche sicherer und besser. Tüchtige Wasserbauingenieure wie Woltmann in Cuxhaven und Hamburg, Salchow in Husum, Christensen in Heide, Burmester in Oldenburg, J. N. Franzius in Aurich verbesserten auf Grund der bei der Sturmflut gewonnenen Erfahrungen die Deichprofile. Begradigungen in den Deichlinien wurden ausgeführt und schon erste Überlegungen zum Bau von Sturmflutsperrwerken in kleinen Tideflüssen angestellt.
Die Sturmflut am 27. November 1825 blieb mit ihrem Scheitel an Elbe und Westküste nur etwa einen halben Meter unter dem vom Februar; sie verursachte örtlich einige Schäden und störte die Instandsetzungsarbeiten.

In den nächsten Jahren gab es nur leichte Sturmfluten. Im November 1833, Oktober 1834, Januar 1839 und 18. bis 27. Januar 1840 (Eisfluten) werden wieder schwere Sturmfluten beobachtet mit Scheitelhöhen in Cuxhaven zwischen 2,8 und 2,9 m über MThw; die sehr schwere Sturmflut am 18. November 1835 erreichte 3,1 m über MThw, weitere folgten 1845 und 1847. Erst die Sturmflut am 1. Januar 1855 war dann wieder für das gesamte deutsche Nordseeküstengebiet eine „sehr schwere", ihre Scheitelhöhe lag westlich der Elbe und in Hamburg nur ein bis zwei Dezimeter unter der von 1825, in Cuxhaven und an der Westküste von Schleswig-Holstein aber wesentlich niedriger. Dank der erst kurz vorher überall gut instand gesetzten Deiche kam es nirgends zu schweren Schäden und Verlusten.

In der ganzen zweiten Hälfte des 19. Jahrhunderts gab es dann keine wirklich schwere Sturmflut und schon gar keine Katastrophenflut, wie lückenlose Pegelaufzeichnungen von zahlreichen Pegelorten erkennen lassen. Genaue Wetterstatistiken sind ebenfalls vorhanden. Auch die Vorhersage des Tideverlaufes nach den astronomischen Verhältnissen ist seit dem Ende des Jahrhunderts mit guter Genauigkeit möglich geworden, so daß man die Windstaukurven aus den tatsächlichen Tidekurven und den vorausberechneten ableiten konnte.

1881 und 1894 hatten einige Sturmfluten relativ große Scheitelhöhen. Eine extreme Windstaukurve zeigt Abb. 14 für 1895. Aus Luftdruckstatistiken lassen sich die Zugbahnen der zugehörigen Tiefdruckgebiete ermitteln (Abb. 18). Natürlich meldeten auch in der gesamten zweiten Hälfte des 19. Jahrhunderts die Halligen häufig „Land unter". Man rechnet im Durchschnitt mit 10 bis 12 Überflutungen während eines Jahres. In den niedrig gelegenen Teilen von Hafenstädten gab es Überschwemmungen; die Schäden an Gebäuden und Gütern, an Deichen und Dämmen blieben jedoch verhältnismäßig gering. Mehrere Köge wurden wieder eingedeicht.

In der Mitte des 19. Jahrhunderts setzte überall in Norddeutschland der Ausbau der großen Seehäfen und der Tideströme zu Wasserstraßen ein. Nach den Napoleonischen Kriegen wendete man sich in vielen europäischen Ländern von der Nationalwirtschaft weg und zur Weltwirtschaft hin. Die Erfindung der Dampfmaschine hatte eine Industrialisierung im großen Rahmen möglich gemacht. Dazu brauchte man Kohle. Die Bevölkerung wuchs, höhere Einfuhren an Lebensmitteln, besonders auch an Kolonialgütern waren erforderlich. Gleichzeitig wanderten große Bevölkerungsteile nach Nordamerika aus. Alle diese Faktoren belebten den Seeschiffverkehr zu den traditionellen Seehäfen Hamburg und Bremen.

Da der Verkehr in zunehmendem Maße Überseeverkehr war, entstand die Forderung nach größeren und wirtschaftlicheren Schiffen. Der Schiffbau mußte sich dafür auf Eisenschiffe und auf die Dampfkraft als Antriebsmittel umstellen. Eisenschiffbau und Dampfkraft waren aber auch die Voraussetzungen für den Bau leistungsfähiger Baggergeräte, die den Ausbau der Wasserstraßen und Häfen ermöglichten. In der Elbe hatte man um 1840 begonnen, die Untiefen dicht unterhalb von Hamburg zu beseitigen. Allmählich schritten die Baggerungen, die durch Strombaumaßnahmen – Bau von Buhnen und Leitdämmen – unterstützt wurden, elbabwärts fort.

In Hamburg hatte man sich für den Ausbau des tideoffenen Hafens entschieden und verzichtete darauf, die Hafenbecken einzeln oder mehrere zusammen gegen die Elbe abzuschleusen. Diese Entscheidung trug der zukünftigen Entwicklung im Schiffbau mit dem Trend zum größeren Schiff Rechnung. Der Verkehr konnte zügiger fließen, Schleusungen bedeuten stets Verzögerung und Zeitverlust. An der Weser war die Entwicklung ähnlich. In die tideoffenen Hafenbecken haben Sturmfluten freien Zugang; gelegentliche Überschwemmungen nahm man aber gegenüber den dauernden Behinderungen des zügigen Verkehrs bewußt in Kauf.

Der Ausbau der Wasserstraßen im Tidegebiet bringt jedoch eine Veränderung der Tidebewegung mit sich. Da die Tidewelle besser in den Fluß einlaufen kann, wird der Tidehub in einiger Entfernung vom Mündungsgebiet größer; in erster Linie sinkt das Tnw ab, während das Thw im allgemeinen nur geringfügig angehoben wird. Das Ansteigen des Thw wurde in Hamburg durch die Vergrößerung des Flutraumes infolge des Ausbaues der vielen großen Hafenbecken in der Zeit von etwa 1874 bis 1913 mehr als ausgeglichen, sogar der säkulare Wasserstandsanstieg wurde dadurch kompen-

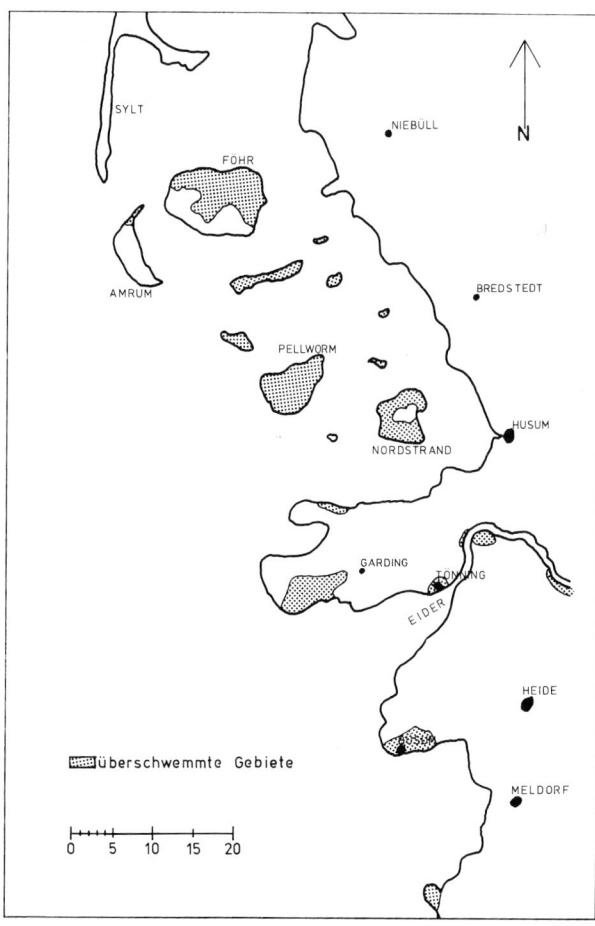

Abb. 50. Die bei der Februarsturmflut 1825 überfluteten Gebiete an der Westküste von Schleswig-Holstein. Die Überflutungsflächen an der Elbe waren noch größer.

siert. Erst seitdem keine neuen Hafenbecken mehr gebaut werden, steigt in Hamburg das MThw an. Es ist in letzter Zeit die Vermutung geäußert worden, daß der Ausbau der Wasserstraßen zu höheren und häufigeren Sturmfluten geführt hat. Das ist jedoch nicht der Fall. Der Zustand der eigentlichen Fahrrinne, ihre Breite und Tiefe, ist für eine Sturmflut kaum von Bedeutung. Das ist auch durch Modellversuche und hydrodynamische Untersuchungen bestätigt worden.

Um zu verhindern, daß die Tidebewegung weiter ins Binnenland einläuft, sind die großen Ströme in ihren oberen Tidestrecken im Zusammenhang mit Ausbaumaßnahmen abgedämmt worden, die Ems 1897 bei Herbrum, die Weser 1911 bei Hemelingen und die Elbe 1960 bei Geesthacht. Viele Nebenflüsse hatten schon seit langer Zeit Abdämmungen in Form von Mühlenwehren, meistens dort, wo die Grenze der Marschniederungen zur Geest liegt, zum Beispiel im Elbegebiet die Krückau, Wedeler Au, Pinnau, Oste, Este und Lühe. Weiter kann die Tidebewegung nicht vordringen, auch wenn sie durch Ausbauten in der Elbe und im Fluß selbst verstärkt wurde.

1906, 1911, 1914 und 1916 waren dann die ersten schweren Sturmfluten des 20. Jahrhunderts. Die Flut vom 13. März 1906 brachte an der ostfriesischen Küste größere Scheitelhöhen als die von 1825, in Emden etwa 50 cm mehr, in Dangast 10 cm. Weiter im Osten lag der Scheitel tiefer als 1825. Die Sturmfluten von 1911, 1914 und 1916 waren im Westen weniger schwer als die von 1906, im Osten, das heißt an der Elbe und an der Westküste von Schleswig-Holstein, waren sie dagegen ebenso hoch und höher. In Husum blieb die Sturmflut vom 16. Februar 1916 nur 10 cm unter der von 1825. Diese Scheitelhöhen waren Warnungen für die Küstenbewohner, sich nicht durch jahrzehntelange relative Ruhe in Sicherheit zu wiegen, auch wenn die Schäden bei diesen ersten Fluten des 20. Jahrhunderts noch gering blieben. Im Jahre 1926 wurde in Tönning der Wasserstand von MThw + 2,50 m dreimal überschritten und + 1,50 m achtmal. Obwohl diese Sturmfluten eigentlich gar nicht so besonders hoch waren, richteten sie doch erhebliche Überschwemmungsschäden im Niederungsgebiet der Eider zwischen Friedrichstadt und Rendsburg an. An vielen Stellen brachen die Eiderdeiche. Diese Sturmfluten waren der letzte Anstoß, den schon seit Jahrzehnten erwogenen Plan einer Eiderabdämmung ernstlich zu betreiben.

Im Laufe der Geschichte ist die Eider vielfachen Änderungen unterworfen gewesen. Nach dem erwähnten Einbruch der Trichtermündung im 14. Jahrhundert und dem Abdämmen des Mündungsarmes zur Hever durch den Dammkoog (1489) wurden 1569/70 die Treene bei Friedrichstadt und 1620/30 die Sorge abgedämmt und ihre Einzugsgebiete der unmittelbaren Tidebewegung entzogen. Diese Maßnahmen bewirkten ein höheres Eindringen der Tide eideraufwärts, dem wieder die Bedeichung des Flußlaufes zum Schutz gegen Sturmfluten folgen mußte. Ende des 17. Jahrhunderts erreichte die Tidebewegung schließlich Rendsburg. Durch den Bau des Eiderkanals (1777 bis 1784) und später des Nord-Ostsee-Kanals (1887 bis 1895) wurde die Tidebewegung noch mehr verstärkt, weite Einzugsgebiete abgeschnitten und die Oberwasserführung des restlichen Flußlaufs verringert. Es fehlten die␣Fluträume der Nebenflüsse. Der Tidehub in Rendsburg vergrößerte sich 1780 bis 1930 von 0,75 auf 1,80 m. Das MThw hatte sich durch alle genannten Maßnahmen zusätzlich zu dem natürlichen säkularen Anstieg gehoben, und die Sturmfluten schwollen in der Flußstrecke zwischen Friedrichstadt und Rendsburg höher an. Die Eiderdeiche, auf Schilf- und Seggentorfen des Niederungsmoores gegründet, hielten die häufigeren und wachsenden Belastungen durch die Sturmfluten nicht aus. Zahlreiche Grundbrüche öffneten die Deiche, so daß das Niederungsgebiet nur extensiv als Grünland genutzt werden konnte. Außerdem waren weite Flächen gesackt, sie hatten selbst bei günstigen Tiden keine ausreichende Vorflut. Die Kosten für eine Schöpf-Entwässerung konnte das wirtschaftlich schwache Gebiet nicht aufbringen. So hatten sich in den ersten Jahrzehnten dieses Jahrhunderts große Teile der Eiderniederung zu landwirtschaftlichen Notstandsgebieten entwickelt.

Schon um 1870 tauchte der Gedanke auf, die Eider bei Tönning abzudämmen. Nach den Sturmfluten der Jahre 1911, 1914 und 1916 wurde der Gedanke erneut aufgegriffen. Man hat damals bereits Voruntersuchungen angestellt, faßte das Problem aber erst nach den schweren Sturmflutschäden des Jahres 1926 ernsthaft an. Zwei Alternativen standen zur Wahl:

1. Erhöhung und Normalisierung der Eiderdeiche von Rendsburg bis Friedrichstadt.
2. Abdämmung der Eider gegen die Tidebewegung.

Nach langen, sorgfältigen Vorarbeiten und politischen Erwägungen entschied man sich für eine Abdämmung bei Nordfeld, etwa 6 km oberhalb von Friedrichstadt. 1936 wurde das Bauwerk mit fünf 6 m breiten Sielöffnungen und einer Schiffsschleuse in Betrieb genommen. Damit war das gesamte Eiderniederungsgebiet wirksam vor Sturmfluten geschützt. Dieser Schutz war bereits gewährleistet bei den Sturmfluten im Oktober 1936 und November 1938, ganz besonders aber bei der Katastrophensturmflut von 1962.

Es trat aber etwas ein, womit man bei der Planung nicht gerechnet hatte: Die Tide unterhalb des Sperrwerks wurde so verändert, daß der Flutstrom verstärkt wurde und größere Sandmengen von der See heranführte, die der schwächere Ebbestrom nicht zurücktransportieren konnte. Schon bald nach dem Bau der Abdämmung kam es daher zu einer Versandung, die sich im Laufe der Zeit eiderabwärts fortsetzte (Abb. 51). Etwa 50 Millionen m³ Sand sind in den ersten 30 Jahren nach dem Bau der Abdämmung zwischen Nordfeld und St. Peter abgelagert worden. Bald funktionierte die Entwässerung nicht mehr. In der Eiderniederung kam es zu Schwierigkeiten, die durch den Betrieb von Schöpfwerken entlang der „Binneneider" zwischen Nordfeld und Rendsburg behoben wurden. Aber Schwierigkeiten gab es auch unterhalb von Nordfeld, wo das Tnw anstieg.

Abb. 51. Luftbild der 1936 gebauten Eiderabdämmung bei Nordfeld. Im oberen Teil des Bildes ist die breite „Binneneider" zu sehen, unten die schmale, versandete Tideeider. Links die Schiffsschleuse, rechts davon das Sielbauwerk mit fünf Entwässerungsöffnungen von je 6 m Breite und 5 m Höhe. Als Verschlußorgane dienen Stemmtore und Hubschütze. (Aufnahme Muuß, 1976, Freigabe Nr. 2254.)

Außerdem wurde der Schiffsverkehr beeinträchtigt. Wegen dieser nachteiligen Folgen hat man seitdem ausschließlich Sperrwerke gebaut, die die normale Tidebewegung möglichst wenig beeinflussen und nur bei Sturmfluten geschlossen werden. Solche Sperrwerke gibt es inzwischen an allen Nebenflüssen im Tidegebiet von Ems, Weser und Elbe.

Nach dem zweiten Weltkrieg hat man untersucht, wie die Entwässerung und Schiffahrt gesichert werden können und wie man den Sturmflutschutz auch für das Eidergebiet unterhalb des Sperrwerkes verbessern kann. Verschiedene Lösungen wurden erarbeitet, von der Beseitigung der Abdämmung bei Nordfeld und ihrem Umbau in ein Sturmflutsperrwerk bis zu einer mündungsnahen festen Neuabdämmung und der Ableitung des Oberwasserzuflusses nach Norden in die Hever oder nach Süden in das Wesselburener Loch oder in die Piep.

Nach der Sturmflut von 1962 strebte die schleswig-holsteinische Landesregierung allgemein eine Verkürzung der Deichlinie an. Sie entschied sich in Übereinstimmung mit der Bundesregierung für einen neuen Eiderdamm in der Linie Vollerwiek–Hundeknöll mit einem Sturmflutsperrwerk (fünf Öffnungen von je 40 m Lichtweite)

und einer Schiffahrtsschleuse. Die stählernen Verschlußkörper sind so konstruiert, daß ein Spülbetrieb möglich ist, um künftige Versandungen unterhalb und oberhalb des Bauwerks zu verhindern. Der Bau wurde am 29. März 1967 begonnen und am 20. März 1973 eingeweiht (Abb. 52).

Seit dem ersten Weltkrieg hat man an der Westküste etwa 12 000 ha Neuland eingedeicht:

in Nordfriesland
    Sönke-Nissen-Koog 1923/25
    Pohnshalligkoog auf Nordstrand 1920/24
    Dreiecks-Koog 1924/25
    Neuer Wiedingharder Koog 1924/25
    Nösse-Koog auf Sylt 1936/37
    Osewolder Koog 1935
    Bupheverkoog auf Pellworm 1938
    Friedrich-Wilhelm-Lübke-Koog 1954
    Hauke-Haien-Koog 1958/60

in Eiderstedt
    Finkhaushalligkoog 1935/36
    Ülvesbüller Koog 1935/36
    Tümlauer Koog 1933
    Norderhever Koog 1935

in Dithmarschen
   Neufelder Koog 1923/24
   Dieksander Koog 1933/35
   Trischen-Koog 1922/25.

Sylt, Nordstrand, die Halligen Oland/Langeneß sowie Nordstrandischmoor wurden mit Dämmen an das Festland angeschlossen. Alle diese Maßnahmen standen im Zeichen einer bewußten Rückgewinnung früher durch das Meer eroberter Gebiete. Es bestanden noch sehr viel weitergehende Pläne für eine Landgewinnung in Nordfriesland, die zum Teil an den realen Möglichkeiten vorbeigingen. Die Eindeichungen und die Sturmflutsperrwerke, die nach 1962 ausgeführt worden sind, dienten dagegen in erster Linie der Verkürzung der Deichlinie und damit der Verbesserung des Schutzes vor den Angriffen des Meeres. Solche Angriffe in Form von schweren und sehr schweren Sturmfluten traten am 18. und 27. Oktober 1936 sowie am 24. November 1938 auf.

Die Zugbahnen der Sturmtiefs (Abb. 18) beider Fluten von 1936 gehören zum Skagerraktyp, die von 1938, deren Scheitel an der Westküste ein bis drei Dezimeter höher lag, zum Jütlandtyp. An einigen Stellen lief das Wasser über die Deiche (Abb. 53). Auch zum Jütlandtyp gehörten die Sturmfluten vom 9./10. Februar 1949 und vom 24. bis 26. Oktober 1949. Wie schon erwähnt, war die Sturmflut vom Februar 1949 wegen des außerordentlich hohen Windstaues an der Westküste besonders bemerkenswert (Abb. 13), an einigen Orten der deutschen Nordseeküste war er der bisher höchste.

Die Sturmflut vom Februar 1949 ließ die für den Küstenschutz Verantwortlichen aufhorchen und warnte sie vor schweren Schäden bei künftigen Sturmfluten. Seit 1936 und 1938 hatte es, abgesehen vom 4. Februar 1944 an der Emsmündung, keine schweren Sturmfluten an der deutschen Nordseeküste gegeben. Zwischen 1938 und 1949 aber lagen der zweite Weltkrieg und die erste

Abb. 52. Der neue Eiderdamm durch die Mündung des Flusses in der Linie Vollerwiek–Hundeknöll. Blick nach Norden. Nördlich des Sperrwerks der Vorhafen mit der Schiffsschleuse, über die eine Straßenklappbrücke führt. Das Sperrenbauwerk hat fünf Durchlaßöffnungen von je 40 m Breite. Jede Öffnung hat als Verschlußorgane zwei Segmentschütze. (Ph. Holzmann-Archiv, Freigabe Nr. LA Hamburg 965/77.)

Nachkriegszeit mit sehr einschneidenden Erlebnissen für die Bevölkerung. Die Männer waren viele Jahre an der Front, in der Heimat verbreitete der Bombenkrieg seine Schrecken und legte viele Städte in Trümmer, das Land wurde von fremden Truppen besetzt, Hungersnot herrschte. Vor allen diesen Ereignissen verblaßten die Erinnerungen an Sturmflutkatastrophen. In der ersten Nachkriegszeit mußten zunächst die zerstörten Städte wiederaufgebaut werden, um die größte Not im Lande zu lindern. Bei allen diesen Problemen und Aufgaben standen Sturmflutschutz und Eindeichung weit hintan. Aber dann kam für die deutsche Nordseeküste die ganz eindringliche Warnung mit der Hollandsturmflut vom 31. Januar zum 1. Februar 1953. Ein Sturmtief zog auf der Bahn heran, bei der an unseren Küsten Sturmfluten des Skagerraktyps auftreten. Mitten über der Nordsee verließ das Tief aber diesen Weg, zog sehr viel weiter südlich und bog erst über der inneren Deutschen Bucht nach Südosten ab (Abb. 18). Infolge dieser abnormen Zugbahn gab es an der deutschen Nordseeküste nur eine leichte Sturmflut, während über Holland und besonders über das Mündungsgebiet von Rhein, Maas und Schelde eine außergewöhnlich hohe Katastrophenflut hereinbrach. An 67 Stellen brachen die Deiche und wurden bis zum Grund weggerissen, 143 000 Hektar Land wurden überflutet. Fast 2000 Menschen starben, und 47 000 Stück Vieh kamen um. Der Gesamtschaden wurde auf 50 Milliarden Gulden geschätzt.

Dieses nationale Unglück war der Anlaß, daß man in den Niederlanden überall die Sicherheit der Deiche aufs sorgfältigste überprüfte. Für eine grundlegende Verbesserung des Küstenschutzes wurden die erforderlichen Geldbeträge bereitgestellt. Die holländische Ijssel, die durch ein dichtbesiedeltes, besonders tiefliegendes Gebiet fließt, erhielt ein großes Sturmflutsperrwerk. Auf längeren Strecken wurden die Deiche verstärkt, aufgehöht, Böschungen abgeflacht und mit Deckwerken befestigt. Ein gigantisches Werk ist der „Deltaplan", eine Baumaßnahme, die bald nach der Katastrophe in Angriff genommen wurde und 1985 abgeschlossen werden soll. Dieser Plan sieht vor, die Mündungsarme von Rhein, Maas und Schelde zu durchdämmen und so die großen Inseln und Halbinseln miteinander zu verbinden. Dadurch wird die Verteidigungslinie der Deiche um 700 km verkürzt. Nur die bedeutenden Schiffahrtsstraßen, der Nieuwe Waterweg nach Rotterdam und die Westerschelde nach Antwerpen, bleiben offen; entlang dieser Ströme werden die Deiche verstärkt.

Die Hollandsturmflut, eine Naturkatastrophe in unmittelbarer Nähe der deutschen Nordseeküste, war das Alarmzeichen für eine gründliche Überprüfung unserer Deiche. Kommissionen von Fachleuten reisten in die Niederlande, um die dortigen Schäden zu studieren und aus den dort angestellten Untersuchungen und den Plänen zu lernen. Wissenschaftliche Untersuchungen über die möglichen Höhen künftiger Sturmfluten, über die notwendige Erhöhung von Deichen und ihre Gestaltung in Querschnitt und Befestigung wurden angestellt, neue Bauweisen entwickelt. Die Untersuchungen zeigten

Abb. 53. Überlauf des Wassers bei einer Sturmflut über einen Deich.

sehr bald, daß nach den Erfahrungen der Hollandsturmflut die Abmessungen unserer Deiche an vielen Stellen nicht ausreichten. Wäre das Sturmtief am 31. Januar 1953 auf der Bahn weiter nach Osten gezogen und nicht nach Süden abgebogen, so hätten wir an der deutschen Nordseeküste eine Katastrophenflut bekommen, die mit der von 1717 zu vergleichen gewesen wäre. Zufall oder Fügung?

Man ließ es nicht bei den wissenschaftlichen Untersuchungen bewenden, sondern übertrug die gewonnenen Erkenntnisse unverzüglich in die Praxis: Umfangreiche Deichverstärkungen wurden ausgeführt, und zwar an den schwächsten Deichabschnitten zuerst. Man schnitt Krümmungen und Einbuchtungen der Deichlinie ab, gestaltete die Deichböschungen und die Halligwarfen flacher, errichtete in den Hallighäusern Fluchträume. Sturmflutsperrwerke wurden für die meisten Nebenflüsse der großen Ströme geplant, in Leda und Este schon gebaut. Alle diese Maßnahmen sind für die deutsche Nordseeküste „fünf Minuten vor zwölf" gekommen. Die Sturmflut am 23. Dezember 1954, die an Ems, Jade und Weser größere Höhe erreichte und bei der an der Jade ein Deich brach, konnte als nochmalige Warnung angesehen werden.

Nur neun Jahre nach der Hollandsturmflut – am 16./17. Februar 1962 – brach über die gesamte deutsche Nordseeküste eine sehr schwere Sturmflut herein mit zahlreichen Deichbrüchen und großen Schäden an langen Deichstrecken. Viele Tote waren, vorwiegend im Hamburger Stadtgebiet, zu beklagen. Ohne die zwischen 1953 und 1962 ausgeführten Baumaßnahmen wäre es 1962 zu einer weit schwereren Katastrophe gekommen!

Die Sturmflut vom Februar 1962 gehört zum Skandinavientyp (Abb. 18). Bemerkenswert ist bei dieser Sturmflut, daß die Windstärken gar nicht so außergewöhnlich hoch waren, nur in Böen wurden für kurze Zeit Windstärken über 10 nach der Beaufort-Skala ge-

Abb. 54. Bei der Sturmflut 1962 in gleicher Höhe durchgehend stark beschädigte Deichstrecke bei Friedrichskoog in Dithmarschen. Deichbrüche standen hier wie an anderen Stellen unmittelbar bevor.

messen. Wesentlich ist aber, daß der Wind über sehr lange Zeit in einer Stärke von 9 bis 10 aus einer Richtung gerade auf das „nasse Dreieck" der deutschen Nordseeküste zu wehte. Die Sturmfluthöhe wurde noch durch eine Fernwelle, die aus dem Atlantik in die Nordsee einlief, vergrößert. Nur Vortide und Nachtide der eigentlichen Sturmtide mit dem höchsten Scheitelwasserstand sind erhöht, dieses Sturmflutereignis reicht vom Vormittag des 16. Februar bis zum Nachmittag des 17. Februar (Abb. 11).

Was hat sich in diesen wenigen Stunden alles ereignet! An der gesamten deutschen Nordseeküste von der Ems bis zum Lister Tief wurden 400 km Deiche zum Teil schwer beschädigt, sie brachen an zahlreichen Stellen, an noch mehr Stellen standen Deichbrüche kurz bevor (Abb. 54). Große Landflächen wurden überschwemmt. Vieh ertrank, 1255 Wohnungen wurden zerstört, 27 000 beschädigt. In Häfen wurden Schiffe und Güter vernichtet. Am bedauerlichsten sind natürlich die Verluste an Menschenleben, 340 Menschen starben. Gemessen an den Verlusten bei Sturmflutkatastrophen früherer Jahrhunderte, könnten wir die Verluste als gering bezeichnen. Aber welches menschliche Leid steht doch hinter diesen Zahlen, die uns zeigen, wie sehr wir auch heute noch in unserem technischen Zeitalter mit allen seinen Errungenschaften den Naturgewalten ausgeliefert sind. Und dabei halten wir fest, daß die Flutkatastrophe 1962 noch wesentlich schlimmer hätte ausfallen können bei größeren Windstärken, wie zum Beispiel 1967 beim Adolph-Bermpohl-Orkan, und zur Zeit einer Springtide, aber auch, wenn nicht die schwächsten Deichstrecken bereits verstärkt gewesen wären.

Die meisten Deiche brachen im Elbegebiet und dort vor allem im Hamburger Stromspaltungsbereich, einige auch an der Ems und Weser. In Schleswig-Holstein wurden der Dockkoog (Abb. 55 und 56) bei Husum, der Ülvesbüller Koog (Abb. 57) in Nordeiderstedt, ein Koog auf der Insel Amrum und ein Teil der Störniederungen bei Itzehoe überflutet. Im niedersächsischen Elbegebiet und dort besonders an der Oste, brachen die Deiche an 54 Stellen, 30 000 ha Land standen unter Wasser. Im Hamburger Stadtgebiet zählte man 60 Deichbrüche, und 12 500 ha wurden überschwemmt (Abb. 58). An der Weser waren es sechs Deichbrüche und 9000 ha Überschwemmungsfläche, an der Ems ein Deichbruch und 3000 ha überflutetes Land. An vielen Stellen hatten die Außenböschungen der Deiche Schäden durch Wellenschlag erlitten (Abb. 24), an anderen Stellen traten Schäden durch überströmendes Wasser auf den zu steilen rückwärtigen Deichböschungen auf (Abb. 59).

Fast an allen Pegeln der deutschen Nordseeküste war der Scheitelwasserstand dieser Sturmflut der bis dahin höchste beobachtete Wasserstand. Nur in Emden war der Sturmflutscheitel von 1906 um 42 cm und in Büsum der von 1825 um 11 cm höher. Abbildung 60 zeigt als unterbrochene Linie die Verbindung der höchsten Sturmflutscheitelwerte an den Elbpegeln von Cuxhaven bis über Geesthacht hinaus und im Vergleich dazu die Scheitellinie von 1825. Das Wehr in Geesthacht hatte man vollständig gelegt, damit die Sturmflutwelle unbehindert flußaufwärts schwingen konnte. Die Sturmflut war noch bis Bleckede, 33 km oberhalb von Geesthacht, nachweisbar. Die Scheitelkurve verläuft von Glückstadt bis Zollenspieker verhältnismäßig flach als Folge der zahlreichen Deichbrüche und der dadurch verursachten Überschwemmungen.

Die Überschwemmungen, die zur Erniedrigung des Wasserstandes im Hamburger Stadtgebiet führten, waren deshalb besonders tragisch, weil hier so viele Menschen den Tod fanden. Von den insgesamt an der deutschen

Abb. 55a. Die Einfahrt zum Husumer Hafen mit dem Deichbruch am Dockkoog im Februar 1962 (Aufnahme N. Rüpke, Freigabe Nr. 700 521 LAH).

Abb. 55b. Die Deichbruchstelle des Dockkooges bei Husum. Vergrößerung aus dem Luftbild Abb. 55a (Aufnahme N. Rüpke, Freigabe Nr. 700 521 LAH).

56

57a

57b

58b

58c

Abb. 58a. Deichbrüche und Überschwemmungen im Alten Land bei Moorburg. Der Deich zwischen Neuenfelde und Moorburg war 1962 an insgesamt 48 Stellen gebrochen. (Aufnahme N. Rüpke, Freigabe Nr. 700 360 LAH.)

◄ Abb. 56. Deichbruchstelle des Dockkooges.

Abb. 57a. Der infolge eines Deichbruchs überflutete Ülvesbüller Koog in Nord-Eiderstedt 1962.

Abb. 57b. Gebrochener Deich des Ülvesbüller Kooges am Morgen des 17. 2. 1962. Links die See, rechts der Koog.

Abb. 58b. Moderne Wohnhochhäuser im Überschwemmungsgebiet Hamburg-Wilhelmsburg 1962.

Abb. 58c. Überflutete Bauernhöfe im Lande Kehdingen 1962.

Abb. 59. Stark beschädigter Deich des Norderheverkooges 1962. Durch überschwappende Wellen ist auch die zu steile Innenböschung sehr stark zerstört. Auf der Außenböschung sind Schäden durch Druckschlag zu erkennen wie in Abb. 24 und 54.

Nordseeküste zu beklagenden 340 Toten ertranken allein im Hamburger Stadtgebiet 315. Diese Tatsache ist typisch für das Verhältnis der Menschen zur Natur und ihren Gewalten. In den ländlichen Küstengebieten in Niedersachsen und Schleswig-Holstein sind Stürme und Sturmfluten vertraute Erscheinungen, wenn in den vorausgegangenen Jahrzehnten auch keine extrem hohen Wasserstände auftraten. Aber die Menschen haben noch eher eine Beziehung zum Naturgeschehen an der Küste, sehen sie doch in jedem Winter, wie das Deichvorland überflutet wird, erleben sie doch in jedem Jahr das „Land unter" ihrer Halligen.

Die Bewohner des Stadtgebietes von Hamburg leben dagegen weitab von der Küste. Für sie ist die Elbe ein Fluß wie jeder andere, seine Abhängigkeit von den Gezeiten der Nordsee und besonders von den Sturmfluten ist den Menschen nicht so geläufig. Sie fühlten sich 1962 weitab von der Küste in Sicherheit. Die letzte Sturmflut mit katastrophalen Auswirkungen lag mehr als 100 Jahre zurück, man hatte sie vergessen. Damals war das Niederungsgebiet der Elbestromspaltung noch kaum besiedelt. Deshalb nahm die Bevölkerung die rechtzeitig über moderne Nachrichtenmittel verbreiteten Warnungen nicht ernst, und sie wurde von den eindringenden Wassermassen überrascht. Viele ertranken in ihren tiefgelegenen Wohnungen, andere wurden in ihren Wohnungen und Häusern von der Flut eingeschlossen (Abb. 41). Spontan setzten Hilfsorganisationen motorisierte Rettungsboote und Hubschrauber ein, so daß Verluste an Menschenleben durch Unterkühlung infolge von langem Aufenthalt im Freien 1962 auf Einzelfälle beschränkt blieben. Verluste durch Hunger und Durst gab es nicht.

Kritisch war auch die Lage auf den Halligen. Die an Sturmfluten und „Land unter" gewöhnten Menschen

Abb. 61. Fething der Ketelswarf auf der Hallig Langeneß. Eine Idylle an einem schönen Sommertag.

hatten sich zwar rechtzeitig in die oberen Geschosse ihrer Häuser zurückgezogen, mehrere Häuser wurden aber zerstört, einige Menschen entgingen dabei nur knapp dem Tode.

Auf der einzigen Warf der Hallig Süderoog waren zur Zeit der Flut zwei Männer, eine Frau und ein zweijähriges Kind anwesend, sie berichteten: „Erst zu Beginn des neuen Jahres begann die Gesamtwetterlage unruhiger zu werden, was allein aus der seit langem nicht beobachteten Folge von 16mal ‚Land unter' bis zum Februarsturm hervorgeht. Die erste höhere Sturmflut, die bis zum Fuß der Warf reichte und etwa 2,0 bis 2,5 m über MThw lag, war am 13. Januar... Der Umzug ins Schutzhaus war schon vor den Nachrichten beschlossene Sache gewesen, die Räumungsaktion ging dann unmittelbar nach der Radiomeldung vor sich. Alle unter Tischhöhe liegenden Schubladen und Bücher wurden aus den Vorderstuben herausgenommen und hochgestellt, die gesamte Wäsche,

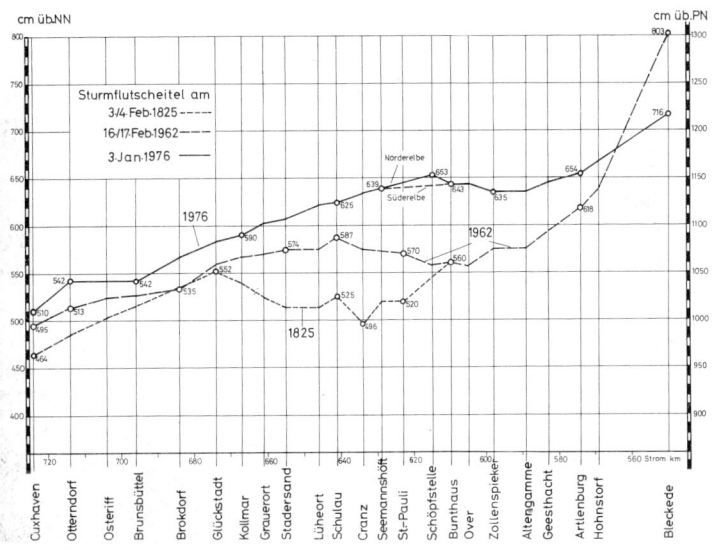

Abb. 60. Scheitellinien der Sturmfluten 1825, 1962 und vom 3.1.1976 in der Elbe zwischen Cuxhaven und Bleckede.

Abb. 62. Das Wassertransportschiff „Neptun" und der Schlepper „Barsch" liegen bei Ebbe vor der Warf Hilligenley (Hallig Langeneß). Vom Festland geholtes Frischwasser wird durch mehrere hundert Meter lange Schlauchleitungen in den vorher entleerten Fething gepumpt. Die „Neptun" brachte bei jeder Fahrt 450 000 Liter Trinkwasser.

Überhaupt ist durch den schnellen und tatkräftigen Einsatz der technischen Hilfsmittel an den Deichen mancher zusätzliche Schaden verhindert worden. Hilfskräfte und Material konnten mit Lastkraftwagen in kurzer Zeit zum Teil über Funk zu besonders gefährdeten Stellen beordert werden (Abb. 63). Aber alle Technik hätte nichts genützt, wenn nicht tatkräftige Menschen selbstlos während der Sturmflut und in den Tagen unmittelbar danach im Einsatz gewesen wären, um weitere Schäden zu verhüten und Not zu lindern (Abb. 64). Mit den erforderlichen technischen und finanziellen Mitteln setzte sofort überall die Instandsetzung der beschädigten Deiche ein. Im Herbst 1962 waren sie überall wieder in wehrhaftem Zustand.

Darüber hinaus wurden längerfristige Pläne mit dem Ziel aufgestellt, den Küstenschutz zu verbessern. Der

Abb. 63a. Hilfskräfte werden mit LKW zur Deichbruchstelle gebracht.

Teppiche usw. ins Obergeschoß oder in die hinteren Räume in Sicherheit gebracht. Alsdann wurden Lebensmittel und das sonst zum Leben Nötigste ins Schutzhaus befördert. Hier hat man sich sicher gefühlt. Ihm verdankt offenbar auch das neue Haus, das sich gegen eine feste Stütze lehnen konnte, seinen Bestand. Die Erhaltung des alten Hauses dagegen ist dem Fethingwall und dem alten Baumbestand zu verdanken, an dem sich Wind und Wellen gebrochen haben . . . Nachdem das Wichtigste getan war, haben wir die Lampen gelöscht und sind ins Schutzhaus gezogen. Die Vordiele und die Vorderstuben standen zu dieser Zeit schon unter Wasser. Aber auch durch die Nordertür war schon Wasser in die Norderräume, Flur, Waschküche usw., gedrungen. Im Waschraum des neuen Hauses zeigte sich ein seltsames Schauspiel. Durch den Ausguß trat Wasser im Strahl wie aus einem Springbrunnen hervor. Das war die Wirkung des Wellen- und Wasserdruckes, der sich durch den Kanalausfluß am Fuß der Warf bis oben fortpflanzte. Auf diese Weise ist auch durch Wellendruck die ganze Vollkanalisation geplatzt und zerstört worden . . . Im Osten türmten sich die Wellen haushoch auf, wo sie sich um die Warf herumschwenkten und aufeinander trafen."

Besondere Schwierigkeiten ergaben sich auf den Halligen durch den Mangel an Trink- und Tränkwasser. Da das Grundwasser hier nicht genutzt werden kann, weil es salzig ist, wird das Regenwasser seit dem Bestehen der Warfen im Sod (Zisterne) und im Fething (Tränkkuhle) gesammelt (Abb. 61). In diese drang nun bei der Sturmflut das salzige Meerwasser ein und machte ihren Inhalt für Mensch und Tier ungenießbar. Man wehrte die mit dieser Notlage verbundenen Gefahren dadurch ab, daß man die Fethinge leerpumpte und mit Süßwasser auffüllte. Tankschiffe brachten unmittelbar nach der Flut das lebensnotwendige Süßwasser vom Festland heran – eine Maßnahme, die nur mit den heutigen technischen Mitteln möglich war (Abb. 62).

Abb. 63b. Bei den Sturmfluten 1976 wurden auch Hubschrauber zur Deichverteidigung eingesetzt.

67

Plan für Hamburg sah vor, die Innenstadt gegen den Hafen mit einer Sturmflutschutzmauer zu sichern, alle Fleete durch Sturmflutsperrwerke zur Elbe hin abzusperren. Die Deiche im Stromspaltungsgebiet und an der oberen Tideelbe wurden nach neuesten wissenschaftlichen Erkenntnissen verstärkt, die alte Süderelbe abgedämmt, Lühe und Este erhielten Sturmflutsperrwerke unmittelbar an ihren Mündungen. Für Schleswig-Holstein sah der Generalplan für den Küstenschutz vor allem eine Verkürzung der Deichlinie vor dem Festland (einschließlich der Insel Nordstrand) von rund 500 km auf 290 km vor. Eider, Stör, Pinnau und Krückau sollten Sturmflutsperrwerke erhalten, in der Nordstrander Bucht, der Meldorfer Bucht und in den Elbmarschen wollte man die Deichlinien vorverlegen. Für die Halligen war die Erhöhung der Warfen und die Abflachung ihrer Böschungen vorgesehen, die Sanierung der zum Teil

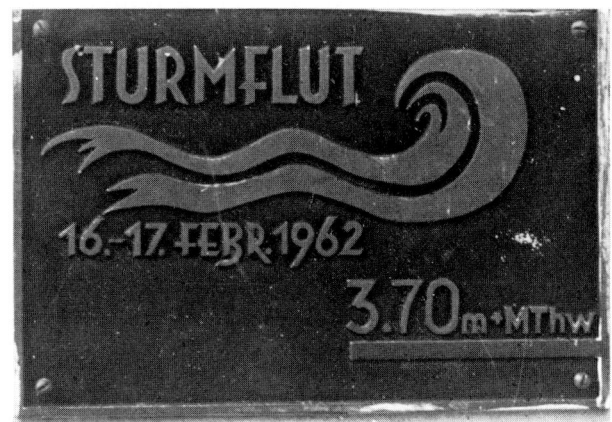

Abb. 65. Sturmfluthöhenmarke, wie sie nach der Sturmflut 1962 an vielen Stellen in Schleswig-Holstein angebracht wurde. Hier die Messingtafel an der Deichstöpe im Hafen Tönning.

Abb. 64 a u. b. Trotz aller technischen Hilfsmittel ist der Einsatz tatkräftiger Menschen unentbehrlich.

überalterten Wohn- und Wirtschaftsgebäude, für die größeren Halligen auch der Anschluß an eine zentrale Wasserversorgung vom Festland her. In Niedersachsen wurde ein entsprechender Plan entwickelt mit Sturmflutsperrwerken in der Oste, der Schwinge und Ilmenau sowie mit Vordeichungen in Nordkehdingen, Krautsand und Hahnöfersand. Alle diese Pläne bedeuteten praktisch den konsequenten Vollzug der technisch-wissenschaftlichen Erfahrung aus der Hollandflut 1953.

In den 12 Jahren von 1962 bis 1973 sind für Küstenschutzmaßnahmen insgesamt an der deutschen Nordseeküste etwa 2,4 Milliarden DM aufgewendet worden. Die Menschen, die durch die Katastrophe von 1962 persönlichen Schaden erlitten hatten, erhielten schon gleich nach der Sturmflut Hilfen durch Spenden und durch staatliche Maßnahmen. Wo sich im Warnsystem und in der Organisation des Katastrophenschutzes Mängel gezeigt hatten, wurden diese durch verbesserte Warn- und Einsatzpläne beseitigt.

Um bei den Küstenbewohnern die Erinnerung an die Sturmflut wachzuhalten, wurden an zahlreichen Orten Höhenmarken mit dem Sturmflutwasserstand 1962 angebracht (Abb. 65). Abbildung 66 zeigt die Sturmfluttafel am Schifferhaus im Tönninger Hafen, die durch die zusätzliche Angabe der Scheitelhöhen der Sturmfluten von 1825 und 1938 zugleich auf den säkularen Wasserstandsanstieg und die relative Häufigkeit hoher Fluten hinweist.

Die Entwicklung nach 1962

In den ersten Jahren nach 1962 haben wir nur wenige Sturmfluten zu verzeichnen. Man gewann Zeit, die Schäden der großen Flut von 1962 zu beseitigen und den Küstenschutz zu verbessern. Mit dem Bau von Sturmflutsperrwerken wurde in den Mündungen der Flüsse begonnen, die Deichlinie an manchen Stellen durch neue Deiche begradigt. Alle Deiche wurden sicherer gemacht. Diese Arbeiten erforderten natürlich viel Zeit, für die Planung waren sorgfältige Untersuchungen auszuführen.

Abb. 66. Sturmflut-Gedenktafel am Schifferhaus im Tönninger Hafen mit Höhenmarken der Sturmfluten von 1962, 1938 und 1825.

Mit Hilfe von wasserbaulichen Modellversuchen wurde geprüft, ob die Absperrung von Flüssen bei Sturmfluten oder ob vorverlegte Deiche an den großen Tideströmen an anderen Stellen höhere Sturmflutwasserstände oder stärkere Veränderungen der Wasserstände und Strömungen bei Normaltiden verursachen würden. Derartige Modellversuche führten das Franzius-Institut an der Technischen Universität in Hannover und die Bundesanstalt für Wasserbau – Außenstelle Küste – in Hamburg-Rissen aus (Abb. 67).

Die schwere Sturmflut am 23. Februar 1967, also nur fünf Jahre nach 1962, bedarf der Hervorhebung, weil sie deren Wirkungen noch hätte übertreffen können. Der Adolph-Bermpohl-Orkan brachte nämlich die höchsten, über Stunden wirkenden Windgeschwindigkeiten über der Nordsee, die bisher je gemessen wurden! Daß trotzdem keine außergewöhnlich hohe Flut entstand, liegt daran, daß das Windstaumaximum zur Niedrigwasserzeit lag. 1967 stand man praktisch noch mitten in der Ausführung der neuen Küstenschutzmaßnahmen. Eine schwerere Sturmflut als 1962 hätte katastrophale Folgen haben müssen. So war aber alles noch mal gutgegangen.

Nur sechs Jahre später trat dann eine bisher nicht für möglich gehaltene Häufung von Sturmfluten ein. Die gesamte Zeitspanne vom 6. November bis 17. Dezember 1973 kann als ein einziges Sturmflutereignis angesehen werden, das durch eine Vielzahl von Sturmtiefs, die nacheinander den Nordseeraum berührten, hervorgerufen wurde. In Cuxhaven sind elf leichte, vier schwere und eine sehr schwere Sturmflut registriert worden. Ähnlich war es an der gesamten deutschen Nordseeküste. Die an allen Orten vorkommenden 5 höchsten Sturmfluten hat man am 13., 16. und 19. November, am 6./7. und 14. Dezember 1973 beobachtet. Welche von diesen die höchste war, ist unterschiedlich: in Emden, Norderney und Wilhelmshaven zum Beispiel die vom 19. November, in Hamburg, Cuxhaven und Büsum die vom 6./7. Dezember und in Husum die vom 14. Dezember. Der Scheitel der jeweils höchsten dieser Sturmfluten blieb nur zwischen 30 bis 60 cm unter dem Sturmflutscheitel von 1962. Große Schäden entstanden nicht. Die Sturmflutsperrwerke an den Nebenflüssen der Elbe, mit Ausnahme der Stör, sowie das Eidersperrwerk hatte man bereits in Betrieb genommen, große Deichstrecken nach den neuen Plänen fertiggestellt und die Sturmflutschutzmaßnahmen im gesamten Hamburger Gebiet vollendet. Schäden entstanden in Hamburg

Abb. 67. Das Elbemodell Geesthacht bis Scharhörn bei der Außenstelle Küste der Bundesanstalt für Wasserbau in Hamburg-Rissen hat eine Länge von 335 m (Lauflänge der Elbe 167 km). Längenmaßstab 1 : 500 (1 km = 2 m), Tiefenmaßstab 1 : 100 (1 m = 1 cm). Hier: Blick auf das trockene Modell mit fester Sohle aus Beton von der seewärtigen Grenze bei Scharhörn elbeaufwärts. Die Betonklötzchen sind erforderlich, um der Modellsohle die notwendige Rauhigkeit zu geben.

auf den Vordeichsländern und in dem Hafengebiet, das außerhalb der Deiche liegt, da die Häfen Hamburg und Bremen offene Tidehäfen geblieben waren. Es sind dort vor allem Schäden an den im Hafen lagernden Gütern entstanden. Deichbrüche waren nirgends zu verzeichnen, Menschen kamen nicht ums Leben.

Das Außergewöhnliche an den Sturmflutserien des Winters 1973 ist die große Häufung so hoher Wasserstände. Hat es ein solches Ereignis früher noch nicht gegeben? Ähnliche dichte Folgen von Sturmfluten — auch Sturmflutketten genannt — sind in der Sturmflutgeschichte zwar nicht sehr häufig überliefert, man kann sie jedoch an folgenden Beispielen ablesen:

1612: 24. August, 14. September, 26. November, 21./22. und 26. Dezember.
1625: 20. Januar, 9./10. Februar, 26. Februar, 20. März.
1717/18: 24./25. Dezember, 24./25. Februar.
1789: 4. bis 10. Februar (Eisflut).
1792/93: 16. November bis 22. Dezember, 29. Januar, 24. Februar bis 4. März.
1824/25: 3. November, 15. November, 17. bis 27. Dezember, 3./4. Februar.
1894: 10. bis 13. Februar.
1895: 5. bis 8. Dezember.
1926: 9. bis 12. Oktober.
1936: 16. bis 28. Oktober.

Die Aufstellung erhebt keinen Anspruch auf Vollständigkeit. Man kann davon ausgehen, daß vor dem Ende des 18. Jahrhunderts noch wesentlich mehr Sturmflutketten aufgetreten sind. Uns stehen leider keine langen, statistisch exakten Reihen aus früheren Zeiten zur Verfügung. Nur für Hamburg konnten Unterlagen für eine ganz ähnliche Sturmflutserie im Winter 1792 gefunden werden. Hier bestand seit 1786 ein Pegel, an dem bis 1811 täglich die Thw und Tnw beobachtet wurden. Eine Auswertung dieser Aufzeichnungen ergab, daß der Winter 1792 hinsichtlich der Sturmfluthäufigkeit sehr weitgehend dem von 1973 entsprach.

Ein exakter Vergleich ist für Hamburg jedoch nicht möglich, weil sich hier seit dem Anfang des 19. Jahrhunderts die Tideverhältnisse stark verändert haben. Der mittlere Tidehub betrug damals 1,82 m, heute dagegen 2,65 m. Bezogen auf den mittleren Tidehub war 1792 die Häufigkeit hoher Tiden sogar größer als 1973. Hinzu kommt noch, daß damals die höchste Sturmflut des gesamten 18. Jahrhunderts auftrat. Der Scheitel lag noch 14 cm höher als der der Katastrophensturmflut von 1717, und die Märzflut 1791 hatte nur 8 cm unter dem Maximum von 1792 gelegen. Für andere Orte kennt man so genaue Zahlen nicht; man weiß aber, daß der Winter 1792 überall an der deutschen Nordseeküste sehr sturmflutreich gewesen ist. Man kann also sagen, daß eine Sturmflutkette wie 1973 als ein bekanntes Naturereignis anzusehen ist. Sturmfluthäufungen wie im Winter 1973 können sich jederzeit wiederholen, vielleicht erst in 180 Jahren oder mehr, vielleicht aber auch schon im nächsten Winter. Wir sind nicht in der Lage, solche Naturereignisse langfristig vorauszusagen; das wird uns wohl auch nie gelingen.

Bei derartigen Sturmflutketten treten häufig auch Schwierigkeiten bei der Entwässerung bedeichten Landes auf, besonders bei tiefliegenden Flächen. Es brauchen gar nicht Sturmflutketten mit extrem hohen Scheitelwasserständen zu sein; auch bei längeren Folgen leichter Sturmfluten können mehrere Tnw so hoch liegen, daß die Tore der Entwässerungssiele sich nicht mehr öffnen und die Sielschlußzeiten sich über mehrere Tiden erstrecken. Meistens kommen in solchen Zeiten hoher Tiden zugleich ergiebige Niederschläge vor, denn die westlichen Winde, die hohe Fluten verursachen, bringen auch den Regen. So kommt es in den Kögen leicht zu Überschwemmungen durch Binnenwasser, während gleichzeitig das Deichvorland überflutet ist. Das Binnenwasser stand früher manchmal monatelang in den Niederungen, weil es durch die nicht ausreichenden Vorfluter und bei kurzen Sielzugzeiten nur allmählich abfließen konnte. Von solchen Überschwemmungen im Zusammenhang mit hohen Tiden sprechen manche Berichte früherer Zeiten, wie zum Beispiel vom Winter 1824/25. Heute können derartige Entwässerungsschwierigkeiten meistens vermieden werden, da viele Köge oder tiefliegende Flächen in ihnen durch Schöpfwerke entwässert werden. Lange Sielschlußzeiten bei gleichzeitigen hohen Niederschlägen machen sich jedoch in den Pumpkosten bemerkbar.

Die Küstenschutzarbeiten hatten durch die Sturmflutserien von 1973 noch einmal etwas Auftrieb erhalten. Da kam schon im Januar 1976 wieder ein außergewöhnliches Sturmfluteereignis. Über dem Nordatlantik hatte sich ein Orkantief gebildet, dessen Zugbahn dem Jütlandtyp zuzuordnen ist (Abb. 18). Der Orkan war einer der fünf stärksten der letzten 25 Jahre über Mitteleuropa. Die Windgeschwindigkeiten erreichten zeitweise ähnliche Größen wie 1967, die Zeitdauer der hohen Geschwindigkeiten war jedoch kürzer. Daß die Sturmflut am 3. Januar 1976 so hoch auflief (Abb. 12), lag daran, daß zur Zeit des Spring-Thw noch außergewöhnliche Windgeschwindigkeiten herrschten. Das Windstaumaximum lag zwar zur Tnw-Zeit, der Windstau blieb aber infolge des anhaltenden starken Sturmes noch zur Thw-Zeit groß. Diese Tatsache führte zu den allerhöchsten bisher überhaupt jemals eingetretenen Wasserständen in der Elbe und an den meisten Orten der schleswig-holsteinischen und dänischen Westküste, sie sind charakteristisch für Sturmfluten vom Jütlandtyp.

An der Ems, der gesamten ostfriesischen und der Oldenburger Küste sowie an der Weser blieben die Scheitelwasserstände mehrere Dezimeter unter dem Scheitel von 1962, jedoch überall über dem von 1973. In Cuxhaven stieg die Flut 16 cm höher an als 1962, in Büsum + 20 cm (9 cm über dem bisherigen HHThw von 1825), Husum + 40 cm, Pellworm + 20 cm, Strucklahnungshörn (Nordstrand) + 36 cm, Wyk auf Föhr + 7 cm, Hooge + 20 cm und Dagebüll + 6 cm. Dagegen blieb sie zum Beispiel in Schlüttsiel, Wittdün und Hörnum unter 1962. Diese Differenzen sind auf örtliche Einflüsse und Unterschiede in Windrichtung und -stärke bei den beiden Sturmfluten zurückzuführen.

Abb. 68a u. b. Das neue Eidersperrwerk während der Sturmflut am 3. 1. 1976.

Für den Hafen Tönning läßt sich kein Wert angeben, weil das neue Eidersperrwerk (Abb. 52) nun voll wirksam war (Abb. 68) und dem gesamten Eidergebiet Sturmflutschutz bot. An der Eidermündung traten auch die höchsten bisher gemessenen Wasserstände auf. Man kann leicht ermessen, welche ungeheuren Schäden in der Eiderniederung eingetreten wären, wenn im Januar 1976 das Eidersperrwerk noch nicht vorhanden gewesen und diese Sturmflut nicht gekehrt worden wäre. An den obengenannten Orten, an denen die bisher höchsten Wasserstände gemessen wurden, lagen diese überall im Rahmen der zu erwartenden Höhen, den nach der Hollandflut 1953 ermittelten und festgelegten maßgebenden Sturmflutwasserständen. Dabei darf man sich nicht allein auf den Vergleich mit 1962 beschränken; man kann erst ein sicheres Urteil finden, wenn man die Entwicklung der höchsten Sturmflutwasserstände in den letzten 400 bis 500 Jahren in die Untersuchung einbezieht.

Wir lassen hier das Zeitbuch des Katastrophenabwehrstabes des Kreises Dithmarschen vom 3. Januar 1976 folgen*:

07.20 Uhr Meldung „Wobs"-Telegramm: Hochwasser tritt 3,0–3,5 m über MThw (Mittleres Tidehochwasser) ein
08.35 Uhr Rufbereitschaft angeordnet
09.30 Uhr Bereitschaftsdienstgruppe tritt zusammen
10.40 Uhr Voralarm
11.05 Uhr Rufbereitschaft für Fahrpersonal (Busse) für Evakuierung Christianskoog
11.07 Uhr Sommerköge fangen an vollzulaufen
11.27 Uhr Meldung über 1. Schaden Nordgrovenerkoog
11.44 Uhr Zwei Löcher am Hof Seht, Christianskoog, ausgebessert
11.45 Uhr K-Alarm (Katastrophen-Alarm) ausgelöst
11.47 Uhr Schäden am Elbehafen
11.53 Uhr Wellenauflauf Christianskoog wird stärker
12.00 Uhr Meldung an Landesregierung
12.05 Uhr Christianskoog – Wasser 1,50 m unter Deichkrone
12.10 Uhr Vorbereitung der Räumung angeordnet. Wellenauflauf Christianskoog über den Deich (Abb. 69)
12.15 Uhr Bereitstellung der THW-Fahrzeuge (Technisches Hilfswerk) Gaststätte „Nordsee", Barsfleth, angeordnet
12.23 Uhr Fahrzeuge in Marsch gesetzt
12.23 Uhr Treibselstrich 0,50 m unter Deichkrone, keine weiteren Schäden
12.33 Uhr Erste Schäden an der Deichtreppe Christianskoog. Herr Husemann bittet um Zurückweisung von Schaulustigen
12.35 Uhr AZK (Amt für Zivilschutz und Katastrophenabwehr beim Land) um Rundfunkdurchsage gebeten
12.40 Uhr Schäden an der Südschleuse Meldorfer Hafen
12.45 Uhr Räumung Christianskoog angeordnet
12.47 Uhr Meldung an Land: Am Christianskoog größere Schäden
12.54 Uhr Schäden am Elbehafen
12.55 Uhr Meldet Polizei, daß Räumung Christianskoog läuft
13.03 Uhr Meldet Amtsvorsteher, daß Evakuierung läuft (Abb. 70)
13.05 Uhr Erste Materiallieferungen zum Meldorfer Hafen (Sand)
13.08 Uhr Alarmierung der Geestämter
13.16 Uhr KH 8 (Funker „Kater Heide" 8) meldet, daß im Christianskoog (Aufgang zum Strandbad) halbe Deichkrone weggespült ist. Akute Gefahr
13.20 Uhr Anordnung an Feuerwehr: Einsatz für die Abendstunden vorbereiten
13.22 Uhr Erste Schäden am Entnahmewerk Atomkraftwerk. Anordnung an Feuerwehr, Einsatzmöglichkeit zu klären
13.24 Uhr Schäden am Hof Seht, Wasser läuft über
13.33 Uhr Anordnung über Einsatz der Bundeswehr
13.35 Uhr Schäden am Hof Hinrichs, Christianskoog
13.40 Uhr Durchgabe über alle Funkkanäle, im Bereich Christianskoog stehen Deichbrüche kurz bevor
13.45 Uhr Material läuft nach Dieksanderkoog
13.48 Uhr Schäden in Dieksanderkoog bei Schäfer Dreeßen
14.00 Uhr Schäden beim Gehöft Seht in Christianskoog
14.03 Uhr Neufeld, Deichdurchfahrt wird unterspült
14.15 Uhr Neufelderkoog und Kaiser-Wilhelm-Koog werden Schäden vermutet. Große Schäden am Elbdeich in Höhe Mühlenstraßen
14.28 Uhr Schäden am Innendeich südlich Meldorfer Hafen. Straßen nicht mehr befahrbar
14.34 Uhr Schäden in Dieksanderkoog werden stärker
14.35 Uhr Anordnung: 200 Stück Vieh Christianskoog, Hof Wittmaack, zu bergen (THW und Feuerwehr)
14.37 Uhr In Christianskoog-Süd beginnt der Deich zu rutschen
14.41 Uhr Schäden beim Kernkraftwerk werden größer, Sielverbandsvorsteher Westphal will veranlassen, Feuerwehr Brunsbüttel einzusetzen
14.50 Uhr Pioniereinheiten aus Plön und Lübeck in Marsch gesetzt
14.55 Uhr Deichschäden in Friedrichskoog
14.57 Uhr Besondere Kräfte für Kernkraftwerk sind zur Zeit nicht erforderlich

* Aus der Zeitschrift „Dithmarschen" 1/1976, Dokumentation zur Sturmflut am 3. 1. 1976, Heide, Westholsteinische Verlagsanstalt, Boyens & Co.

Abb. 69. Das Wasser beginnt am 3. 1. 1976 gegen Mittag über den Deich des Christianskooges in Dithmarschen zu laufen.

Abb. 70a. Das Vieh wird von den Höfen des Christianskooges geborgen, weil ein Deichbruch zu befürchten war.

15.00 Uhr Verschiedene Anrufe. Im Bereich Meldorfer Hafen wird Verstärkung benötigt
15.10 Uhr Christianskoog läuft langsam voll (Abb. 71)
15.10 Uhr Bgm. Nordermeldorf meldet, daß etwas Wasser in den Koog einläuft, Lage sich aber etwas entspannt hat. Viehdrift nicht unbedingt erforderlich
15.15 Uhr Minister Lausen informiert sich über die Lage
15.30 Uhr Christianskoog: Wasser geht zurück
15.36 Uhr Hauptverbandsvorsteher meldet Hauptschadenstellen in Christianskoog
    1. vor Harmswöhrden, 30–40 m Kronenlänge zerstört, Wasser strömt in den Koog,
    2. vor Hof Wittmaack,
    3. vor Hof Hinrichs,
    4. an der Badestelle
    Dazwischen liegen unbeschädigte Strecken
15.47 Uhr Meldung aus Brunsbüttel: Wasser fällt
15.54 Uhr KH 28 meldet Durchbruchgefahr beim Haus „Elfdiek" Mühlenstraßen
16.15 Uhr Weitere Feuerwehr zum Viehtreiben in den Christianskoog beordert
16.35 Uhr Einsatzplan erarbeitet ALW (Amt für Land- und Wasserwirtschaft), Kreis, Bundeswehr
17.45 Uhr Meldung von Außenpegelstelle Büsum, daß nach der Großwetterlage nicht mit einem folgenden übermäßigen Hochwasser zu rechnen ist
17.20 Uhr Anruf von Herrn Brehmer, Einsatz Viehtreiber ist sichergestellt
18.00 Uhr Schadenmeldungen werden von ALW mitgehört
19.40 Uhr Gespräch mit AZK
19.45 Uhr 1. Polizei wird gebeten, am 4. Januar die Zugänge zu den Kögen abzusperren
    2. AZK wird ebenfalls um wiederholte Rundfunkdurchsagen gebeten
20.10 Uhr Viehtransport Christianskoog abgeschlossen. Alle Tiere lebend gerettet
20.20 Uhr Dr. Tarnow wird vom Landrat über bekannte Schadenstellen informiert
21.05 Uhr Materialanforderung vom ALW
21.40 Uhr Bericht Amtswehrführer Brehmer über Einsatz Christianskoog
22.10 Uhr Bericht an AZK (Hardt) über Schäden (nach Bericht Drews)
23.20 Uhr Einsatz Feuerwehr Burg-Süderhastedt im Raum Groden angeordnet

Abb. 70b. Manchmal ist das Bergen des Viehs auch schwieriger.

4. Januar 1976
00.15 Uhr Feuerwehr Burg-Süderhastedt in Marsch gesetzt
00.20 Uhr Herr von Seht meldet, daß erneut Wasser in den Christianskoog einläuft
01.00 Uhr Pegel Meldorfer Hafen steigt wieder bedenklich
01.10 Uhr Erneute Rundfunkdurchsage – Aufforderung zum Verlassen des Kooges
01.30 Uhr Pegel Meldorf + 1,99 m über normal – steigend

Abb. 70c. Aber nicht alles Vieh konnte in Sicherheit gebracht werden. Viele Tiere kamen auch bei den Sturmfluten der jüngsten Zeit um – wie in früheren Jahrhunderten.

Abb. 71. Nach dem Deichbruch steht der Christianskoog unter Wasser.

01.45 Uhr Polizei meldet, daß alle Straßen im Christianskoog überflutet sind
02.18 Uhr Eidersperrwerk meldet Wasserstand 2 m über normal
02.33 Uhr AZK meldet, daß Innenminister heute nach Dithmarschen kommt
02.42 Uhr Pegel Meldorf 8,57 steigend
02.48 Uhr Oberleutnant Gall teilt mit, daß der Einsatz von 100 Mann Bundeswehr zu 08.00 Uhr am 4. Januar sichergestellt ist
03.10 Uhr Polizei meldet, daß in Christianskoog weiter Wasser nachläuft. Wasser hat inzwischen die „K 30" erreicht
03.20 Uhr Pegelstand Büsum 8,08 ü. PN.
03.25 Uhr Herr von Seht meldet, daß das Wasser in Christianskoog zurückgeht
06.00 Uhr Pegel Meldorf + 03,30 m über MThw fallend
07.34 Uhr Angeforderte Bundeswehr auf dem Marsch nach Mühlenstraßen
08.20 Uhr Polizei meldet, daß Deichzugänge für Schaulustige gesperrt worden sind
08.22 Uhr Anforderung weiterer Funktrupps von der Bundeswehr
08.37 Uhr Lagebericht an Innenminister AZK
08.59 Uhr Besprechung mit Dr. Tarnow über den Einsatz der Hilfskräfte. Ein Hubschrauber zur Begutachtung der Schadenstellen abgeflogen
09.00 Uhr THW und FW im Einsatz in Christianskoog
09.05 Uhr Mitteilung über Einsatz der Bundeswehr
09.23 Uhr KH 28 Groden – Ausbesserungsarbeiten laufen wie geplant
10.15 Uhr Anforderung von 5 LKW Bundeswehr für Faschinentransport
10.20 Uhr Funkspruch von Christianskoog. Wasser im wesentlichen abgelaufen. Bauarbeiten bei Harmswöhrden laufen

Wie unterschiedlich Urlauber aus dem Binnenland die Sturmflut erlebt haben, und welche Eindrücke sie bei ihnen hinterließ, schildern die beiden folgenden Berichte*: Eine Besucherin aus Süddeutschland schreibt:

„Wenn ein Binnenländer, 500 km von jeder Küste entfernt wohnend, das Wort ‚Sturmflut' hört, verbinden sich für ihn damit ungeheure Wassermassen. Aber den Aufruhr der Elemente ‚vor Ort' kann er sich nicht annähernd vorstellen, selbst wenn er noch so viele Berichte über derartige Katastrophen — im gemütlichen Zimmer sitzend — im Fernsehen miterlebt hat.
Nun sitze ich also als Kurgast am zweiten Tag der Winterferien in Büsum beim Frühstück. Der Wind hat uns in der Nacht schon hin und wieder mal aufgeweckt. Aber ich liebe den Wind, deshalb fahre ich ja im Winter an die Nordsee. Im Radio wird plötzlich die Musik unterbrochen und man hört: ‚Achtung, Achtung, Sturmflutwarnung!' Da wird man neugierig. Heute bekomme ich also Sturmflut ‚live' geboten. Ich bin begierig auf diese Sensation. In wetterfeste Kleidung gehüllt, eile ich zum Deich. Und da wird man mit hineingenommen in den Aufstand der Naturgewalten — man verliert sich an den Sturm, der einen nicht mehr aufrecht stehen läßt und das Wort vom Munde reißt. Man sieht die brodelnden Wassermassen über dem Grünstrand kochen. Es ist wie ein wildes Abenteuer, in das man sich einläßt wie ein Kind, das von der Gefahr keine Ahnung hat. Der Wind weht uns förmlich den Deich entlang. Man läßt sie treiben und genießt — ja, ich genieße dieses

unmittelbare Ausgeliefertsein an die Kräfte der Natur. Noch ist nicht Hochflut. Aber es ist kalt, und ich kehre zurück.
Im Ferienquartier hat der Sturm viele Ziegel vom Dach gerissen. Die Wirtin ist traurig, und die Nachbarn versuchen zu helfen — aber wie? Und wir Kurgäste? Wir müssen zur Hochflut wieder am Deich sein. Wir entschuldigen uns, daß wir nicht helfen. Wir könnten es gar nicht, aber vielleicht trösten? Nein, wir müssen erleben, was sich noch alles begibt da vorn an der See. Und so liefern wir uns noch einmal diesem Rausch des Abenteuers aus. Wir verlieren hier keinen Besitz, wir sind frei von materiellen Bindungen. Für uns ist dies alles ein einmaliges Naturereignis.
Erst am Abend, bei der Nordschau, als erste Bilder gezeigt wurden von Deichbrüchen und Überflutungen, da wird uns klar, daß diese gleichen Gefahren ja auch für Büsum bestanden haben. Wasser, das erbarmungslos alles überflutet und mitreißt.
Wir werden doch recht nachdenklich. Und in die Abenteuerlust des Mittags schleicht sich die Angst vor der Nacht. Wir führen nachts noch Telefongespräche mit daheim, man soll sich keine Sorgen um uns machen. Da spüren wir, wie wenig man da unten in Süddeutschland weiß, was ‚Sturmflut' alles in sich schließt; denn für die daheim ist es selbstverständlich, daß wir nicht einmal nasse Füße bekommen haben."

Eine andere Besucherin berichtet:
„Im hintersten, sprich höchsten, (Alpen-)Bayern lebend, begreift man die Nordsee in erster Linie als Weite. Dann schließen sich an: Strand, Sonne, Wolken, frische bewegte Luft und natürlich endlose Wasserfläche mit lebendiger, ‚vergnügter' weißer Brandung am Saum. Dann fühlt man: Ruhe, Ausdehnen..., Sich-treiben-Lassen. Nirgends auch nur andeutungsweise eine Verbindung zu Unruhe, Gewalt, Sturm. — Wir leben in den Bergen umschützt in den kleinen grünen Tälern. Unser Blick wendet sich an den Hängen empor nach oben. Von dort kommen der Tag, die Sonne, segensreicher Regen, Schnee — auch wir fürchten manche Naturgewalt: Sturzbäche, Lawinen, einen Absturz. Wir drängen uns unten schützend und tätig und genießend aneinander.
Urlaub heißt für mich, in eine andere Welt treten, ebenso schön, unbedingt angenehm, im Fühlenkönnen nicht fremd, aber doch ganz anders... Deshalb fuhr ich an die Nordsee. Zum erstenmal. Bei uns im kleinen Bergdorf gibt es keinen Urlaubertrubel, kein Gedränge, nicht Bratwürstl- oder Fischbratdünste, kein Lautes. Drum fuhr ich im Winter, auch wegen des am Meer milden Klimas, ohne Schneeglätte, friedlich, still bis zum Horizont. Viel, viel weiter entfernt der Himmel. Das glaubte ich!
Neujahr kam ich in Büsum an: tiefhängende Wolken, Nässe, die Luft etwas milder, aber unruhig, windig, in kleinen Stößen, von fast überall in den vielen engen Straßen um hochgetürmte Steinhäuser herum. Dort bekam ich mein helles, sauberes, sehr weiß getünchtes Zimmerchen. Wie die Landschaft, um in die Weite zu schauen: nicht das Umschließende, heimelige wie bei uns.
Dann sah ich ihn zum erstenmal: den Deich, sehr hoch, stark! Ganz unten erst das Meer, geduckt, aber zuckend, grau. Wolkenfetzen auch tief darüber. Und kurze Windböen fegten den Seedeich. Gewaltig, dieser Deich! Wozu? Wegen des Gischtes, den ein Sturm aufwirbeln könnte? Denn woher sollte so sehr viel mehr Wasserhöhe plötzlich kommen? Das dachte ich.
Am anderen Tag, ich war die Nacht mehrmals aufgeschreckt vom ungekannt hart am Haus rüttelnden Sturm, da wunderte ich mich nicht mehr. Ich erfaßte aber auch alles Geschehen um mich nicht mehr wirklich. Von allen Seiten drängte es gewaltsam auf mich ein: Sturm stieß, Nässe peitschte mich. Und als ich erst von meinem trotz allem unverständliche, fast stoische Ruhe ausstrahlenden Gastgeber mehr hingezogen als selbst getrieben bei Stümpelhuk auf diesem scheinbar gewaltigen Deich stand, da brüllte mich die Urgewalt unmittelbar an: Von allen Seiten hoben sich mir die Wassermassen des Meeres entgegen, schossen die Rasenschräge herauf und schlugen wild auf den Erddeich, böse, maßlos. Und ab und zu züngelte es rüber. Tief unten auf der anderen Seite: der Ort, die Häuser, die vielen Menschen! Wenn die Elemente tobend von allen Seiten auf die Menschen, auf mich herabbrechen und wir alle darinnen versinken — Panik beschlich mich! Rennend, so gut es ging, zur Pension, packen, Taxi gleich bis Heide: flüchten, fortlaufen, dem Schrecklichen entrinnen! Kann man's? Ich war während der ganzen Rückreise wie in Trance, ich schlief mehrere Nächte schlecht; ich beruhigte mich später.
Aber ich hatte verstanden! Die Nordsee ist schrecklich! Hochachtung wuchs vor den Menschen am Meer. Ich bin nur ein kleiner, feiger Mensch. Aber hier, geborgen zwischen den Bergen: Eine Lawine kommt allenfalls an einer Stelle herab, die ganze uns umgebende Bergkette läßt niemals soviel Unglück herüberströmen. Nun lebe ich viel dankbarer hier!"

Ganz anders der Bericht des Pastors B. Speck von der Hallig Hooge, der schon manche Sturmflut miterlebt hat:
„Am Sonnabend war Sturm wie schon seit 1962 nicht mehr. $3^{1}/_{2}$ m über Normal hatte die Sturmwarnung gesagt. Darauf war man gerüstet; alle Fahrzeuge waren auf der Warft; die Schiffe waren auf Sturm vertäut.
Aber schon früh spritzte der Wellenschaum vom Nordwesten über den Steindeich. Gegen Mittag war das Meedeland bis zur Backenswarft überschwemmt; dann strömte es von Südosten über den ganzen Deich herein; in kurzer Zeit war die Brücke über das Fliet im Wasser verschwunden und im Hafen tanzte das Boot ‚Jens Wandt' wild in den Wellen.
Der Blick auf das Barometer und die Uhr machten Sorgen: Der Zeiger hing über ‚Sturm' tief nach unten, und bis zum Hochwasser waren es noch zwei Stunden. Besorgte Freunde riefen an: Wie geht es euch? Gut!

Abb. 72. Der überflutete Friedhof auf der Kirchwarf der Hallig Hooge am 3. 1. 1976.

Nicht so schlimm, meinte ich; und sah in dem Augenblick, wie das Wasser über den Friedhof vor meinem Fenster lief. Das war Gefahr! 3,50 m war schon erreicht, aber die Hochwasserzeit noch lange nicht. Schnell machte ich noch einen Gang um das Haus und die Kirche. Die ersten Wellen klatschten gegen das Kellerfenster. Ich nagelte von außen mit Stahlnägeln Bretter vor das Fenster! Das hilft vielleicht. Die Bretter lagen schon da, Strandholz, vom Stapel herabgeweht. Als das letzte Brett halb saß, staute sich eine Welle so hoch zwischen Wand und Schuppen, daß mir die Seestiefel voll Wasser liefen. Aber die Bretter hielten; wir hatten nur 50 cm Wasser im Keller.
Und die Kirche? Die Nordtür war seit der Renovierung im Frühjahr gut gesichert; die wird halten, bis das Wasser durch die Fenster kommt. Im Süden sah ich die Bescherung: Eine Sitzbank von außen lag zertrümmert in der Kirche; die hatte die Tür aufgestoßen. 40 cm Wasser standen in der Kirche! Die hereinlaufenden Wellen schwappten durch die Kirche; Läufer, Lesepult, Gästebuch, Kränze und Banktrümmer trieben durch die stille, noch weihnachtlich geschmückte Kirche. Zum Glück steht die Orgel hoch. Ich band einen Balken vor die Tür. Am Abend habe ich noch eine Stunde geschippt; das bringt nicht viel. Aber die gute alte Kirchenkonstruktion kam mir zur Hilfe. Als ich am Morgen nachschaute, war alles Wasser durch den Seesand unter den Bänken einfach weggesickert. Nur der Schlick saß als feine graue Schicht auf dem Sand. Aus den Steigen habe ich dann am Sonntagmorgen zur Zeit des Gottedienstes fünf Schiebkarren Sand und Muscheln rausgefahren.
Der Friedhof bot ein wildes Bild: Zauntrümmer trieben drüber hin. Der Grabstein von Onkel Harli wurde gegen den Nachbarstein geworfen. Nur das hölzerne ‚Kreuz von Golgatha' auf dem Grab der Heimatlosen stand, halb im Wasser, von Gischt eingehüllt; und dahinter leuchtete die fast blinde Sonne über die Hallig (Abb. 72). Eine neue Gefahr kam auf uns zu; der Buterbutt, ein zum Segeln umgebauter kleiner Fischkutter, riß sich im Hafen los und trieb auf die Kirchwarft zu. 1962 zerstörte ein anderer den Schweinestall. Wird er in die Küche kommen oder auf dem Auto landen? Mit flatternden Segeln trieb er dicht an der Warft vorbei; ostwärts der Warft hakte er sich noch einmal fest; am Pellwormer Deich ist er dann unbeschädigt aufgelaufen. Bald danach sank das Wasser; wir merkten es, als es nicht mehr in die Türen hineinschlug. Erleichtert atmeten wir auf. Jetzt war es auch an der Zeit, nach den anderen Warften zu fragen. ‚Alles wohlauf! Kein Mensch und kein Vieh ertrunken! Kein Haus weggespült!'"
An der Elbe waren die Verhältnisse ganz ähnlich wie an der Westküste. Auch hier wurden überall die bisher

höchsten Scheitelwasserstände beobachtet. Abgesehen von den Überflutungen im Alten Land und in der Haseldorfer Marsch traten keine Entlastungen durch Überflutungen ein. Die Deiche hielten im Gegensatz zu 1962 und anderen ähnlich schweren früheren Sturmfluten stand. Der Sturmflutscheitel konnte elbeaufwärts gegenüber den bisherigen HHThw von 1962 höher auflaufen. Das wirkte sich besonders schlimm im Hamburger Stadt- und Hafengebiet aus, wo sich das Wasser damals durch viele Deichbrüche weit ausgebreitet hatte. Am Pegel St. Pauli stieg der Sturmflutscheitel zum Beispiel um 75 cm höher als 1962, in Harburg um 77 cm und in Bunthaus, wo sich die Elbe in Süder- und Norderelbe spaltet, sogar um 85 cm.

Abb. 60 zeigt diese Verhältnisse an dem Vergleich der Sturmflutscheitellinien von 1825, 1962 und vom 3. Januar 1976 ganz deutlich. 1825 sind oberhalb von Krautsand und in den Nebenflüssen schon ziemlich früh große Flächen überflutet worden; die Scheitellinie fällt und steigt erst ab Hamburg wieder an, weil weite Teile der Stadt einschließlich des Hafens und des gesamten Stromspaltungsgebietes überschwemmt waren. Einen ähnlichen Verlauf hat die Sturmflutscheitellinie 1962. Im Januar 1976 hielten fast überall die Deiche, und die Sturmflutsperrwerke schützten die Nebenflüsse. Man

Abb. 73. Der Deich in der Haseldorfer Marsch läuft über! Auf der Binnenböschung entstehen Auskolkungen, ein Deichbruch kündigt sich an.

Abb. 74. Wie Abb. 73, einige Minuten später. Große Wassermassen schießen bereits durch die sich erweiternden Breschen. Gleich wird der Deich vollends brechen.

Abb. 75. Fieberhaft sind Arbeitskolonnen tätig, um einen Deichbruch bis zur nächsten höheren Flut wenigstens provisorisch zu schließen.

Abb. 76. Der Deichbruch ist geschlossen. Zum Schluß wird die Außenböschung mit einer Buschwerkabdeckung gesichert.

kann daher den Ablauf dieser Flut in der Elbe nicht unmittelbar mit früheren vergleichen. Sicher ist, daß bei den schwersten Sturmfluten der früheren Jahrhunderte, zum Beispiel 1625, 1717, 1756, 1792, 1825 wie auch 1962, die Scheitelwasserstände entsprechend hoch hätten eintreten müssen wie 1976, wenn damals auch überall die Deiche gehalten hätten. Das bedeutet also, daß der sichere Hochwasserschutz für ausgedehnte Lebensräume an der Elbe nur mit höheren Sturmflutwasserständen in der Elbe möglich ist. Deshalb hat man die Sturmflutmauern und Deiche im Hamburger Gebiet gebaut; sie haben ihre erste große Belastungsprobe schon bald nach Fertigstellung bestanden und sich als ausreichend und zuverlässig erwiesen.

An der Unterelbe, in Hamburg und an der Westküste von Schleswig-Holstein ist durch die Sturmflut 1976 kein Mensch ums Leben gekommen! Nur am Christianskoog in Dithmarschen, im Kehdinger Land und in der Haseldorfer Marsch (Abb. 73 und 74) brachen Deiche. An diesen Stellen waren sie noch nicht — wie vorgesehen — verstärkt oder in geplanter Linienführung neu gebaut worden. Die Entscheidung, zuerst für die gefährdetsten Gebiete den Hochwasserschutz zu verbessern, war logisch und richtig. Es war jedoch nicht möglich, das gesamte neue Küstenschutzsystem in wenigen Jahren zu schaffen. An den schwächsten Stellen kam es dann auch zu den Schäden.

Im Hamburger Hafen lagen die Verhältnisse anders. Hier mußte man auch nach 1962 damit rechnen, daß schwere und sehr schwere Sturmfluten in das Hafengebiet eindringen und dieses höher überschwemmen können. Das hat man in Kauf genommen. Ob ein Lagerschuppen oder eine Lagerfläche 50 cm oder 80 cm überspült wird, ist kein sehr erheblicher Unterschied. Womit man nicht gerechnet hat und nach den bisherigen Erfahrungen und vorhandenen Statistiken auch nicht rechnen konnte, war die Häufung, mit der in kurzer Folge so schwere Sturmfluten hintereinander eintraten: 1962, 1973 gleich mehrere und dann wieder am 3. und 21. Januar 1976.

Die Flut vom 21. Januar gehörte dem Skandinavientyp an. In Hamburg blieb der Sturmflutscheitel nur 12 cm unter dem Scheitel von 1962. Für das Hamburger Hafengebiet mit seinen Lagerbetrieben wie auch für die Gebiete, in denen am 3. Januar Deiche gebrochen waren, wirkte sich diese zweite Sturmflut natürlich besonders schlimm aus. Zum Glück waren dank der nach dem 3. Januar sofort einsetzenden Baumaßnahmen mit modernsten technischen Geräten die meisten Deichbrüche provisorisch geschlossen worden (Abb. 75 und 76). Wir erinnern an die Katastrophen früherer Jahrhunderte, wenn kurz nach einer ersten sehr schweren Sturmflut eine zweite fast ähnlich schwere auftrat.

Alles in allem kann man sagen, daß die Sturmflutereignisse vom Januar 1976 nicht als Katastrophe im herkömmlichen Sinne zu bezeichnen sind, so schwer die Schäden für manchen einzelnen gewesen sein mögen. Mit den Sturmflutkatastrophen von 1362, 1421 in den Niederlanden, 1436, 1532, 1570, 1634, 1717, 1825, 1953 (Holland) und auch 1962 sind die Januar-Sturmfluten 1976 in gar keiner Weise vergleichbar. Das neue Küstenschutzkonzept, das Warnsystem und die Katastrophenschutzpläne haben sich 1976 bewährt und grundsätzlich als richtig erwiesen.

Verständlicherweise war nach den Januar-Sturmfluten 1976 die Erregung in der Öffentlichkeit groß. Man hatte angenommen, daß ein Sturmflutwasserstand wie 1962 etwa einmal in 100 Jahren vorkommen würde. Nun traten schon nach 14 Jahren noch höhere Wasserstände ein, und in der Zwischenzeit waren mehrfach ähnliche zu verzeichnen. Wie wir schon an anderer Stelle ausgeführt haben, erfordert die sichere Beurteilung der Häufigkeit so extremer Wasserstände eine sehr lange Zeitspanne. Hierfür sind unsere Statistiken noch zu kurz. In einer längeren Jahresreihe können durchaus mehrere extrem hohe Sturmflutscheitel in kurzen Zeitabständen aufeinander folgen. Ebenso ist es möglich, daß für lange Zeit solche Sturmflutereignisse ausbleiben. Die mittlere Häufigkeit bleibt dadurch unverändert. Auf keinen Fall sind Küstenschutzanlagen oder irgendwelche anderen Maßnahmen dafür verantwortlich zu machen, daß in den letzten Jahren so viele schwere und sehr schwere Sturmfluten nacheinander aufgetreten sind. Solche Häufungen sind im Laufe der Geschichte immer wieder vorgekommen.

Eingehende Untersuchungen der Sturmfluten in Cuxhaven und Hamburg haben ergeben, daß die höchsten Wasserstände, die in jedem Jahr eintreten, in ihrer Höhe und Häufigkeit periodischen Schwankungen unterliegen. Die Perioden betragen seit dem Ende des 18. Jahrhunderts zwischen 50 und 80 Jahre. Diese Schwankungen sind eine Folge periodischer Änderungen der Wetterverhältnisse. Die Häufigkeit der Sturmtiefs, ihre Stärke und Zugrichtung sind solchen Änderungen unterworfen. Dadurch ändern sich auch Windrichtung und -stärke mit entsprechender Periode und damit auch Tidewasserstände und Wellenhöhen sowie ihre Häufigkeit. Welche Ursache derartige Änderungen haben, ist noch unbekannt. Sie hängen sicher mit Änderungen der von der Sonne abgegebenen Energie zusammen, aber welche Ursachen haben diese Änderungen? Langfristig im voraus wird man sie vorerst wohl nicht feststellen können.

Ostseesturmfluten

Das Eis der jüngsten Glazialzeit, der Weichsel-Eiszeit, hat bei seinem Vordringen von Nordosten her große Massen an Geröll, Kies und Sand mitgebracht. Aus diesen Massen, End- und Grundmoränen, ist die Hügellandschaft im Bereich der schleswig-holsteinischen Ostseeküste aufgebaut. Beim Abschmelzen des Eises floß das Wasser vorwiegend nach Westen, zur Nordsee, und Südosten, zum Urstromtal der Elbe, ab. Die tiefergelegenen Flächen wurden dabei mit ausgewaschenen feinen Bestandteilen aus den jungen Moränen aufgefüllt, steile Hänge abgeschrägt. So fiel das Gelände zur Nordsee ziemlich flach ab, beim Vordringen des Meeres konnten Marschen entstehen. Zwischen ihnen und der Geest — abgeflachten Moränen früherer Glazialzeiten und aus Jungmoränen ausgespültem Sand (Sander) — bildeten sich Moore und Sümpfe. Die Ostseite der Moränen der Weichsel-Eiszeit blieb beim Rückgang des Eises dagegen mit ziemlich steilen Hängen stehen. Die langgestreckten, zum Teil engen Täler, die in der Richtung des vorgedrungenen Eises und seines Rückzuges verliefen, füllten sich beim Ansteigen des Meeresspiegels mit Wasser.

Diese unterschiedliche Gestalt des Reliefs – flache Watten und Marschen an der Nordsee, stark gegliedertes Hügelland mit steilen Böschungen und tief eingeschnittenen Tälern an der Ostsee — führt zu ganz unterschiedlichen Auswirkungen bei Sturmfluten: Bei einer Sturmflut an der Nordseeküste könnten riesige Gebiete überflutet werden, wenn sie nicht bedeicht wären. Weite Buchten würden in das flache Land gerissen werden, wie wir es in früheren Abschnitten erfahren haben. An der Ostseeküste sind die bei Sturmfluten möglichen Überschwemmungsgebiete kleiner. Niedriggelegene Teile von Hafenstädten an der schiffahrtsfreundlichen, buchtenreichen Küste werden überflutet, dabei entstehen Schäden an Häusern und Gütern. Die Kliffs der besonders steilen Küstenstrecken brechen ab (Abb. 77), wodurch örtlich ein beträchtlicher Landverlust entstehen kann. Überflutungen von größeren Flächen sind in den Niederungsgebieten auf der Insel Fehmarn und in der Probstei möglich. Auch der Oldenburger Graben ist eine größere Niederung. Er trennt zwei Moränenzüge und verlandete, als — vielleicht infolge zwischenzeitlicher

Abb. 77. Das Steilufer (Kliff) an der Ostsee bei Dänisch-Nienhof ist während des Winters durch abgerutschte Schuttmassen stark abgeschrägt worden.

Abb. 78 a u. b. Das Haus Vorderreihe 7 in Travemünde mit den Sturmflutmarken von 1625 und 1872. Die Inschrift der Tafel von 1625 lautet: „Anno 1625 den X. Februar hatt dat Water so hoch gestan under dissen Stein."

Meeresspiegelsenkung — die Verbindung zur See unterbrochen wurde. Die ehemaligen Zugänge zur See im Westen und Osten sind heute durch Deiche verschlossen. Kleine Niederungen gibt es zum Beispiel in Flußtälern (Trave), an Flußmündungen oder am Ende flacher Buchten. Flutkatastrophen, wie wir sie von der Nordseeküste kennengelernt haben, mit Tausenden von ertrunkenen Menschen und vielen zehntausend Hektar mit Salzwasser überflutetem Land, das zum Teil für immer oder doch für Jahrhunderte verloren ist, kann es an der Ostseeküste von Schleswig-Holstein nicht geben. Daher ist von Ostseesturmfluten früherer Jahrhunderte relativ wenig überliefert.

Die höchste Sturmflut der Ostseeküste in der Neuzeit ist die vom 13. November 1872. Sie erreichte Höhen, die mehr als 3 m über MW lagen. Ähnliche Fluten sollen in den Jahren 1044, 1304, 1320, 1449 stattgefunden haben. Die Sturmfluten vom 10. Februar 1625 und vom 10. Januar 1694 sind näher bekannt. Von ihnen gibt es Flutmarken in Travemünde (Vorderreihe 7, Abb. 78), Flensburg (Schiffbrücke 12) und Schleswig (Gottorfer Straße 9). Es sind an diesen Häusern Steinplatten angebracht, die außer den Höhenmarken der Fluten von 1625 (Travemünde) und 1694 (Flensburg, Schleswig) noch Marken vom 19. Dezember 1835 (Flensburg), 26. Dezember 1836 (Schleswig) sowie vom 13. November 1872 tragen. Danach lag der Scheitel 1625 in Travemünde 25 cm, 1694 in Flensburg 57 cm und in Schleswig 59 cm unter dem von 1872. Diese Unterschiede sind überwiegend durch den säkularen Anstieg des Meeresspiegels bedingt. 1625 lag in Travemünde der Scheitelwasserstand etwa 2,80 m, 1694 in Flensburg 2,70 m über dem damaligen MW. In der folgenden Tabelle haben wir die Sturmfluten seit 1835 zusammengestellt, die Scheitelhöhen von mehr als 1,70 m über dem jeweiligen Mittelwasser (MW) erreicht haben. Die Wasserstandsangaben für die einzelnen Orte sollen als Beispiele gelten.

Die Sturmflut vom 13. November 1872, die für die gesamte Ostseeküste von Schleswig-Holstein eine sehr schwere war, hat sich als Naturkatastrophe dem Bewußtsein der Küstenbewohner eingeprägt. Dieses Ereignis läßt eine ausführliche Darstellung zweckmäßig erscheinen, weil so schwere Ostseesturmfluten im Verhältnis zur Nordsee seltener vorkommen. Die Sturmflut von 1872 hat deutlich gemacht, daß ein Windstau an der schleswig-holsteinischen Ostseeküste von 3,0 bis 3,5 m über MW eintreten kann. Derartige Wasserstände sind jederzeit wieder möglich, ja sogar wahrscheinlich. Ob und wann ein solches Ereignis eintreten wird, kann jedoch kein Mensch voraussagen. Die Frage, ob man mit noch höheren Wasserständen rechnen muß, bleibt ebenfalls offen. Dieser Tatsache muß man sich bei der Planung und dem Bau neuer Feriensiedlungen an der Ostseeküste stets bewußt sein und die erforderlichen Vorsorgemaßnahmen treffen.

Die Wasserstände der Sturmflut vom November 1872 sind an mehreren Pegeln registriert worden, so in Lübeck, Travemünde, Neustadt, Fehmarnsund, Kiel

*Ostseesturmfluten mit mehr als 1,70 m
über Mittelwasser seit 1835*

Datum	Ort	HW über MW
19. Dez. 1835	Flensburg	2,54 m
26. Dez. 1836	Lübeck	2,20 m
	Schleswig	2,75 m
30. Dez. 1867	Lübeck	2,04 m
	Travemünde	1,97 m
13. Nov. 1872	Lübeck	3,38 m
	Travemünde	3,40 m
	Kiel	3,30 m
	Eckernförde	3,40 m
	Schleswig	3,49 m
	Flensburg	3,27 m
25. Nov. 1890	Travemünde	2,10 m
20. Nov. 1893	Lübeck	1,78 m
24./25. März 1898	Travemünde	1,72 m
30./31. Dez. 1904	Travemünde	2,22 m
	Flensburg	2,33 m
9. Jan. 1908	Travemünde	1,96 m
	Flensburg	1,74 m
30./31. Dez. 1913	Travemünde	2,00 m
10. Jan. 1914	Kiel	1,80 m
7. Nov. 1921	Kiel	1,73 m
2./3. März 1935	Flensburg	1,80 m
9. Febr. 1936	Flensburg	1,89 m
13. Nov. 1941	Travemünde	1,70 m
	Flensburg	1,90 m
27./28. Dez. 1941	Travemünde	1,70 m
	Flensburg	1,88 m
4. Jan. 1954	Travemünde	2,07 m
	Kiel	1,85 m
	Flensburg	1,76 m
14. Jan. 1960	Kiel	1,81 m

und Flensburg (Abb. 15). Darüber hinaus kennen wir zahlreiche Höhenmarken für den Sturmflutscheitel von 1872 zwischen der Lübecker Bucht und der dänischen Grenze. Allein 17 solcher Marken zwischen der Schlei und der Flensburger Förde sind vom Amt für Land- und Wasserwirtschaft Flensburg 1976 nachgemessen worden. Wir kennen daher die Wasserstände dieser Sturmflut an der gesamten schleswig-holsteinischen Ostseeküste recht genau.

In Travemünde erreichte die Sturmflut 3,40 m über MW. Das Wasser stand auf dem Priwall, auf dem Leuchtenfeld und in der Kirche. Die Badeanlagen wurden zum großen Teil zerstört (erst zu Beginn dieses Jahrhunderts entstand die Strandmauer). Landeinwärts lief die Flutwelle in der Trave noch über das Stadtgebiet von Lübeck hinauf. In der Stadt überflutete der übervolle Fluß alle zur Trave hinführenden Straßen und „Gruben"; die Hochwassermarken an der Holstenbrücke erinnern daran. Die Menschen wurden in den frühen Morgenstunden vom Wasser überrascht, man fuhr mit Booten durch die Straßen, um Eingeschlossene zu retten. Die Fischerdörfer Gothmund und Schlutup erlitten zum Teil erhebliche Schäden, selbst Bad Schwartau blieb nicht verschont.

Das Fischerdorf Niendorf an der Lübecker Bucht wurde vom Wasser eingeschlossen, denn der Strandwall war und ist als natürlicher Hochwasserschutz nicht sicher genug. 12 Wohnhäuser wurden zerstört, 14 beschädigt, vier Personen ertranken und 132 wurden obdachlos. Ein ähnliches Schicksal erlebte Dahme; hier ertranken zehn Menschen. Mitten im Dorf, im Durcheinander der Trümmer, strandete ein englischer Schoner. Das Gut Klostersee südlich von Dahme verlor 350 Kühe und 230 Schweine. Die Flut drang landeinwärts bis Guttau und Grube vor. Oldenburg in Holstein wurde vom Westen und vom Osten her durch den Oldenburger Graben erreicht. Bei einem Rettungsunternehmen kam ein Mann im Wasser um. Man schätzt für Fehmarn, daß ein Viertel bis ein Drittel der Insel überflutet gewesen ist. Die Sturmflutmarke in Orth gibt den Scheitelwasserstand an. In der Hafeneinfahrt nach Burgtiefe lagerte sich eine Schicht von 1,5 m Seetang ab.

In Heiligenhafen waren 40 Häuser beschädigt. Sämtliche Bürger des Ortes Hohwacht flohen und ließen ihr Hab und Gut im Stich. Das Niederungsgebiet der Probstei geriet ebenfalls vollständig unter Wasser, das in Wentorf, Stein (Hochwassermarke), ja auch in Schönberg große Verwüstungen anrichtete und 82 Familien obdachlos machte. Von Laboe blieben damals nur zwei Häuser erhalten. „Am 12. November", so schreibt der Schönberger Pastor Bartels, „wehte ein heftiger Nordost, nachdem wir eine längere Zeit hindurch den entgegengesetzten Wind gehabt hatten. Ich war abends um 7 Uhr nach dem Strande, um den Anblick des wild empörten Meeres zu haben. Das Meer wütete fast bis an den Kamm des Strandes. Die Strandbewohner waren ganz arglos und ahnten nicht, was bevorstand. Gegen die Nacht stieg das Wasser und brach bald am Schmöler Strande durch. Dadurch ward die Niederung vor dem Strandwalle überschwemmt. Einige Strandbewohner, die Schlimmes fürchten, flüchten und nehmen ihr Vieh mit, können aber nur noch mit Lebensgefahr durch das Binnenwasser festen Grund gewinnen. Gegen Morgen stürzen die Häuser von P. E. und H. E. am Schönberger Strande und von St. und M. bei der Kuhbrücke am Holmer Strande und ein Speicher am Schönberger Strande ein ... In dem einsam belegenen Fischerhause, Brasilien genannt, sehen die Bewohner F. E. mit Frau, Sohn und Tochter, letztere noch nicht erwachsen, sich von Gefahren umringt. Die Mauern stürzen ein, und kein Boot ist zur Hand. Sie bauen, bis unter die Arme im Wasser stehend, ein Floß von Leitern, Thüren und Balken und vertrauen sich auf demselben dem wilden, alles überflutenden Meer an. In rasender Eile schießt das Floß mit den vom Sturm gepeitschten Fluten dahin. Es ist noch nicht Tag geworden. Schnee und Regen machen mit der Finsternis die Situation noch grausiger ... So treibt das Floß an dem Holm, der bereits die Bewohner des Fischerhauses Kalifornien aufgenommen hat, vorüber. Da erfaßt ein mit seinen Spitzen über das Wasser ragender Knick das Fahrzeug; es neigt sich und Mutter und Tochter gleiten in die Fluten. Der Vater, der sie fassen will, stürzt nach,

Abb. 79a. Rettungsszene in einer Straße Flensburgs während der Sturmflut am 13. 11. 1872. Zeichnung v. H. Schurig.

In der Kieler Förde entstanden Schäden weniger durch Wellenschlag als durch den hohen Wasserstand. Die Stadt Kiel wirkte in seinen niedrig gelegenen Gebieten wie eine Seenlandschaft: Mehr als 33 Hektar standen unter Wasser, 13 Straßen und 341 Grundstücke waren von dem Hochwasser eingeschlossen. Häuser stürzten ein, Schäden entstanden an den Hafenanlagen, Schiffbrücken und Werften.

Anders als Kiel war Eckernförde an der nach Nordosten weit geöffneten Bucht der Sturmflut schutzlos preisgegeben. Von allen Küstenorten hat diese Stadt die schwersten Schäden erlitten. Die Zufahrtstraßen von Norden und Süden brachen an mehreren Stellen, so daß das Wasser in die Noore und weit landeinwärts gelangte, Eckernförde war eingeschlossen. Der Scheitelwasserstand lag auf MW + 3,40 m. Das Zerstörungswerk hatte ein furchtbares Ausmaß. 78 Häuser waren zerstört und 138 beschädigt. 112 Familien waren obdachlos. 400 Personen mußten täglich mit Nahrungsmitteln und Trinkwasser versorgt werden. Alle Vorräte waren verdorben und alle Brunnen mit Salzwasser angefüllt. Die Gaszufuhr von Kiel war unterbrochen.

In Schleswig — 45 Kilometer von Schleimünde entfernt — traf die Hochwasserwelle erst um 21 Uhr ein mit einer Scheitelhöhe von MW + 3,49 m.

Flensburg stand zum Teil so tief unter Wasser, daß Bewohner aus niedrig gelegenen Häusern mit Booten gerettet werden mußten. „Den ganzen Nachmittag waren wackere Seeleute damit beschäftigt, bedrängte Familien aus ihren Wohnungen und meistens aus dem zweiten Stock abzuholen; einige mußten sogar durch das Dach entfliehen", schreibt die Zeitschrift „Daheim", der auch Abb. 79 entnommen ist. Die Flensburger Zeitung berichtet vom 13. November: „Fischer ruderten an das Kompanietor (Schiffbrücke 12) heran und stellten fest, daß die Flutmarke vom 19. Dezember 1835 noch überschritten worden war. Hunderte von Keller- und

wird aber von dem Sohn wieder erfaßt und heraufgezogen. Das Floß schießt weiter. Abermals ein Knick und das Fahrzeug geht auseinander. Der Vater faßt einen Baum im Knick und ruft den Sohn, der aber wird von einem Balken des Floßes fast bewußtlos fortgerissen und fühlt endlich Boden unter den Füßen ... Erst um Mitternacht vom 13. auf den 14. November gelingt es, ihm vom Holm aus zu Hülfe zu kommen und ihn zu retten. Vater, Mutter und Schwester sind verloren."

Abb. 79b. Schleswig am 13. 11. 1872. Rechts die Hotels „Stadt Hamburg" (Hochwassermarke) und „Deutsches Haus". Hier stand das Wasser 1,20 m über der Straße. Zeichnung von R. Eckener.

Abb. 80. Ein wildes Durcheinander bot sich dem Betrachter nach der Sturmflut vom 13. 11. 1872 im Flensburger Hafen. Vorne links Schiffbrücke 12.

Abb. 81. Im Flensburger Hafen bei der Sturmflut im Dezember 1904. Boote verkehrten auf der Schiffbrücke.

Abb. 82 a. Die Straßenbahn im Hafenbereich von Flensburg während der Sturmflut im Dezember 1904.

Abb. 82 b. Auch bei der schweren Ostseesturmflut am 14. 1. 1960 standen die Straßen am Flensburger Hafen unter Wasser.

Abb. 83. Droschken auf der Holstenbrücke in Kiel während der Sturmflut im Dezember 1904.

Parterrewohnungen liefen voll Wasser. Die Kranken des Militärlazaretts hat man in Booten fortgeschafft. Holzlager, Anlegebrücken und Schuppen sind weggetrieben. Am Nachmittag fing das Wasser an, sehr rasch zu fallen (Abb. 15). Am nächsten Tag beschien die Sonne ein Bild schrecklicher Verwüstung. In den Hofenden, auf der Schiffbrücke, in der Neustadt bilden Bretter, Balken, Steinkohlen, Torf, Fadenholz, Zollbuden, Böte ein wildes Durcheinander. Hier liegt ein Schoner mit eingedrücktem Kiel, dort eine Jacht, deren Bugspriet, wer weiß wo, auf den Wellen treibt (Abb. 80). Die auf das Bollwerk geworfene Bark ‚Straßburg' wurde von einem zu diesem Zweck gecharterten Kopenhagener Dampfer wieder in das Wasser gezogen."

Das ganze Zerstörungswerk dieser Flut läßt sich ferner daran ermessen, daß noch im November 1872 Haussammlungen organisiert, die Schäden festgestellt und die Spenden nach einem Verteilungsschlüssel, der die unterschiedliche Schwere der Not in den einzelnen Landschaftsteilen erkennen läßt, an die am meisten Betroffenen gegeben wurden. Es erhielten von den aufgebrachten Geldmitteln:

Kreis Flensburg	4	Teile
Kreis Schleswig	3	Teile
Kreis Eckernförde (ohne Stadt)	1,5	Teile
Stadt Eckernförde	14	Teile
Kreis Kiel (ohne Stadt)	0,5	Teile
Kreis Plön	8	Teile
Kreis Oldenburg (ohne Fehmarn)	10	Teile
Insel Fehmarn	5	Teile
zusammen	46	Teile

Allein in Schleswig-Holstein wurden 15 160 Personen hilfsbedürftig, 2850 Gebäude zerstört oder stark beschädigt; 31 000 Hektar Land standen unter Wasser, Steilufer wurden zurückverlegt, Strände abgetragen, Deiche fast überall beschädigt.

Die Orte an der Lübecker Bucht zwischen Niendorf und Sierksdorf verfügten zur Zeit der großen Flut 1872 über nur 55 Gebäude; bis auf fünf wurden alle zerstört. Heute dürften dort rund 1000 Gebäude stehen. Von den 365 Einwohnern ertranken damals neun, weitere 325 wurden obdachlos. Die Einwohnerzahl dürfte sich inzwischen auf 6000 bis 7000 erhöht haben. Diese Zahlen mögen als Beispiele für die übrigen bebauten sturmflutgefährdeten Gebiete an der Ostseeküste dienen, sie sollen zur Vorsicht und Wachsamkeit mahnen!

Auch nach 1872 hat es eine Anzahl Sturmfluten an unserer Ostseeküste gegeben, die mit Scheitelhöhen bis zu fast 2,5 m über MW zu den schweren und sehr schweren gehören (siehe Tabelle). Die Abbildungen 81, 82 und 83 geben einen Eindruck davon aus den Städten Kiel, Schleswig und Flensburg. Wenn die nächste sehr schwere und möglicherweise noch höhere Sturmflut als 1872 kommt, kann der Sachschaden wesentlich größer werden als damals. Die dichtere Besiedlung, die Einrichtungen der Strom-, Gas- und Wasserversorgung, der Heizungen, Nachrichtenmittel usw. bleiben so lange stark gefährdet, bis sie überall im ausreichenden Deichschutz liegen.

Sturmfluten und Schiffahrt

Jeder Sturm, ob er zu einer Sturmflut führt oder nicht, beeinträchtigt in hohem Maße die Schiffahrt, und zwar sowohl auf der See als auch vor der Küste. Die Sicht ist bei Sturm meist schlecht, der Wind peitscht Regen und Gischt gegen die Scheiben des Ruderhauses. Durch Seegang und Sturmböen kann ein Schiff auf hoher See kentern. Starker Seegang erschwert aber auch das Steuern, das Schiff kommt von seinem Kurs ab. Es gerät in fremde, flache Gewässer oder an eine Küste mit Felsen, es läuft auf, strandet. Die Wogen zerstören dann das festsitzende, beschädigte Schiff vollends, und es ist schon ein Glück, wenn die Besatzung noch gerettet werden kann.

Das ist grundsätzlich heute noch ebenso wie in früheren Zeiten. Der Steuermann mußte zur Zeit der Segelschiffe allein nach den Sternen oder nach der Sicht zu Objekten an Land — Kirchtürmen, Leuchtfeuer oder andere markante Punkte — navigieren. Damals gingen in jedem Sturm vor der Küste viele Schiffe verloren (Abb. 84). Die jütländische Küste zwischen Hornsriff und Skagen hält einen traurigen Rekord, der Name Jammerbucht ist hier wirklich berechtigt. Die meisten in Abb. 84 verzeichneten Strandungen werden durch Stürme verursacht worden sein, ein Teil davon durch Sturmfluten. Dabei haben sich, wie wir wissen, zwischen 1858 und 1887 an den deutschen Küsten gar nicht so schwere Sturmfluten ereignet, nur die bisher schwerste Ostseesturmflut im November 1872 fällt in diese Zeitspanne. Wrackreste, die von Zeit zu Zeit auf Außensänden freigespült werden, zeugen von solchen Schiffsunfällen (Abb. 85). Außer bei den in Abb. 84 verzeichneten Strandungen sind bei Sturm in der hohen See sicher noch weitere Schiffe verlorengegangen (Abb. 86).

Die Berichte über Sturmfluten aus früheren Jahren enthalten fast immer auch Meldungen über gestrandete Schiffe. Vor Sylt sind am 10./11. Dezember 1792 allein 11 Schiffe untergegangen. Man fand nachher an den Küsten viele Waren von verunglückten Schiffen. Die Helgoländer verdienten in dieser Nacht angeblich 20 000 Mark an Bergelohn. Ähnliche Berichte über Schiffsverluste finden sich in alten Sturmflutchroniken. Eine besondere Gefahr bei Sturmfluten liegt darin, daß vor der Küste erhöhte Wasserstände mit größeren Wassertiefen vorkommen, so daß ein Schiff so nahe an das Ufer gelangen kann, wie sonst nie, das heißt, in Gewässer, die nicht für die Schiffahrt geeignet sind. Dort kann es auf Hindernisse auflaufen, am Strand Grundberührung bekommen oder sogar auf den Deich landen. In dem schon früher erwähnten Bericht des holländischen Ingenieurs Leeghwater über die Sturmflut 1634 heißt es zum Beispiel: „Große Seeschiffe waren auf dem hohen Deich stehengeblieben, wie ich selbst gesehen habe." Die alten Stiche von Sturmfluten, wie der von Hessel 1675 (Abb. 39) oder von Happel 1683 (Abb. 40), zeigen neben den Überschwemmungen und dem Kampf der Menschen ums Überleben in dem überfluteten Land auch stets mit dem Sturm kämpfende oder untergehende Schiffe vor der Küste.

Schlimm ist es, wenn ein Schiff in die Nähe eines Deichbruches gerät. Dann kann es von der Strömung hindurchgerissen und ins Land getrieben werden. Von solchen Ereignissen ist oft in Chroniken die Rede. In dem Buch des Pastors Hessel von 1675 über den Elbstrom heißt es von der Sturmflut am 26. Februar 1625: „Da hat sich das Fluthwasser / auf dem Nachmittag so starck erzeiget / daß es nicht allein über hohe Teich und Tamme gelauffen / und starcke Teiche und Tamme hinweg genommen / das grosse Seefahrende Schiffe dahin durch ins Feld auf das Kornland gebracht / sondern es hat auch Berge / starcke Häuser mit Menschen und Vieh / Scheune mit Korn und Futter hinweg geführt dadurch beydes den Masch- und Warderländern grosser ja unaussprechlicher Schade geschehen."

Und von der Sturmflut 1717 schreibt der Pastor Janssen zu Nyende im Jeverland:

„Gleichwie in der Wasser-Fluth das trockene Land einer wilden See ähnlich sahe / so ward es derselben auch darin gleich / daß viele Schiffe / die sonst in der See

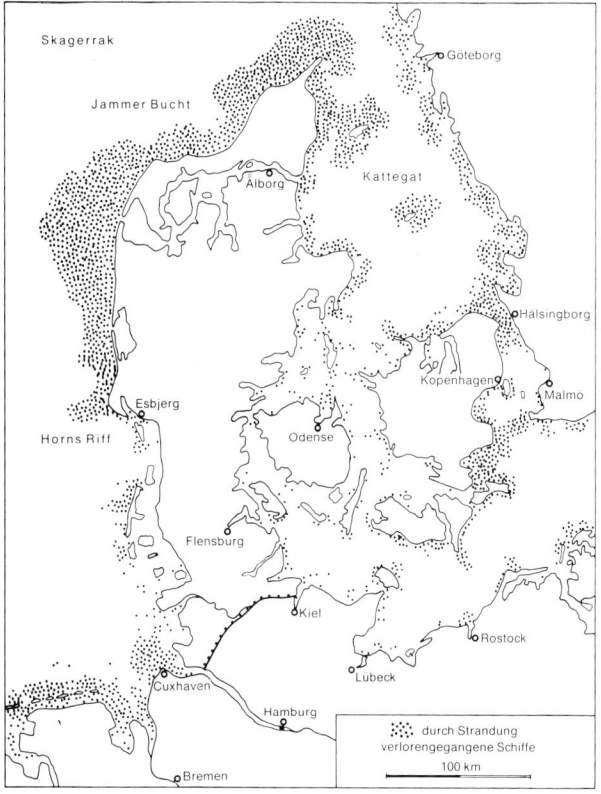

Abb. 84. Durch Strandung in den deutschen, dänischen und südschwedischen Küstengewässern allein in den 30 Jahren von 1858 bis 1887 verlorengegangene Schiffe (nach Lütgens).

ihren Lauff nur haben können / nunmehro / nachdem sie durch den starcken Sturm-wind zum theil von ihrem Ancker / daran sie lagen / losgerissen / ins Land ihren Lauff hatten und hie und da zum nicht geringen Schröcken bey Häusern und Dörffern sich sehen liessen auch wol manche Häuser / die ihnen vorkamen / danieder rissen. Ich könnte solches mit vielen Exempeln aus Jeverland / Ostfriesland / Gröhningerland etc. bestärcken / wenn es nöthig befunden würde."

Auf der Karte der Sturmflut von 1717 von Homann (Abb. 44) ist zum Beispiel ein Schiff eingezeichnet, das auf der Fahrt nach Frankreich war und durch einen Deichbruch in der Nähe von Ritzebüttel (Cuxhaven) aufs Land getrieben wurde. Abb. 87 zeigt den stark

Abb. 85. Altes Wrack eines Holzschiffes auf einem Außenrand. Zeichnung von G. Schönleber (etwa 1875).

Abb. 86. Schiffbruch. Stich von Mil nach einem Gemälde von J. W. M. Turner (1775–1851). Im Hintergrund versinkt das große Schiff. Die Menschen in den besegelten Booten oder Ruderrettungsbooten kämpfen ums Überleben!

Abb. 87. Ausschnitt der Karte von Homann von der Sturmflut 1717. Er zeigt den an mehreren Stellen gebrochenen Elbdeich zwischen Belum und Ritzebüttel. Durch einen Deichbruch hindurch ist ein Schiff weit ins Land getrieben worden.

vergrößerten Ausschnitt aus der Homannschen Karte. Von derselben Flut, der Weihnachtsflut 1717, wird aus dem Bereich Suurhusen an der Ems über ein ähnliches Ereignis berichtet. Es heißt dann aber weiter, daß bei der nächsten hohen Flut, die einige Wochen später eintrat, das Schiff wieder flottgekommen sei und durch den Deichbruch, den großen Larrelter Kolk, wieder heraus in die Ems gebracht werden konnte. Spätestens am 25. Februar 1718, also nur zwei Monate nach der besonders schweren Weihnachtsflut, gab es tatsächlich wieder eine schwere Sturmflut, bei der das Schiff, das bei Suurhusen auf Land saß, freigekommen sein wird.

Daß Schiffe auf dem überfluteten Deichvorland oder auf Außensänden strandeten, wird wohl bei fast jeder Sturmflut vorgekommen sein. Allein auf Süderoogsand sind nach Eintragungen des Strandvogts von 1798 bis 1922 mehr als fünfzig Schiffe gestrandet. Im Dezember 1904 wurde der englische Frachter „Italia" hoch auf den Deichfuß gesetzt (Abb. 88), eine Woche später kam er bei einer Sturmflut wieder frei. Bei der Sturmflut in der Nacht vom 3./4. Dezember 1967 strandete auf dem Scharhörnriff das 4700 BRT große griechische Frachtschiff „Emmanuel M". Um das Schiff wieder freizubekommen, hat man im Sommer 1970 eine Rinne gebaggert, und erst dann konnte man es bei einer hohen Tide wieder flottmachen (Abb. 90). Nicht soviel Glück hatte das 2261 BRT große schwedische Motorschiff „Silona". Es riß sich in der Sturmflutnacht vom 16./17. Februar 1962 bei Brunsbüttel von seinen Ankern los, wurde auf die Wiesen des Deichvorlandes des linken Elbufers bei Balje getrieben und setzte sich dort fest. Abb. 89 zeigt, wie das Schiff dort hoch und trocken liegt. Es konnte nicht geborgen werden, sondern wurde abgewrackt.

Durch die Ostseesturmflut vom November 1872 wurde die Schiffahrt besonders hart betroffen. Aus den Schiffslisten konnten insgesamt 271 Seeleute nachgewiesen werden, die den Seemannstod gefunden haben, davon 31 im Bereich unserer Ostküste. In der Ostsee verunglückten 515 Schiffe, davon 65 schleswig-holsteinische. Bei demselben Sturmwetter havarierten in der Nordsee weitere 139 Schiffe. Wenn auch die damaligen Schiffsgrößen und Motorleistungen nicht direkt mit den heutigen vergleichbar sind, so haben wir es doch mit einer sehr ernst zu nehmenden Bilanz zu tun.

Bis in die jüngste Zeit gehen auf See und in Küstennähe Schiffe unter, und Besatzungsmitglieder verlieren dabei ihr Leben. Denken wir an dieser Stelle an den Untergang des Feuerschiffs Elbe I (26./27. Oktober 1936), des Rettungskreuzers Adolph Bermpohl (23. Februar 1967)

Abb. 88. Bei der Sturmflut am 31. 12. 1904 wurde der englische Frachtdampfer „Italia" auf den Weserdeich bei Bremerhaven getrieben und strandete dort. Eine Woche später kam er bei einer höheren Flut wieder frei.

Abb. 89. Bei der Sturmflut am 16./17. 2. 1962 strandete der schwedische Frachter „Silona" auf dem Deichvorland bei Balje. (dpa, Freigabe Nr. 214 546 LA Hamburg.)

Abb. 90. Bei der Sturmflut am 3./4. 12. 1967 strandete der griechische Frachter „Emmanuel M." auf dem Scharhörnriff. Man baggerte eine Rinne zum tiefen Wasser und konnte das Schiff am 7. 7. 1970 darin abschleppen. (Aufnahme N. Rüpke, Freigabe Nr. 2529/70.)

Abb. 91. Auf die verwüstete Columbuskaje in Bremerhaven wurde das Mittelstück eines Frachterneubaus geworfen, das sich bei der Sturmflut am 16./17. Februar 1962 losgerissen hatte.

oder des aus Rostock stammenden deutschen Frachtschiffes „Capella" (3. Januar 1976). Nach diesen Schiffen sind die entsprechenden Orkane benannt. Daß dabei auch Sturmfluten auftraten, die örtlich mehr oder weniger schwer waren, ist hier ohne Bedeutung.

Im allgemeinen meint man, ein Schiff sei in Sicherheit, wenn es den schützenden Hafen erreicht hat. Aber bei einer Sturmflut trifft das Bild vom sicheren Hafen nur bedingt zu, wenn das Wasser Kajen und Hafenflächen überflutet, und wenn Schiffe sich losreißen, auf die Kaifläche gesetzt und dabei beschädigt werden. Schon Leeghwater schreibt von der Sturmflut 1634: „Mehrere Schiffe standen in Husum auf der hohen Straße." Die Verwüstungen bei der Ostseesturmflut 1872 im Flensburger Hafen zeigt Abb. 80.

Heute bestehen, wie in früheren Zeiten, bei Sturmfluten Gefahren für Schiff und Ladung im Hafen. 1962 wurde in Bremerhaven das Mittelstück eines Frachters losgerissen und auf die Columbuskaje geworfen, wie dies Abb. 91 zeigt. In kleineren Fischerhäfen wurden die Kutter auf den Deich geschleudert und dort zerstört (Abb. 92). Dieses Schicksal erlitten auch mehrere Fischkutter am Deich des Tümlauer Kooges (Abb. 93).

Die Schäden, die an den im Hafen lagernden Gütern entstehen, sind häufig noch größer. Aus vielen alten Berichten geht hervor, daß Kaufleute große Verluste an ihren Gütern durch Überflutung der Hafenflächen hinnehmen mußten. Für den 26. Februar 1625 heißt es zum Beispiel für Hamburg, daß allein ein Kaufmann Waren im damaligen Werte von 40 000 Mark verlor. Aus jüngster Zeit wissen wir, daß bei den Sturmfluten 1962, 1973 und 1976 in vielen deutschen Häfen erhebliche Schäden an Gütern entstanden sind (Abb. 94).

Mit Schiffsuntergängen im Sturm auf See und mit Strandungen vor der Küste bei Sturm oder Sturmflut wird man weiterhin rechnen müssen, wenn auch die Schiffahrt dank der modernen technischen Mittel sicherer geworden ist. Seit dem Altertum gibt es Leuchtfeuer an der Küste, um der Schiffahrt die Orientierung zu erleichtern, aber auch, um sie vor Gefahren — Untiefen, Hindernissen — in Küstennähe zu warnen. Es waren anfangs offene Feuer an gut sichtbaren Punkten, dann auf Türmen. Am Ausgang des Mittelalters kamen Kohlenblüsen auf. Seit dem 18. Jahrhundert gibt es Leuchtfeuer mit Optiken, bei denen als Lichtquellen Rüböllampen und später Petroleumlampen verwendet wurden (Abb. 95). Schließlich kamen die elektrischen Lichtquellen auf. Diese werden laufend technisch verbessert (Abb. 96). Neben festen Leuchtfeuern auf Türmen und Baken, Feuerschiffen und zahlreichen Leuchttonnen erleichtern auch unbefeuerte Baken

Abb. 92. Zertrümmerte Fischkutter am Deich des Hafens Dorum.

Abb. 93. Durch die Sturmflut im Februar 1962 auf die Außenböschung des Deiches vor dem Tümlauer Koog geworfene Fischkutter.

Abb. 94. Container im Hamburger Hafen nach der Sturmflut am 3. 1. 1976.

Abb. 95. Der gemauerte Leuchtturm Kampen auf Sylt, 42 m hoch, 1855 gebaut, am 1. 3. 1856 in Betrieb genommen. Das Leuchtfeuer wurde zunächst mit Rüböl betrieben und 1908 auf Petroleumglühlicht, 1929 auf elektrisches Licht umgestellt.

Abb. 96. Der Leuchtturm Großvogelsand in der Elbmündung. Der Turm wurde 1974 gebaut und am 23. 5. 1975 in Betrieb genommen. Der stählerne Turm hat eine Höhe von 43,50 m über MThw. Er ist mit einem Kabel an das Stromnetz des Festlandes angeschlossen. Oben befindet sich eine Landeplattform für Hubschrauber.

Abb. 97. Die 1951 gebaute, 21 m hohe Stahlrohrbake Buschsand auf der Insel Trischen. Auf halber Höhe das Rettungshäuschen.

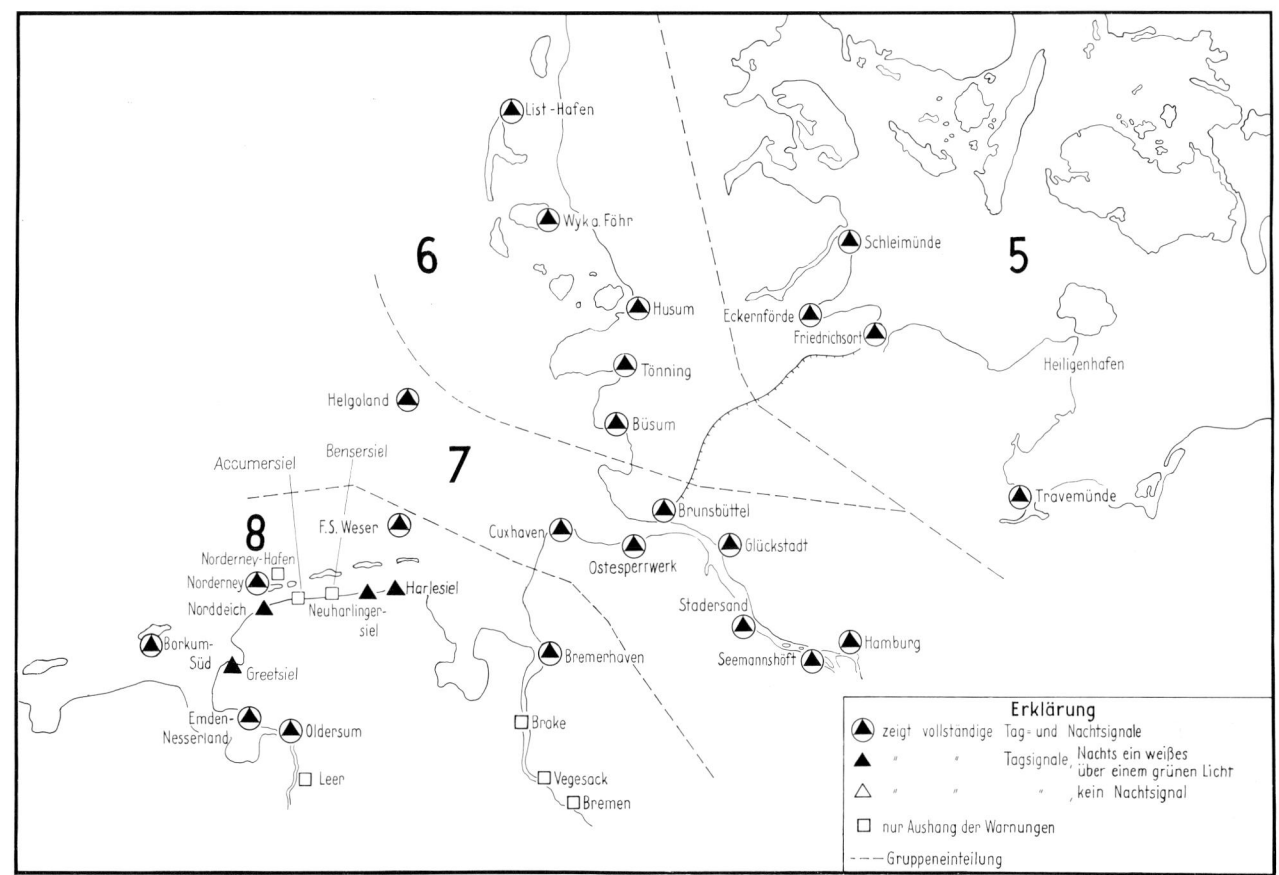

Abb. 98. Sturmwarnstellen an der deutschen Küste. Sie sind ihrer Lage entsprechend in die vier Küstenabschnitte zusammengefaßt: Westliche Ostsee (Gruppe 5), Westküste Schleswig-Holsteins (6), Seegebiet Helgoland und Unterelbe (7), oldenburgisch-ostfriesische Küste einschließlich Unterweser (8). Die Sturmwarnstellen eines Küstenabschnittes erhalten vom Seewetteramt Hamburg gleichlautende Warnungen und setzen danach die Signale nach Abb. 100.

— früher Holz-, heute Stahlgerüste (Abb. 97) — und Hunderte von unbeleuchteten Fahrwassertonnen dem Schiffer bei Tage die Orientierung an unseren Küsten.
In jüngster Zeit sind die funktechnischen Ortungsmittel hinzugekommen, die dem Schiff zu jeder Zeit bei Tag und Nacht, bei gutem und schlechtem Wetter, Nebel und Sturm, genaue Standortbestimmungen in kürzester Zeit ermöglichen. Dabei werden von mehreren Sendern elektromagnetische Wellen von jeweils unterschiedlicher Frequenz ausgesandt, die an Bord empfangen werden. Aus dem Verhältnis der empfangenen jeweilig verschiedenen Signale zueinander läßt sich der Standort ermitteln. Bordradargeräte lassen auch bei völlig unsichtigem Wetter die Küste oder Hindernisse über Wasser erkennen.
Ständige Wettermeldungen des Seewetteramtes Hamburg warnen die Schiffahrt über Funk vor aufkommenden Stürmen, und es werden vom DHI Hinweise über die Wasserstandsverhältnisse gegeben. In den Häfen, aber auch an markanten Stellen der Küste (Abb. 98), gibt es Sturmwarnstellen (Abb. 99), wo der Schiffer mit Sichtsignalen auf Windverhältnisse hingewiesen wird, mit denen er in den nächsten Stunden rechnen muß. Diese Signale (Abb. 100) sind besonders für die Klein- und Sportschiffahrt von Bedeutung, die nicht über die aufwendigen technischen Mittel verfügt wie die Großschiffahrt. Das Warnsignal besagt, daß innerhalb der nächsten sechs Stunden der angekündigte starke Wind oder Sturm in dem betreffenden Warnabschnitt (Abb. 98) zu erwarten ist. Nach diesen Signalen richten sich auch die übrigen Küstenbewohner. Sie erfahren auf diese Weise, ob das Wetter bald „schietig" wird. Seekarten zeigen dem Seemann besondere Gefahrenstellen in den Küstengewässern, und starke Schiffsmaschinen machen es möglich, daß ein Schiff auch gegen starke Strömungen und Stürme anlaufen kann.
Trotz all dieser sehr weitgehenden technischen Perfektion kommen Fehler vor, technisches und menschliches Versagen, so daß Schiffsuntergänge vorerst noch nicht ausgeschlossen werden können. Für diese Fälle ist die gesamte deutsche Küste mit einem Netz von Seenotrettungsstationen überzogen, die von der Deutschen Gesellschaft zur Rettung Schiffbrüchiger betrieben werden. In früheren Jahrhunderten hatte es organisierte Hilfe für Schiffbrüchige an den Küsten nicht gegeben, sondern allenfalls Rettungstaten einzelner und auch nur dann, wenn der einzelne unmittelbar mit der Not Schiffbrüchiger konfrontiert wurde. Manchmal wird die Hoffnung auf Bergelohn oder Gewinn aus einem gestrandeten Schiff im Vordergrund gestanden haben und nicht so sehr die Rettung von Menschenleben. Man

Abb. 99. Sturmwarnstelle an der Hafeneinfahrt Tönning. Am Mast das Signal „Sturm aus Nordwest". Bei Nacht werden die entsprechenden Lampen eingeschaltet (zwei rote Lichter übereinander, s. Abb. 100).

muß dabei berücksichtigen, daß gerade bei schweren Stürmen oder bei Sturmflut der einzelne Küstenbewohner viel zuviel mit sich selbst zu tun hatte, mit dem Schutz und der Sicherung seiner eigenen Familie und Habe, als daß er sich der Aufgabe widmen konnte, Schiffbrüchige im Sturm zu retten.

Erst zu Beginn des vorigen Jahrhunderts entstanden in einigen europäischen Küstenländern organisierte Seenotrettungswerke. Es begann 1824 in England und Holland, bald folgten Belgien, Dänemark, Schweden, Frankreich und Preußen (in Memel). Dabei setzten sich nicht staatliche Stellen, Schiffseigner oder Seeleute für den Gedanken der Seenotrettung ein, sondern einzelne humanitär gesinnte Bürger.

Der eigentliche Anlaß, die Rettung aus Seenot an den deutschen Küsten tatkräftig zu organisieren, war die Strandung des Auswandererschiffes „Johanna" am 9. November 1854 bei Spiekeroog und des Frachtschiffes „Alliance" am 10. September 1860 bei Borkum. Augenzeugen am Strand hatten über den Untergang dieser Schiffe und den Todeskampf der Schiffbrüchigen in den Zeitungen berichtet und sich darüber empört, daß nichts Wirksames zur Hilfe der Schiffbrüchigen geschah und wegen Mangel an Vorsorge auch wohl nicht geschehen konnte. Diese Berichte rüttelten das Gewissen vieler Menschen in ganz Deutschland wach. Männer wie Adolph Bermpohl und C. Kuhlmay riefen zur freiwilligen Mitarbeit und zu Spenden auf, 1861 gründete Georg Breusig den ersten deutschen „Verein zur Rettung Schiffbrüchiger" in Emden, der dann auf den Ostfriesischen Inseln Rettungsstationen ausbaute. In einzelnen Ländern und Hafenstädten wurden bald weitere Vereine gegründet, die sich schließlich dank der Bemühungen des Bremers Arwed Emminghaus am 29. Mai 1865 zur „Deutschen Gesellschaft zur Rettung Schiffbrüchiger" mit Sitz in Bremen zusammenschlossen.

Die Gesellschaft finanziert ihre humanitäre Arbeit zum größten Teil aus freiwillig aufgebrachten Beiträgen und Spenden. Seenotwachen und Seenotbeobachtungsstellen empfangen Meldungen über Seeunfälle oder beobachten sie selbst. Sie geben die Meldungen über ein eigenes Funknetz an die an insgesamt 27 Küstenorten eingerichteten größeren oder kleineren Rettungsstationen oder an die Seenotstation vor Fehmarn weiter, an denen insgesamt 33 Seenotrettungsboote oder Seenotrettungskreuzer stationiert sind. Die mit leistungsfähigen Motoren ausgerüsteten Schiffe — zum Teil mit Tochterbooten bestückt — können in kürzester Zeit jeden Punkt der deutschen Küstengewässer auch bei schwerstem Sturm und schlechtester Sicht erreichen (Abb. 101). Diese modernen Schiffe haben die Seenotruder- oder Segelboote (Abb. 102) aus der Zeit der Gründung der Gesellschaft oder die älteren Motorboote

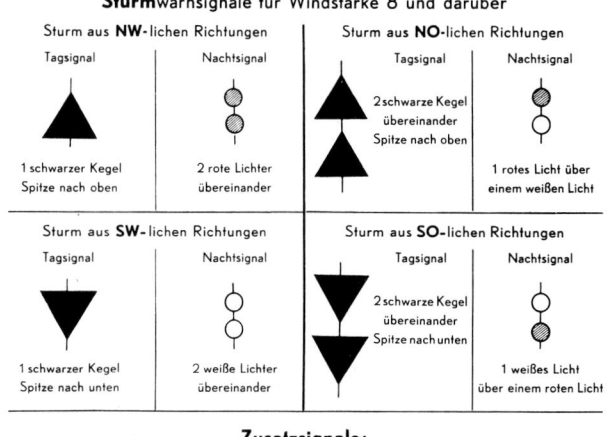

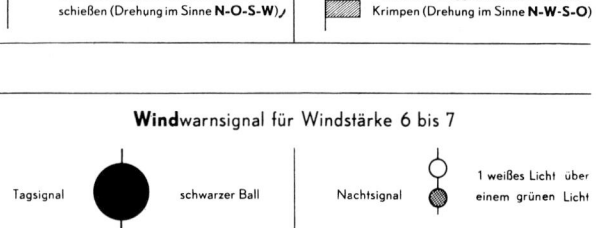

Abb. 100. Signaltafel für die Warnsignale des Sturmwarndienstes an den deutschen Küsten.

Abb. 101. Der Seenotrettungskreuzer „Ruhr-Stahl" in voller Fahrt; im hinteren Teil des Schiffes das Tochterboot. Im April 1958 in Dienst gestellt. Länge 23,20 m, größte Breite 5,30 m, max. Tiefgang 1,40 m, drei Antriebsdieselmotore mit zusammen 1400 PS Dauerleistung.

Abb. 102. Ein Seenot-Ruderrettungsboot wird zu Wasser gebracht.

der Vorkriegszeit abgelöst. Neben den modernen Schiffen sind heute auch Seenotrettungsflugzeuge im Einsatz. Seit ihrer Gründung hat die Deutsche Gesellschaft zur Rettung Schiffbrüchiger mehr als 30 000 Menschen das Leben gerettet, wobei aber fast 50 der freiwilligen Rettungsmänner ihr Leben opferten.

Um auch Schiffbrüchigen zu helfen, die sich — ohne von einem Rettungsboot gefunden worden zu sein — aus der tobenden See vielleicht auf eine der kleinen unbewohnten Sandinseln und Außensände vor der Küste retten können, sind auf manchen unbefeuerten Baken Unterkunftsräume eingerichtet. Abb. 103 zeigt die alte Holzbake Süderoog, Abb. 97 die moderne Stahlrohrbake auf Trischen. Diese Baken dienen durch ihre markanten Formen der Schiffahrt als Tagesmarken zur Orientierung. Auf halber Höhe sind die Rettungshäuschen zu erkennen. Darin befinden sich einige einfache Liegen, Wolldecken, Feuerung, Kanister mit Trinkwasser, Lebensmittel und — vielleicht als Wichtigstes — Leuchtmunition, um Hilfe herbeizurufen.

Abb. 103. Holzbake auf dem Süderoogsand in Nordfriesland. Die 19 m hohe Bake wurde vor etwa 100 Jahren erstmals errichtet und mehrmals nach Osten zurückverlegt; sie ist mit Schutzhütte, Gaslaterne und Fernsprecher ausgerüstet. Zeichnung von Fritz Stoltenberg (um 1910).

Schutz gegen Sturmfluten

Marschen und Watten

Schon bald nach der Besiedlung der Marschniederungen mußte sich der Küstenbewohner gegen Sturmfluten und gegen rückgestautes Niederschlagswasser zur Wehr setzen. Er verlegte seinen Wohnplatz zunächst auf eine höhere Stelle. Als das nicht mehr reichte und das salzige Meerwasser ihn mehr und mehr bedrängte, warf er künstliche Hügel auf. Wo diese Warfen erhalten sind, werden sie in den meisten Fällen auch heute noch bewohnt. Man hat sie den Sturmflutverhältnissen angepaßt, das heißt erhöht und vergrößert. Auf den Halligen bieten diese Wohnhügel bei Sturmfluten bis in die Gegenwart die einzige Zuflucht.

Manche Warf war und ist nur von einer Familie bewohnt. In zahlreichen Fällen fanden sich mehrere Familien zusammen, um eine größere Warf zu bauen. Großwarfen bedeuten schon eine bemerkenswerte Gemeinschaftsleistung. So hat die Dorfwarf Wesselburen zum Beispiel eine Grundfläche von etwa 25 Hektar mit einem Rauminhalt von 440 000 Kubikmetern und einer Höhe bis zu fünf Metern über NN; diese Höhe wurde selbst von den Sturmfluten unserer Generation nicht wesentlich überschritten. Die Bodenmenge entspricht etwa einer Deichlänge von 12 Kilometern — bei den damaligen Abmessungen. Solche Warfen rechneten durchaus zu den Großbauten ihrer Zeit.

Mit dem allmählichen Ansteigen des Meeresspiegels war ein weiteres Vordringen des Meeres verbunden. Die Sturmfluten drangen tiefer in das Land hinein und erweiterten das stark verästelte Prielsystem. Die Nutzflächen wurden hier und dort erheblich verkleinert. Um solche Landverluste in Grenzen zu halten, durchdämmten die Marschbewohner die kleineren Priele.

Über die Anfänge des Deichbaues an der schleswig-holsteinischen Westküste liegen keine urkundlichen Nachrichten vor. Den zeitgenössischen Berichten ist zu entnehmen, daß im 11. Jahrhundert weite Marschgebiete bedeicht worden sind. Wir können uns vorstellen, daß der Deichbau mit der Anlage von erhöhten Verbindungswegen zwischen einzelnen Marschsiedlungen begann. Später hat man eine Nutzfläche mit einem Ringdeich umgeben, damit ein Anbau möglich wurde. Auf diese Weise entstand ein Koog oder Polder. Nach etlichen Jahren taten sich verschiedene Nachbarn zu weiteren Teilbedeichungen zusammen, sie stellten Verbindungsdämme von Koog zu Koog her und deichten nach und nach Koog an Koog. Als man die Technik der Prieldurchdämmung besser beherrschte, wagte man sich auch an die Abriegelung größerer Prielsysteme heran und schuf damit umfangreichere Wirtschaftsflächen. Begünstigt wurden diese Arbeiten durch das Absinken des mittleren Meeresspiegels zur damaligen Zeit (Vgl. Abb. 27). Voraussetzung für größere Deichbauten waren organisatorisch gefestigte Gemeinschaften. Diese entwickelten sich folgerichtig mit den Fortschritten bei derartigen Vorhaben.

Die Deichlinie verlief damals sehr unregelmäßig um Inseln und Halbinseln, an Flüssen entlang und in den Buchten. Man nahm Überschwemmungen durch Sturmfluten als unabwendbare Naturereignisse hin. Wie wir schon in einem früheren Abschnitt geschildert haben, wurden durch die Bedeichungen örtlich die Sturmflutwasserstände angehoben, die damals recht schwachen Deiche brachen, und die hinter ihnen liegenden Köge wurden überflutet. Manche Köge gingen dabei, besonders bei außergewöhnlich schweren Sturmfluten, für immer oder doch für Jahrhunderte verloren. Zu dieser Zeit entstanden die großen Landverluste in Nordfriesland wie auch westlich der Elbe: Jadebusen, Harlebucht, Leybucht, Dollart. Wenn irgend möglich, versuchte man aber den der Flut preisgegebenen Koog wieder zu bedeichen. Meist konnte man die Deichbruchstellen selbst nicht durchdämmen, weil hier beim Brechen des Deiches ein tiefer Kolk (Wehle) gerissen worden war. Es mußten dann Einlagedeiche weiter landeinwärts gebaut werden, oft behelfsmäßig als Notdeiche. Solche Einlagedeiche kann man noch heute in alten Deichlinien erkennen.

Der seit dem 15. oder 16. Jahrhundert zunehmende Meereseinfluß und der niedrige Stand der Bautechnik machten diese bewegliche Verteidigung weiterhin notwendig. Man beschränkte sich nicht auf die Herstellung und Erhaltung nur einer einzigen vorderen Deichlinie, sondern pflegte, weil man die Anfälligkeit der Hauptdeichlinie häufig erlebte, auch die rückwärtigen Riegelstellungen, die bei einem Bruch des Seedeiches das jeweilige Überschwemmungsgebiet eingrenzen sollten.

Das Land vor dem Deich wurde fast überall von den Fluten aufgerieben und fortgeschwemmt. Wenn der Deichfuß schließlich unmittelbar an das Watt oder an einen Strom grenzte, sprach man von einem Schardeich, Wasser-, Watt- oder auch Schlickdeich. Eine besondere Sicherung wird hier erforderlich, weil der Deichfuß bei jeder Flut, das heißt täglich zweimal, mehrere Stunden lang bespült wird, bei Sturmfluten heftiger und über längere Zeiten.

Seit etwa dem 15. Jahrhundert hat man versucht, den Fuß von scharliegenden Deichen mit „Stackdeichen" gegen weiteren Abbruch zu sichern (Abb. 105, oben). Kräftige Pfähle wurden in den Boden eingegraben und im Deichkörper verankert. Gegen die Pfähle wurden Bohlen gelegt und dahinter Grassoden als Dichtung gepackt. Die senkrechte Bretterwand ragte etwa 1,5 bis 5,0 m über das Watt hinaus. Solche Holzungen oder Bohlwerke, Bollwerke, sind an verschiedenen Stellen bei Deicharbeiten freigelegt und beschrieben worden.

Abb. 104. Moderner Landesschutzdeich mit flacher Außenböschung, Asphaltberme und Fußsicherung aus Natursteinen.

Das Nordfriesische Museum, das „Nissenhaus" in Husum, zeigt Einzelteile in natürlicher Größe.

Der Stackdeich verstärkte natürlich die Wellenwirkung am Deichfuß, das Watt wurde beschleunigt vertieft. Die Lebensdauer solcher Anlagen war verhältnismäßig kurz, insbesondere unter der Beanspruchung durch Sturmfluten und Eisfluten. Deshalb war die Wehrfähigkeit auf manchen Deichstrecken völlig unzureichend. Der enorme Bedarf an Holz trug dazu bei, den Waldbestand in Schleswig-Hostein erheblich zu vermindern. Das für Unterhaltung und Neubau von Stackdeichen benötigte Holz mußte zeitweilig sogar in Skandinavien angekauft werden.

Die an der schleswig-holsteinischen Westküste tätigen niederländischen Deichingenieure haben bereits zu Beginn des 17. Jahrhunderts auf die Nachteile der Stackdeiche hingewiesen. Bei den von ihnen ausgeführten Deichbauten wurde das Bollwerk durch eine flache Böschung ersetzt. Dennoch ist der Stackdeich vor allem in Nordfriesland bis zum Ausgang des 18. Jahrhunderts vorherrschend geblieben.

Der Bedarf an Holz für die Unterhaltung der Bollwerke war in den Sturmflutjahren 1791—1794 besonders groß. Man bemühte sich deshalb, von den kostspieligen Holzlieferungen unabhängig zu werden. Die steile Wand des Stackdeiches wurde Abschnitt für Abschnitt von einem flacheren Deichfuß, dem Lekdeich, abgelöst. Die etwa im Verhältnis 1:7 geneigte Böschung des Deichfußes bedeckte man mit Grassoden, die man zusätzlich mit Stroh bestickte. Die Bestickung mußte in jedem Frühjahr und Herbst erneuert werden — oft zusätzlich auch nach Sturmfluten. Deswegen wurden die Lekdeiche auch Strohdeiche genannt. Diese Arbeiten waren sehr lohnintensiv, andererseits führten sie zu vermehrtem Anbau von Getreide, um den Strohbedarf zu decken, was in manchen Jahren auf Schwierigkeiten stieß. Für hundert Kilometer Deichlänge und zehn Meter Bestickbreite benötigte man jährlich 2 bis 2,5 Millionen Kilogramm Langstroh. Das entspricht, bei einem Ertrag von 15 Doppelzentnern pro Hektar, um 1800 einer Ackerfläche von 1600 Hektar; bei einem Ertrag von 40 dz/ha einer Ackerfläche von 600 ha.

Allmählich ging man vom strohbestickten Deichfuß zum Bau von Steindecken, Steindeichen, über. Schon für das Jahr 1662 wird eine Pflasterung am Fuß des Elbedeiches bei Glückstadt erwähnt. Ab 1738 werden Steindeckwerke auf der Insel Föhr angeordnet. Auf der Insel Nordstrand hielt man noch bis um die Mitte des 19. Jahrhunderts an den Holzdeichen fest. Die Steindeiche sind steiler als die Lekdeiche; sie erfordern bei der Herstellung zwar höhere Kosten, sind in der Unterhaltung aber wesentlich wirtschaftlicher und geben dem Deich eine größere Sicherheit. Das Deckwerk hat die Aufgabe, den Deichkörper gegen die Wellenwirkung, Strömung und Eis zu schützen. Auch die modernen Deichfußbefestigungen sind Deckwerke aus Natursteinen — oft mit Bitumen oder Beton vergossen — oder aus Betonsteinen (Abb. 104).

An den Deichfuß schließt sich die begrünte Außenböschung des Deiches an. Sie war anfangs recht steil. Aus den Erfahrungen mit der Beanspruchung durch Wellen hat man die Außenböschungen nach und nach flacher gestaltet (Abb. 105). Damit wurden die zu bewegenden Bodenmassen immer größer und die Deichbauten teurer. Mit den technischen Mitteln früherer Zeiten kam man so sehr schnell an eine Grenze. Auch in der Novelle „Der Schimmelreiter" von Theodor Storm spielt diese Frage eine Rolle. Der Deichgraf Hauke Haien verlangt einen Deich mit flacherer Außenböschung und muß diese Forderung gegen den Widerstand der Koogsbauern durchsetzen, die die höheren Kosten scheuen.

Zu Beginn des 19. Jahrhunderts setzte eine entscheidende Wende ein, als die staatliche Aufsicht über das Deichwesen eingeführt wurde. Den Deichinspektoren oblag in allen Landschaften der Westküste die sachverständige Beratung im Deichbau. Sie führten den Bermedeich ein, nachdem J. N. Tetens 1778 bis 1780 in amtlichem Auftrag die Marschländer an der Nordsee bereist und einen ausführlichen Bericht über seine Beobachtungen und Gespräche vorgelegt hatte. Tetens machte auf den höheren Anstau der Sturmfluten vor den Festlandsdeichen gegenüber dem offenen Meer vor dem westlichen Wattenrand aufmerksam. Er wendete sich gegen übersteigerte Deichhöhen, statt dessen sah er in einer Korrektur der Deichform (mit flachen Böschungen) den künftigen Weg für eine verbesserte Deichsicherheit. Außerdem schlug Tetens vor, man solle die Watten vor den Deichen durch geeignete Maßnahmen erhalten und ihre Auflandung fördern.

Bei den Bermedeichen wurden diese Gedanken jedenfalls teilweise in die Praxis umgesetzt. Sie erhielten „ein künstlich gebildetes Vorland als Wellenbrecher" zwischen der Fußsicherung und der eigentlichen Außenböschung; man bezeichnete diesen Teil des Deichprofils auch als Unterdeich, auf den der Oberdeich aufgesetzt wurde.

Von der zweiten Hälfte des 19. Jahrhunderts an wurden die Sollabmessungen — Höhenlage der Deichkrone, Neigungen der Außen- und Innenböschungen — für die einzelnen Deichabschnitte amtlich in dem Deichbestick festgelegt. Umfassende Deicherhöhungen und -verstärkungen mit der verbesserten Hohlform der Außenböschungen wurden nach dem „verordnungsmäßigen Profil" ausgeführt.

In der Zeit von 1923 bis 1938 sind an der Westküste 83,8 Kilometer Seedeiche neu gebaut worden. Sie erhielten flache Außenböschungen mit zunehmender Neigung des Böschungswinkels: aus dem Vorland oder ab Steindeich steigen sie zunächst etwa im Verhältnis 1:10 an, gehen in 1:8, 1:5 bis 1:3 oder in 1:6 bis 1:3,5 und ähnliche Böschungsneigungen über (Abb. 105). In der sehr schweren Sturmflut 1962 hat sich deutlich gezeigt, daß auch diese Böschungen noch zu steil sind; denn rund 20 Prozent der Seedeiche sind stark zerstört worden, oder sie haben erhebliche Schäden erlitten, an der Außenböschung fast überall auf gleicher Höhe (Abb. 54). Sowohl im Hinblick auf die Belastung durch Druckschläge als auch auf den Wellenauflauf sollte die Außenböschung von Seedeichen mit Kleibedeckung in Höhe des maßgebenden Sturmflutwasserstandes, das heißt im Bereich starker Wellenangriffe, nicht steiler als 1:6 sein; hierbei wird vorausgesetzt, daß der Klei von guter Qualität ist. Die brandende Welle trifft bei dieser Neigung auf das zurückströmende Wasser der vorhergehenden Welle, während die Grasnarbe von einem ausreichenden Wasserpolster geschützt wird; auf steileren Böschungen strömt das Wasser schneller zurück; die nächste Welle findet kein Wasserpolster vor, sie schlägt unmittelbar auf die Deichdecke auf. Beschädigungen durch Druckschlagwirkungen sind die Folge (Abb. 24). Besteht die Deichdecke aus sandigem Kleiboden, dann werden Böschungsneigungen zwischen 1:8 bis 1:12 für erforderlich gehalten. Die Vorgänge bei der Umwandlung der Wellenenergie am Deich hat man in der Natur während der jüngsten Sturmfluten beobachten und in hydraulischen Modellen nachbilden können. Außerdem führten die Vergleiche von Messungen unter verschiedenen Bedingungen zu den genannten Ergebnissen.

Neben richtiger Gestaltung der Außenböschung der Deiche ist die Wahl der Kronenhöhe von größter Bedeutung. Hierfür ist in erster Linie die Höhe des zu erwartenden Sturmflutwasserstandes maßgebend. Man ermittelt ihn aus Häufigkeitsuntersuchungen (Abb. 10). Dabei wird je nach der Bedeutung des Deiches von einer statistischen Eintrittswahrscheinlichkeit des Sturmflutscheitels über MThw von einmal in 100, 250 oder sogar 500 Jahren ausgegangen. Um die Höhe des „maßgeblichen Sturmflutwasserstandes" über NN zu erhalten, muß man noch den in der Zeitspanne, für die die Bemessung der Deichhöhe gelten soll, zu erwartenden säkularen Wasserstandsanstieg — man geht hier von 25 cm in 100 Jahren aus — hinzuzählen. Die Kronenhöhe des Deiches erhält man, indem zu der Höhe des Bemessungswasserstandes noch die Wellenauflaufhöhe addiert wird. Wie Abb. 8 zeigt, sind MThw und HHThw an den verschiedenen Orten unterschiedlich hoch. Ebenso unterschiedlich ist auch die Höhe des maßgeblichen Sturmflutwasserstandes. Je nach der Lage des Deiches zu der Hauptwindrichtung und der Angriffsrichtung der Wellen ist auch die Höhe des Wellenlaufs unterschiedlich, die man für die Bemessung ansetzt. Von Bedeutung ist dabei auch, ob der Deich vielleicht im Schutz einer vorgelagerten Insel liegt, ob Vorland vorhanden ist und welche Neigung die Außenböschung des Deiches hat. Die Unsicherheit in der richtigen Abschätzung des Wellenauflaufs ist wesentlich größer als die richtige Ermittlung des Bemessungswasserstandes. Bei den nach neuesten Erkenntnissen gestalteten Deichquerschnitten rechnet man je nach den unterschiedlichen Verhältnissen mit Wellenauflaufhöhen zwischen 1 m und 2,5 m. Aus den vorstehenden Ausführungen ergibt sich, daß die Kronenhöhen der Deiche entlang der gesamten Küste ganz unterschiedlich sein können. Der Übergang von der Kronenhöhe eines Deichabschnittes

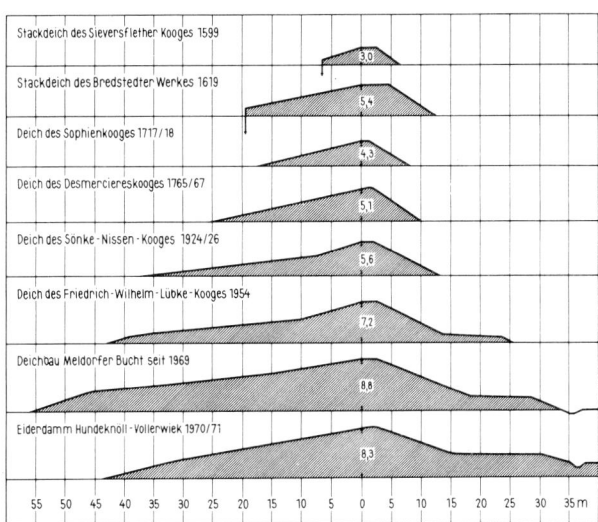

Abb. 105. Entwicklung der Deichprofile.

Abb. 106. Hohe Sturmflutschutzmauer an der Straße „Kajen" in Hamburg. Das eiserne Fluttor, durch das man zu den vor der Mauer gelegenen Flächen gelangen kann, ist geöffnet.

Abb. 107. Niedrige Sturmflutschutzmauer am Hafentor in Hamburg. In Bildmitte der Zugang zu einem Anleger, läßt sich durch ein eisernes Fluttor verschließen. Die Treppe links im Bild führt auf die Promenade des Johannis-Bollwerks, dessen Vorderwand eine hohe Sturmflutschutzmauer ist. Der Raum unter der Promenade wird als Autoparkplatz genutzt.

Abb. 108. Das Wasser schießt durch eine Bruchstelle in der Deichkappe, die sich schnell bis zum Grund hin ausweiten wird.

zu der des nächsten muß über eine längere Strecke allmählich erfolgen.

Nachdem wir uns ausführlich mit der Höhenlage der Deichkrone befaßt haben, soll sie nun noch als Bestandteil des Deichquerschnitts behandelt werden. In früheren Jahrhunderten hat man sie oft in einer Breite von drei bis fünf Metern hergestellt, wenn sie zugleich als Verkehrsweg dienen sollte. In den Wintermonaten waren die Kleiwege in der Marsch nämlich grundlos und deshalb nicht passierbar. Später, als man in der Marsch befestigte Wege, Chausseen und Straßen baute, entfiel dieses Bedürfnis für die Seedeiche. Etwa seit Mitte des vorigen Jahrhunderts beschränkte man sich auf eine 2,5 m breite Deichkrone. Sie reichte bei Unterhaltungsarbeiten aus für den Fuhrverkehr in einer Richtung. Findet ein regelmäßiger Verkehr auf der Deichkrone statt, so wird sie mit einer geschlossenen Decke befestigt, weil sich sonst Wasser in den Fahrspuren sammeln könnte und dieses dann eine Durchweichung des Deichkörpers fördern würde. Bei sehr schweren Sturmfluten gibt eine dichte und nachgiebige Asphaltdecke auf der Krone dem Deich erfahrungsgemäß einen ausgezeichneten Schutz gegen überschlagende Wellen. Neuerdings wird im Anschluß an die Fußsicherung eine Fahrbahn von etwa drei Metern Breite angelegt für die Treibselabfuhr und für die Deichunterhaltung.

Bei Deicherhöhungen ergibt sich manchmal die Frage, sie durch aufgesetzte Betonmauern oder durch in die Deichkrone eingeschlagene Spundwände vorzunehmen. Man kann dadurch große Bodenmassen und viel Platz sparen. Bei den schleswig-holsteinischen Landesschutzdeichen geht man im allgemeinen nicht so vor, weil die steilen Wände bei Sturmfluten den Wellenangriff verstärken, und weil die Wände bei Setzungen des Deiches gefährdet sind. Ausnahmen werden als Behelfslösungen nur dort zugelassen, wo die Wellenbeanspruchung gering ist, wie zum Beispiel in Ortschaften. Um Platz zu sparen, wird im Hamburger Stadtgebiet der Sturmflutschutz auf langen Strecken anstatt durch Deiche durch Mauern erreicht (Abb. 106 u. 107). Auch die Innenböschung ist für den Bestand eines Deiches außerordentlich wichtig. Sie darf nicht zu steil sein. Die vielen Schäden an den Innenböschungen der niederländischen Hauptdeiche bei der Katastrophenflut 1953 waren offensichtlich auf die steilen Neigungen zurückzuführen. Wellen, die bei Sturmfluten einige Zeit über die Deichkrone hinwegschwappen, bringen den Deichboden infolge Durchnässung irgendwo an der Böschung ins Gleiten, benachbarte Teile verlieren danach ihren Halt und folgen, so daß dort ein Steilhang entsteht (Abb. 59). Das abwärtsschießende Wasser greift mit seiner hohen Strömungsgeschwindigkeit auch die Böschungsoberfläche an. Dauert das Überschwappen mehrere Stunden, dann wird der Querschnitt des Deiches schließlich derart geschwächt, daß die Standsicherheit nicht mehr gewährleistet ist. Der Deich kann brechen — auch bei völlig unbeschädigter Außenböschung. Diese Erscheinung bezeichneten die Chronisten als Kamm-

Abb. 109. Wehle der Deichbruchstelle im Ülvesbüller Koog 1962; 6 m tief, seeseitig halbkreisförmig mit steilem Abfall ausgespült. Links der Verbau der Bruchstelle.

sturz (Kamm = Krone) oder Kappenbruch. Hinzu kommt, daß sich an steilen Böschungen in längeren Trockenzeiten Risse und Spalten bilden und eine dichte Grasnarbe nicht entstehen kann; auch ist eine systematische Beweidung nicht möglich. So ergeben sich die besten Voraussetzungen für die Wühltätigkeit von Mäusen und Maulwürfen. Schafe treten scharf abgesetzte Pfade und beschädigen die Böschung durch Scheuern an den Steilrändern. In der Nähe der unmittelbar hinter dem Deich stehenden Häuser gibt es solche Schadstellen, die gelegentlich durch spielende Kinder erweitert werden. Ist erst einmal ein Kammsturz eingetreten, so können die bei hohen Außenwasserständen hindurchstürzenden Wassermassen die vielleicht erst kleine Bresche immer mehr erweitern (Abb. 108). Eine solche Deichbruchstelle kann sich auch im Untergrund zu einem tiefen Kolk (Wehle) ausweiten (Abb. 109).

An steilen Innenböschungen entstehen auch dann Kammstürze, wenn der Koog nach einem Deichbruch überschwemmt wird und das Wasser von innen her unmittelbar an den Fuß der Innenböschung herantritt. Der Deichfuß wird dann durchweicht, er verliert seinen Halt, und der Boden rutscht abwärts. Um solche Fälle auszuschalten, soll die Innenberme mindestens 50 cm über MThw liegen und möglichst mit einem befestigten Deichverteidigungsweg ausgerüstet sein. Für die Innenberme der schleswig-holsteinischen Landesschutzdeiche wird eine Breite von zehn Metern verlangt. Damit erreicht man zugleich eine größere Standsicherheit des Deichkörpers; der Deich bleibt für Instandsetzungsarbeiten auch dann zugängig, wenn der Koog überschwemmt sein sollte. Ein frostsicherer Dränstrang zum Ableiten des Wassers aus dem Deichkörper darf bei keinem Seedeich fehlen.

Wo nur sandiger Deichboden zur Verfügung steht, kann die Deichhaut (Böschungen und Deichkrone) als Asphaltdecke hergestellt werden; Beispiele hierfür sind der Riesumdeich auf Amrum, der Deich vor St. Peter und der Eiderdamm Hundeknöll-Vollerwiek (Abb. 52).

Im Deichquerschnitt bildet der Rhynschlot oder Innendeichgraben die Abgrenzung zum Koogsland. Man findet ihn in der Größe eines normalen Parzellengrabens oder eines größeren Vorfluters, aber auch als mehrere Meter tiefe und 25 und mehr Meter breite Rinne. Der Rhynschlot hat im allgemeinen nur das von der Innenböschung des Deiches und der Berme anfallende Niederschlagswasser sowie das Sickerwasser abzuleiten. Ein Hauptvorfluter soll nicht mit dem Rhynschlot vereinigt werden. Bei neuen Deichen wird der Hauptentwässerungsgraben in genügendem Abstand vom Seedeich bleiben. Bei einem Durchbruch würde sich die Einbruchstelle (Wehle, Brake) schnell erweitern und dann in verstärktem Maße große Wassermengen in den Koog ein- und ausströmen lassen.

Alle Bauwerke im und am Deich, wie Deichsiele, Schöpfwerke, Stöpen (Durchfahrten), Rampen usw., sind Fremdkörper im Deich: Sie stellen bei Sturmfluten die empfindlichsten Teile dar, sofern sie nicht den äußer-

Abb. 110. Deichstöpe mit zwei Durchfahrtsöffnungen und einem Mittelpfeiler am Hafen Tönning. Die Flügel der eisernen Sturmflut-Stemmtore sind an die Seitenwände angeklappt. Links im Bild das Außentief der in den Hafen mit einem Siel mündenden Norderbootfahrt. Das Haus auf dem Deich gehört zu dem Siel. Der schwarze Punkt an der äußeren linken Flügelmauer der Stöpe ist die Sturmflutmarke der Abb. 65. Diese Höhe erreichte der Scheitel der Sturmflut in der Nacht vom 16. zum 17. 2. 1962. Zur Zeit der Aufnahme ist Tnw im Hafen.

Abb. 111. Während der Januar-Sturmflut 1976 geschlossene Stöpe auf der Insel Pellworm.

Abb. 112a. Deichbau Dieksanderkoog 1935. Von einem Schüttgerüst aus wird die letzte Lücke geschlossen.

Abb. 112b. Erhöhung der Deichkrone im Gleisbetrieb.

Abb. 113. Deichbau Meldorfer Bucht im Naßbaggerbetrieb. Der Wattsand wird durch Rohrleitungen in die neue Deichlinie (oben im Bild) gespült. (Ph. Holzmann-Archiv, Freigabe Nr. SH 264-646.)

sten Beanspruchungen mit Sicherheit widerstehen können (Abb. 110 und 111). Deshalb werden Siele mit je einem Stemmtorpaar und einem Schütz ausgerüstet, Schiffsschleusen mit zwei Sturmfluttoren beziehungsweise Sturmfluttorpaaren. In jüngster Zeit hat die Anzahl der Versorgungsleitungen, die den Deich kreuzen, erheblich zugenommen; dazu gehören Wasser-, Gas- und Ölleitungen, Strom- und Telefonkabel. Man achtet streng darauf, daß solche Anlagen die Deichsicherheit nicht beeinträchtigen.

Die für den Deichbau zur Verfügung stehenden Böden verhalten sich im Hinblick auf ihre Tragfähigkeit als Baugrund und auf ihre Verwendung als Baustoff sehr unterschiedlich. Sie wechseln von Ort zu Ort in ihrem Aufbau zwischen sandigen, bindigen und organischen Böden. Torf und Faulschlamm sind als Baustoff und Baugrund nicht geeignet. Das Vorkommen solcher Böden wird daher sorgfältig erkundet und bei Planungen besonders berücksichtigt. Wie notwendig dies ist, zeigen die vielen Einbrüche in die früheren Moor- und Torfdeiche schon bei leichten bis schweren Sturmfluten. Den Deichern blieb damals oft jedoch keine andere Wahl, wenn eine Deichanlage schnell wiederhergerichtet werden mußte.

Besser geeignet sind bindige Böden, besonders der Klei. In trockenem Zustand ist der fette Marschklei mit hohem Tonanteil sehr fest. Mit zunehmendem Wassergehalt wird er weich und geht schließlich in den plastischen Zustand über. Da das Wasser unter einer Belastung nur sehr langsam aus den feinen Poren des Kleibodens entweicht, dauern die Setzungen des Deiches oft längere Zeit, sie klingen nur langsam ab. Diese Setzungen werden beim Deichbau berücksichtigt; der Deich wird mit Überhöhung gebaut, damit er auch nach der Setzung noch die für den Sturmflutschutz ausreichende Höhe hat. Einen guten Baugrund bilden nichtbindige, sandige Böden.

Für den Deichbau kommen die Baustoffe Klei und Sand in Frage. Seit den Anfängen des Deichbaus bis noch vor etwa zwanzig Jahren bevorzugte man eindeutig den Klei wegen seiner hohen Widerstandsfähigkeit gegen Wellenschlag und Strömung. Der Baufortschritt war bei den vorhandenen technischen Mitteln (Abb. 47 und 112) nur langsam möglich. Der Klei wurde in verhältnismäßig dünnen Schichten in das Deichprofil eingebracht und dabei so gut verdichtet, daß der Kleideich sich auch mit seinem vergleichsweise kleinen Querschnitt jahrhundertelang bewährt hat. Der Boden wurde sowohl außendeichs als auch binnendeichs entnommen, abgespätet. Die Entnahmestellen, Spätinge, auch Pütten genannt, wurden meist 1 bis 2 m tief ausgehoben. Ein Pütt, Pott, bedeutet ein Raummaß von rund 23 Kubikmetern, die der Tagesarbeit mit der Schiebkarre entsprach.

Heute ist der Bau von Seedeichen mit Sandkern und Kleidecke die Regel. Es gibt gar nicht genug Kleiboden, um die notwendigen großen Deichquerschnitte voll aus Klei herzustellen. Bei dem mit modernen Baugeräten möglichen schnellen Baufortschritt könnte der Boden im

Innern des Deiches nicht schnell genug entwässern. Starke Setzungen und Rutschungen würden eintreten. Der Sand für den Deichbau wird aus dem Watt, aus den Fahrrinnen der Ströme oder aus Entnahmestellen hinter dem Deich mit Naßbaggern gewonnen (Abb. 113) und über Spülleitungen in den Deichkörper transportiert. Bei nahezu gleichbleibender Leistung können diese Geräte den Sand in großen Mengen noch aus zwanzig Metern Tiefe fördern. Wichtig ist dabei, daß die Entnahmegebiete einen ausreichenden Abstand vom Deich haben, denn seine Standsicherheit darf nicht gefährdet werden.

Auf der Deichsohle werden halboffene Spülfelder angelegt, die man an den Seiten durch Zäune oder Dämme einfaßt (Abb. 114). Wenn der Sandkern eine Höhe über MThw erreicht hat, wird das Spülfeld mit Planierraupen und Hydraulikbaggern aufgesetzt und das Profil hergestellt (Abb. 115). Schließlich wird der Sandkern verdichtet, um die Setzungen des Deichbodens so gering wie möglich zu halten, und danach die Deckschicht aufgebracht.

Die Deckschicht, meistens als Kleidecke ausgeführt, hat die Aufgabe, den Sandkern gegen Wellenschlag und vor Sickerwasser zu schützen. Im modernen Deichbau stellt man sie ebenfalls im gleislosen Betrieb her. Im Anschluß an die Fußsicherung wird besonders auf Schardeichen eine Sodendecke aufgebracht. Sie ist dort erforderlich, wo Sturmfluten mehrmals im Jahr die Deichböschung bespülen. Der obere Teil, die Krone und Innenböschung, werden je nach Lage und vorhandener Bodenart mit ausgewählten Grassorten angesät.

Die Grasnarbe bedarf einer sorgfältigen Pflege. Durch systematisches Beweiden mit Schafen wird die benötigte dichte Vegetationsdecke erreicht. In Schleswig-Holstein, Hamburg und an den niedersächsischen Elbdeichen werden zu diesem Zweck mehr als hunderttausend Schafe gehalten, allein in Nordfriesland zur Zeit 49 000. Die Schafe beißen die Grasnarbe kurz, durch den Hufenvertritt wird sie dicht. Großvieh dagegen beschädigt die Grasnarbe in nassen Zeiten; deshalb werden Pferde und Rinder im allgemeinen an Deichen nicht zugelassen. Anschwemmungen (Treibsel) durch Sturmfluten dürfen nicht auf der Rasenböschung liegen bleiben, weil der Rasen darunter erstickt. Maulwürfe, Mäuse und andere für den Deich schädliche Tiere werden bekämpft. Diesen Maßnahmen gilt die Aufmerksamkeit der Deichkommissionen bei den Deichschauen im Frühjahr und Herbst.

Aus der Hollandflut haben wir gelernt, wie wichtig eine zweite Deichlinie (Mitteldeiche) im Schutzsystem unserer Nordseeküste auch in unserer technisch hoch entwickelten Zeit ist. Während der Überschwemmungen 1962 und 1976 hat sich die alte Erfahrung bestätigt, daß Mitteldeiche die Überflutungsgebiete wesentlich begrenzen können. Da Deichbrüche nicht mit absoluter Sicherheit für alle Zukunft auszuschließen sind, werden die Mitteldeiche als Verteidigungsstellungen weiterhin erhalten und unterhalten, hier und dort auch wiederhergestellt oder neu geschaffen. Die weiter landwärts liegenden Deiche bezeichnet man als Schlafdeiche. Sie sind aus der Aufgabe als zweite Deichlinie entlassen, seitdem sie keine unmittelbare Schutzfunktion mehr ausüben.

Unter den Folgelasten der Sturmflutkatastrophen des 17. und 18. Jahrhunderts erlahmte zeitweilig die Einhaltung der wohldurchdachten Vorschriften und die Sorgfalt in der Unterhaltung der Mitteldeiche; hinzu kam der wirtschaftliche Niedergang. Deshalb beschränkte man sich in verschiedenen Deichdistrikten auf die Hauptabwehrstellung am Seedeich, und das Gefühl für die Notwendigkeit von rückwärtigen Deichen in den Marschen schwand mehr und mehr dahin. Verschiedentlich und noch in neuerer Zeit ist der Wert der alten Mitteldeiche sogar angezweifelt und zumindest nicht erkannt worden. An vielen Stellen sind sie für den Bau von Straßen abgetragen worden, um die erforderliche Breite zu schaffen; man verwendete den Kleiboden zum Bau von Warfen für trockene und sichere Wohnplätze, zur Erhöhung und Verstärkung von Hauptdeichen, zum Verfüllen von Senken, alten Prielen und Gräben auf benachbarten Grundstücken, zur Verbesserung der Bodenstruktur auf Äckern und Weiden. Einige Deichabschnitte sind vollständig abgetragen und wegbefördert worden.

Die Krone eines Mitteldeiches soll mindestens einen Meter über MThw liegen. Dieses Maß ergibt sich aus je einem Anteil von etwa fünfzig Zentimetern für den normal erhöhten Wasserstand bei Springtiden und für den Wellenauflauf. Selbstverständlich bedürfen auch die Bauwerke in den Mitteldeichen, wie zum Beispiel Siele, Durchlässe, Stöpen (Deichscharten), einer gewissenhaften Unterhaltung und Überwachung; sie unterliegen der regelmäßigen Schaupflicht durch die Deichaufsichtsorgane. Das war schon vor mehreren hundert Jahren so: „Wenn die Haff-Deiche, nach aller Nothdurft auf das fleißigste gefertiget, sollen auch die Mitteldeiche verhöhet und verbessert werden, und Niemand selbige unter den Pflug legen oder besäen, diejenigen, die sich hier entgegen erdreisten, sollen zum Halse gefället seyn."

Sturmfluten unmittelbar nach einer längeren Frostzeit, die Eisfluten, können besonders gefährlich werden, auch wenn sie nach der Höhe ihres Scheitels nur zu den leichten Sturmfluten gehören. Eisdruck und Eisschub belasten die Deiche und die Anlagen in den Gewässern anders und meistens stärker als allein das Wasser. In den Chroniken werden die Eisfluten nur gelegentlich besonders erwähnt, denn am Ende waren sie auch Schadensfluten wie alle Sturmfluten. Zum erstenmal ist im Januar 1574 von einer Eisflut die Rede. Die Eisflut am 20. Januar 1625 ging auf einen starken Südweststurm zurück und richtete in den Marschen nördlich der Eider erhebliche Deichschäden an, die in dem strengen Winter nur behelfsmäßig instand gesetzt werden konnten. Schon am 26. Februar folgte die nächste Eisflut bei einem von West nach Nordwest drehenden Sturm. Das Wasser muß recht hoch gewesen sein. Heimreich berichtet, daß „das Salzwasser mehr denn Ellen hoch über den Hafdeich ging". An einer Stelle lagen die Eisschollen auf der Deichkrone mit der Wirkung einer zeitweiligen Deicherhöhung. Hier konnten keine Wellen

Abb. 114. Einspülen des Wattsandes und Herstellen des Sandprofils. Gleichzeitig wird der Deichfuß mit einem Steindeckwerk befestigt. (Ph. Holzmann-Archiv, Freigabe Nr. SH 264-643.)

Abb. 115. Planieren und Verdichten des flachen Sandprofils.

Abb. 116. Eisfelder bei Hallig Habel im Januar 1963. Am oberen Bildrand die Halligwarf mit Fething.

hinüberschwappen. An anderen Stellen fanden zahlreiche Durchbrüche statt. Ein vorspringender Deich in Eiderstedt wurde fast ganz zerstört. Die Eisfluten von 1625 hatten für die Wilster- und Kremper Marsch wesentlich schlimmere Folgen als die Oktober-Sturmflut 1634.

Nach einem sieben Wochen andauernden strengen Frost zu Beginn des Jahres 1718 brachte die Eisflut vom 25. Februar einen schweren Rückschlag, denn sie vergrößerte die ohnehin schon schweren Schäden von der Weihnachts-Sturmflut 1717 erheblich. Die bis dahin ausgeführten Deichbekleidungen (Strohbestickung, Buschpacklagen) wurden zum Teil wieder zerstört. Besonders schwere Schäden verursachten die Eisschollen, sie rissen große Steine fort und brachen Pfähle ab. Die Tönninger Schleuse wurde herausgerissen. Die Flut weitete schon vorhandene Deichbrüche aus und hinterließ mehrere Wehlen.

In der Eisflut vom 19. Januar 1757 sind viele Bollwerke und Vorsetzungen verlorengegangen. In der Zeit vom 4. bis 10. Februar 1789 ereigneten sich mehrere Eisfluten. Sie übten eine besonders schädliche Wirkung auf die Stackdeiche aus, deren Reste vielfach entwendet wurden. In einem Bericht heißt es, daß Eingesessene, „die weder Land noch Deich haben, von den zerbrochenen Deichpfählen, ausgehobenen Brettern und herumtreibenden Deichtrümmern eigenmächtig bergen und veruntreuend nach Hause schleppen, ja losgewordenes Bollwerk gewaltätig abbrechen, um so den Mangel an Feuerung zu ersetzen und ungerechten Gewinn zu suchen". Die Eisfluten von 1757 und 1789 hatten keine außergewöhnlichen Scheitelhöhen.

Am 18./19. Februar 1809 trat ein Südwestorkan „gerade in dem Augenblick ein, als die Eisfelder sich in ihre Teile auflösten, wodurch der Deich auf weiten Strecken seiner Winterbestickung beraubt wurde". Zwei Tage danach warf eine Sturmflut aus Nordwest die Eisschollen gegen diese wund geschabten Deiche. Solche Eisfelder zeigt auch Abb. 116.

Eine ausführliche Beschreibung der Eisflut vom 4. März 1940 hat uns der Rungholtforscher Andreas Busch hinterlassen. Das Wattenmeer war in dem ungewöhnlich strengen Winter sehr stark vereist. Mit dem Witterungsumschlag brachen die Eismassen auf, die erhöhte Flut hob das Eis vom Watt ab, und riesige Eisfelder kamen in Bewegung. An manchen Stellen entstanden innerhalb von zwei bis drei Stunden Eisschubberge unter großem Getöse. Am nächsten Morgen sah man die Eistrümmer noch um fast drei Meter höher als den Seedeich (bis 9,3 m über der Wattfläche) hoch gepreßt (Abb. 117).

Vorzugsweise bilden sich solche Anhäufungen von Eisschollen an schrägen Böschungen, zum Beispiel wenn den treibenden Eisfeldern Vorlandkanten oder Deiche im Wege stehen. An der flachen Luvseite werden große zusammenhängende Schollen von bestimmter Dicke hinaufgeschoben; an der steileren Leeseite stürzen die zerberstenden Schollen hinab. Auf diese Weise wächst ein Eiswall landeinwärts und in die Höhe (Abb. 118).

Abb. 117. Eisschubberg auf Nordstrand Anfang März 1940. Etwa 10 m über Watthöhe.

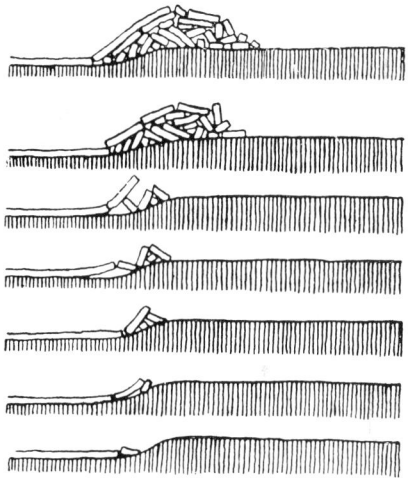

Abb. 118. Aus der von links herantreibenden Eisdecke (unten) entwickelt sich der Eisschub-Berg (oben) (n. Krauss).

Abb. 119. Durch eine Eisflut zerstörte Lahnungen.

Dabei treten ausschließlich Überschiebungen auf, die Schollen werden also nicht untergeschoben.

Eisschubberge mit ähnlichen Abmessungen sind an Prielufern im Watt und an der Ostseeküste bekannt. Im Eiswinter 1947 konnte man Stauchungen von zehn bis zwölf Metern über dem Watt sehen. Da ein plötzlicher Witterungsumschwung mit höheren Wasserständen verbunden ist, sind alle im Eis festgefrorenen Bauteile gefährdet: Lahnungen werden angehoben und seitwärts gedrückt; die Schäden an den Landgewinnungswerken waren 1940 und 1947 sehr groß (Abb. 119). Die Instandsetzung beanspruchte mehrere Jahre.

Betrachten wir das vorwiegend sandige Wattengebiet an der schleswig-holsteinischen Westküste, so scheint diese Landschaft auf den ersten Blick im Gleichgewicht zu liegen. Nach und nach konnten seit etwa 500 Jahren einzelne Flächen des von Sturmfluten verschlungenen Landes als fruchtbare Köge zurückgewonnen werden. Dabei wird die aufbauende Wirkung der Sturmfluten und auch der normalen Tiden auf das Wattengebiet unmittelbar vor dem Festland und an der Ostseite der Inseln und Halligen sichtbar (vgl. Abb. 28 u. 29).

Tatsächlich befindet sich aber das Wattengebiet Nordfrieslands trotz der Rückgewinnung früherer Köge nicht im Gleichgewicht. An dem Einzugsbereich des Wattstromes Norderhever soll erläutert werden, wie der Wattsockel — auch gegenwärtig noch — zunehmend an Masse verliert, und wie man dem Substanzverlust begegnen kann.

Die Norderhever ist in einer geologisch sehr kurzen Zeit entstanden. Ihre Entwicklung wurde durch Sturmfluten eingeleitet, als deren Höhepunkt die Mandränke von 1362 gilt. Damals entstand die Rungholtbucht in Alt-Nordstrand. Man hat es nicht an Versuchen fehlen lassen, das weitere Vordringen der Hever zu verhindern. Aus dem Jahre 1634 ist ein Plan überliefert, die Rungholtbucht durch einen Damm abzuriegeln (Abb. 120). Das Werk hätte mit den damaligen technischen Mitteln durchaus gelingen können. Aber die Bauzeit fiel in eine Phase verstärkter Aktivität des Stromes und mitten in den 30jährigen Krieg. Noch im selben Jahr, 1634, zerstörte die Katastrophenflut vom 11. Oktober die Insel Alt-Nordstrand und führte zum weiteren Vordringen der Norderhever, die nun die neuen Inseln Pellworm und Nordstrand trennte. Über den Untergang des Landes in diesem Gebiet und die Leidensgeschichte seiner Bewohner ist in vorangegangenen Abschnitten dieses Buches berichtet worden.

Während die Inseln bald wieder bedeicht waren und nach und nach untergegangenes Land zurückgewonnen wurde, vertiefte sich die Norderhever weiter, drang nach Nordosten vor. Inzwischen hat die Norderhever

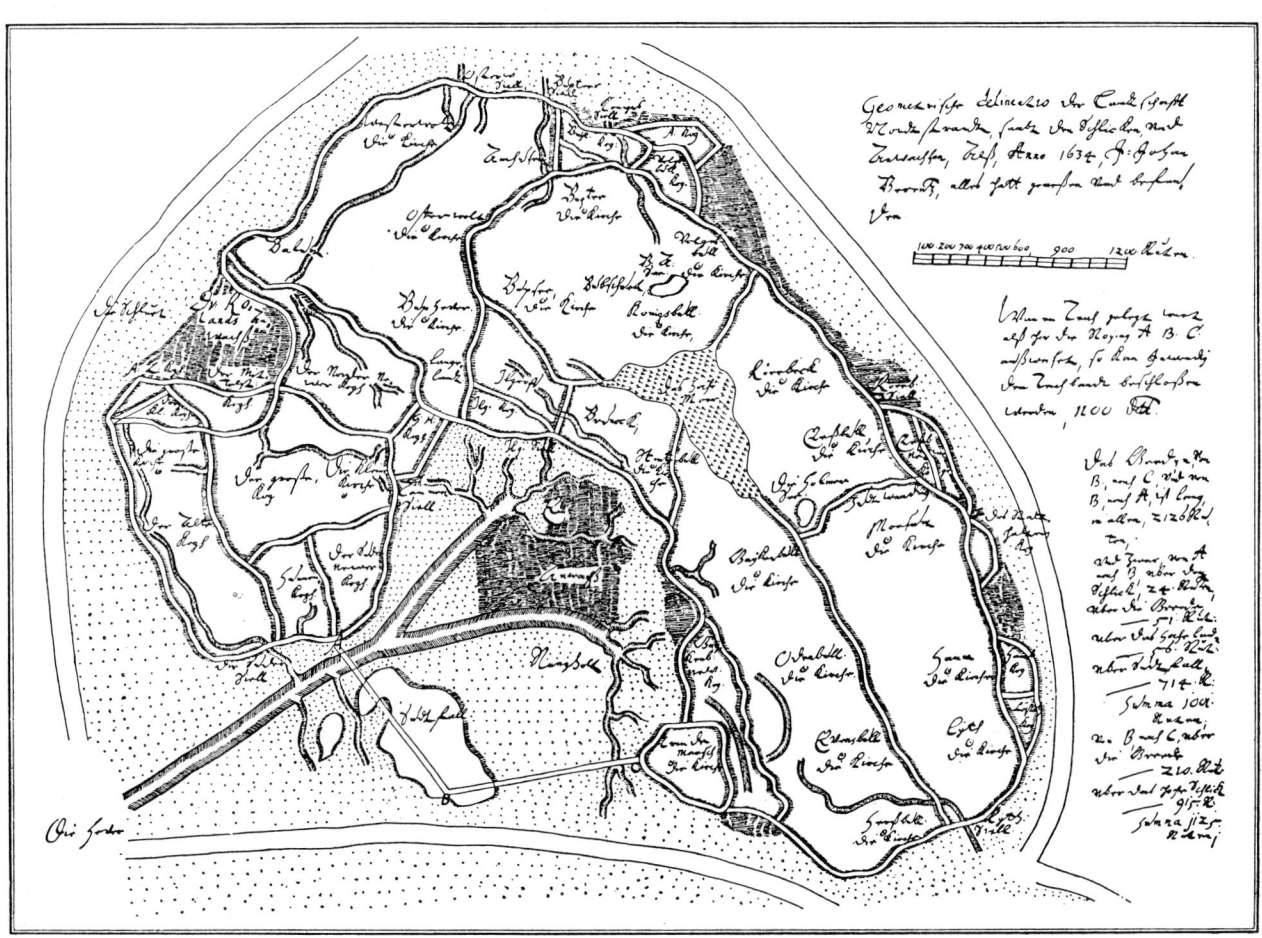

Abb. 120. Geplante Deichlinie über die Rungholtbucht von Alt-Nordstrand. Karte von P. Sax, 1634.

eine Länge von 32 Kilometern erreicht. Die Mündung des Stromes ist bereits auf reichlich acht Kilometer geöffnet; ihre leicht seewärts gebogene natürliche Barre liegt nur fünf bis sechs Meter unter dem Tideniedrigwasser. Der Mittellauf hat sich dagegen in einer Breite von zwei Kilometern bis nahezu dreißig Metern in den alten Kulturboden hineingefressen und dabei die am Strom liegenden Ufer der Halligen und Inseln seitwärts verdrängt.

Noch um die Jahrhundertwende konnte man die Senken auf der Wattwasserscheide zwischen dem Oberlauf der Hever und der Süderaue knietief durchwaten. Als man im Jahre 1906 den niedrigen Damm vom Festland nach Nordstrand baute, um die erodierende Strömung um die Insel zu unterbinden, wurde der Wasserweg durch das Pohnsley für die Wattschiffahrt gesperrt. Zum Ausgleich hat man den Priel westlich der Hamburger Hallig so tief ausgebaggert, daß die Schiffe hier nun auch bei niedrigen Wasserständen verkehren konnten.

Damals machte man sich allerdings noch keine Gedanken darüber, daß die natürliche Räumkraft der Norderhever durch diese künstliche Maßnahme noch verstärkt werden würde. Die Stromrinne weist heute schon Tiefen bis über zehn Meter auf; sie verlegt sich nach Osten. Die Hever hat dabei die Süderaue zurückgedrängt, die Strömung verschärft und ihren Einflußbereich bis südlich Gröde ausgedehnt. Die Wasserscheide zwischen Norderhever und Süderaue wurde in 70 Jahren um fast sieben Kilometer verschoben! Zwangsläufig mußten dabei auf der Pellwormer Plate umfangreiche Abrasionsflächen entstehen, auf denen ausgedehnte frühere Kulturlandgebiete freigespült worden sind (Abb. 43). Diese Entwicklung wird durch den säkularen Anstieg des Meeresspiegels unterstützt.

Die ständige Vertiefung und Ausdehnung der Norderhever führt zur Vergrößerung der Tidebewegung, zur Erosion der Watt- und Inselsockel und letztlich auch zur Verstärkung der Sturmflutwirkung und zu größeren Angriffen auf Festland- und Inselküsten. Es besteht daher die Aufgabe, die Ausweitung des Einzugsbereichs der Norderhever zum Stillstand zu bringen und damit den Gefahren zu begegnen. Die Lösung dieser Aufgabe ist in dem Bau eines Dammes vom Festland nach Pellworm zu sehen, durch den man die Einzugsgebiete von Norderhever und Süderaue trennt und die Wasserscheide festlegt. Mit derartigen Dämmen, die seit Beginn dieses Jahrhunderts im Wattgebiet schon mehrfach gebaut worden sind, hat man gute Erfahrungen gemacht. Sie zeigen, daß man damit Priele und Wattströme durchaus bändigen kann und darf. Der Hindenburgdamm nach Sylt (1927) und der Nordstrander Damm in seinem Vollausbau (1935) sind als Verkehrsdämme hochwasserfrei hergestellt worden. Für den Pellwormer Damm hat man seit Jahrzehnten umfangreiche Messungen und Untersuchungen ausgeführt. Um eine feste Wattwasserscheide zu schaffen, genügt eine Dammhöhe von etwa einem Meter über MThw. Die Veränderungen zu beiden Seiten des Dammes werden während der Bauausführung und auch nach der Fertig-

Abb. 121. Uferschutzmauer mit freigespülter Fußsicherung, Westerland nach den Sturmfluten im Oktober 1936.

stellung gemessen und bewertet werden. Der Damm ist Bestandteil des Generalplanes der Landesregierung Schleswig-Holstein „Deichverstärkung, Deichverkürzung und Küstenschutz" von 1963. Er dient sowohl der Landerhaltung als auch der Landschaftspflege.

Sandige Küsten

Erst seit etwa hundert Jahren bemüht man sich in Schleswig-Holstein, sandige Küsten gegen Abbruch zu schützen. An der Nordseeküste sind es die Ufer der Inseln Sylt, Föhr und Amrum, die Dünenkette von St. Peter-Ording am Westkopf der Halbinsel Eiderstedt und die Außensände; diese Landschaften liegen — mit Ausnahme von Föhr — am äußeren Rand des Wattengebietes, der jährlich um mehrere Meter von der Nordsee landeinwärts gedrängt wird. Sandige Küsten sind ferner die Ufer der Ostsee. Die Ursachen für die anhaltenden Landverluste liegen im langsamen säkularen Anstieg des Meeresspiegels und in der erodierenden Wirkung der Naturkräfte Brandung und Strömung.

An der Brandungsküste von Sylt ist dieser Vorgang Jahr für Jahr und besonders unmittelbar nach einer Sturmflut an den steilen Abbruchkanten der Dünen und Kliffs zu beobachten. Die Dünen bestehen auf Sylt erst seit etwa 500 Jahren, wie wir aus einem zeitgenössischen Bericht erfahren.

Auf Sylt streben die von der Landseite zum Wasser hindrängenden Interessen der Erholungswirtschaft der natürlichen Strandentwicklung direkt entgegen. Die Geschichte des Seebades Westerland beginnt im Jahre 1855. Man fing im Vergleich zur Gegenwart recht bescheiden an. Erst nach 1927, als die Eisenbahnverbindung über den Hindenburgdamm hergestellt worden war, verstärkte sich der Besucherstrom. Auf der Insel wurden inzwischen vier Millionen Fremdenübernachtungen in einem Jahr gezählt. Entsprechend schwoll die Bebauung an, verständlicherweise in der Nähe des Strandes.

Abb. 122. Lee-Erosion am zerstörten Deckwerk bei List/Sylt, Ellenbogen-West.

Die ersten Schutzmaßnahmen entstanden vor Westerland bald nach dem Übergang von der dänischen zur preußischen Verwaltung (um 1865). Seitdem ist es in erster Linie Aufgabe der Küsteningenieure gewesen, den Uferrückgang aufzuhalten. Anfangs hat man den Strandverlust durch Bepflanzung der Dünen mit Sand- und Dünengräsern aufzuhalten versucht. Derartige Gräser, auch als Helm bezeichnet (hierzu gehört z. B. der Strandhafer), gedeihen besonders gut am Westhang, wo vom Strand her der trockene, nährstoffhaltige Seesand angeweht wird. Reichlicher Sandflug fördert das Wachstum der Dünengräser. Die bepflanzten Dünengebiete werden sorgfältig gegen jegliche Beschädigungen geschützt. Alle kahlen Flächen sind alsbald neu zu bepflanzen, weil der Wind sonst tiefe Schluchten, sogenannte Windrisse, in die Dünen bläst. Deshalb leitet man neuerdings die Besucher über befestigte Fußwege und schont die empfindliche Dünenvegetation. In der Absicht, die Strand- und Dünenverluste zu verhindern, errichtete man Steinkistenbuhnen; denn mit solchen Strombuhnen waren an den Flußufern gute Erfolge erzielt worden. Nach der Sturmflut im März 1906, die an der Westküste von Schleswig-Holstein nicht besonders schwer gewesen ist, hielt man eine Strandmauer (Abb. 121) zum Schutze des Hotels „Miramar" für notwendig, das nur drei Jahre zuvor viel zu dicht an den Strand heran gebaut worden war. Bald mußte die Mauer nach Norden, aber auch nach Süden, verlängert und zum Teil erneuert werden, weil an den Mauerenden bei Sturmfluten immer wieder kräftige Lee-Erosionen entstanden. Die einzelnen Buhnen wurden in verschiedenen Materialien und abgewandelten Formen weiter in die See vorgebaut und ihre Anzahl laufend vergrößert. Die Strandmauer wurde weiter verlängert, später als Deckwerk (Basaltpflaster, Betonplatten, Rauhpflaster mit Asphaltverguß) und zuletzt in Form von Tetrapodenwällen auf Kunststoffmatten. Das so aus verschiedenen Baustoffen und Bauelementen geschaffene Längswerk, zu dessen Erhaltung erhebliche Geldmittel aufgewendet werden, hat vor Westerland eine Länge von 3000 m erreicht.

Offensichtlich haben die Strombuhnen und die neueren „sandfangenden" Brandungsbuhnen an der sandigen Brandungsküste nicht den gewünschten Erfolg gehabt. Die Buhnen werden bei Sturmfluten so hoch überstaut, daß die Brandungswellen praktisch unbeeinflußt gegen die Steilwand der Mauer und der Kliffs prallen, den Sand in Bewegung bringen und fortschaffen. Es besteht kein Zweifel darüber, daß der vom Strand, von den Kliffs und Dünen abgetragene Sand nach jeder Sturmflut oder Sturmflutreihe dazu beiträgt, irgendwo den Strand wieder neu aufzubauen. Die Brandungskräfte werden am Weststrand von Sylt noch dadurch verstärkt, daß der Unterwasserstrand verhältnismäßig steil gegen die Insel ansteigt.

Die Lee-Erosion ist besonders deutlich geworden bei der Zerstörung des 1938/40 vor List-Ellenbogen gebauten Basaltdeckwerkes (Abb. 122) und im Süden der Insel Sylt vor einer Wochenendhaussiedlung, die 1961 fertiggestellt wurde und bereits ein Jahr später bei der sehr schweren Sturmflut im Februar 1962 in Gefahr geriet. Diese Flut räumte die Randdüne auf mehreren hundert Metern fort. Man baute nun ein Längswerk aus Tetrapoden von reichlich tausend Metern Länge (Abb. 123) und eine 230 m lange Tetrapodenbuhne als Querwerk. Mit Hilfe dieser Maßnahme ist es gelungen, reichlich Sand auf der Luvseite der Buhne zu fangen, so daß wieder eine neue Vordüne entstehen konnte. Durch die Anlage von Sandfangzäunen und durch Bepflanzen wurde das Vorhaben unterstützt.

Nach den Sturmfluten im November/Dezember 1973 und im Januar 1976 hat sich jedoch im Süden des Tetrapodenwalles eine rund hundert Meter tiefe Lee-Erosion gebildet (Abb. 124); der auffällig große Landverlust steht hier also dem Vorteil auf der Luvseite entgegen. Innerhalb weniger Jahre haben Sturmfluten riesige Sandmengen auf kurzer Uferstrecke verlagert und die Küstenform nachhaltig verändert.

Seit Jahrzehnten ist an der Erforschung der Naturvorgänge an der Westküste von Sylt gearbeitet worden mit dem Ziel, die Wirkung der zunächst nach Erfahrung gebauten Schutzwerke zu beurteilen und Verbesserungen vorzuschlagen. Besonders intensiv wurden diese Untersuchungen vorangetrieben, als sie ab 1967 in den Rahmen des Schwerpunktprogramms der Deutschen Forschungsgemeinschaft „Sandbewegung im deutschen Küstenraum" gestellt werden konnten. Im Testfeld Sylt waren zeitweise fast zwanzig Naturwissenschaftler und Ingenieure tätig.

In Verbindung mit dem Testfeld Sylt hat man 1973 einen Großversuch unternommen. Die Unterbilanz im Sandhaushalt sollte durch den Nachschub an Sand aus dem Watt östlich des Rantumbeckens ausgeglichen werden. Man hat dabei etwa eine Million Kubikmeter Sand in Form einer 250 m in die See hineinragenden Buhne aufgespült (Abb. 125). Diese Sandmassen wurden den Naturkräften zur Auffüllung des zu niedrigen und zu schmalen Strandes überlassen. Auf diese Weise wurde einerseits den Schutzwerken vor Westerland ein notwendiger Schutz gegeben, und andererseits bot sich hier ein Untersuchungsobjekt an, das sich für eine sorgfältige Kontrolle des Strandes vor der Inbetriebnahme der Spülanlage, während des Spülvorganges und hinterher vorzüglich eignete.

Zum Schutz der Düneninsel Amrum entstanden 1894/95 die ersten Steinbuhnen am Nordweststrand. Bald folgte die Sicherung des Südstrandes vor Wittdün; denn Ende des 19. Jahrhunderts hatte sich Wittdün zum Nordseebad entwickelt und damit eine rege Besiedlung des Südhakens — möglichst nahe am Wasser — begonnen.

Abb. 123. Hörnum auf Sylt, südlicher Abschluß des Tetrapodenwalles, 1970.

Abb. 124. Hörnum auf Sylt, Lee-Erosion (100 m) am südlichen Abschluß des Tetrapodenwalles im März 1976.

Abb. 125. Vorgespülte Sandbuhne bei Westerland/Sylt, 1972.

Schon die keineswegs extrem schweren Sturmfluten vom März 1906 und November 1911 verursachten so erhebliche Abbrüche am Südstrand, daß im Jahre 1914 eine 900 m lange massive Strandmauer mit ähnlichen Abmessungen wie bei der Strandmauer vor Westerland gebaut wurde. Die nächsten Wintersturmfluten beschädigten die neue Mauer, die wegen des Kriegsausbruches teilweise unvollendet geblieben war. Die Sicherungsanlagen des Südhakens von Amrum sind den Meeresangriffen von Anfang an stark ausgesetzt gewesen, seitdem der von Natur aus bewegliche Sandhaken besiedelt und seine Lage festgelegt worden war. Die sehr reichliche Sandmenge auf dem einen Kilometer breiten und zwölf Kilometer langen Kniepsand, dem im Westen unmittelbar an die Insel angelagerten hochwasserfreien Außensand, bietet Amrum zwar einen natürlichen Schutz; für die Anlagen vor Wittdün hat der Kniepsand jedoch nur im nördlichen Teil eine schützende Wirkung. Von der Südspitze wird der Sand abgewiesen.

Da die Nordsee den Westrand des Kniepsandes wie den von Sylt und den übrigen Außensänden immer weiter zurückdrückt, werden diese Landverluste mit der Zeit eine größere Bedeutung bekommen. Das gilt auch für die Außensände von Westerhever und St. Peter-Ording sowie für die Dünen am Westkopf von Eiderstedt. Letztere stellten bis vor kurzem den natürlichen Hochwasserschutz für einen acht Kilometer langen Küstenabschnitt dar. Die sehr schweren Sturmfluten von 1717/20, 1751, 1756 verminderten die Dünensubstanz erheblich; sie führten zu Überschwemmungen, so daß sich die Bevölkerung veranlaßt sah, Notdeiche anzulegen und die Dünen zu bepflanzen. 1825 durchbrach die Februar-Sturmflut noch einmal den Dünengürtel und überschwemmte 4000 Hektar Marschland. Wegen der inzwischen dicht besiedelten Erholungslandschaft hat man in den Jahren 1960/65 einen bruchsicheren Hochwasserschutz geschaffen, der sich bei den jüngsten sehr schweren Sturmfluten bereits bewähren konnte. Der Deich wurde mit einer Asphaltdecke auf der Außen- und Innenböschung sowie auf der Krone versehen.

Am Rande des Dithmarscher Watts liegen weitere Landschaftsteile, die uns die Dynamik der Naturkräfte sichtbar werden lassen. Die Sturmfluten im Januar 1976 haben die Oberfläche der Sandinsel Tertius so weit abgetragen, daß sie bei MThw überflutet wird; seitdem ist Tertius kein Außensand mehr. Für Blauort findet in letzter Zeit eine landwärtige Verlagerung um jährlich 20 bis 30 m statt.

Als klassisches Beispiel für die landschaftsgestaltenden Kräfte der Natur im Küstengebiet können wir die jüngste Geschichte der Insel Trischen vor der Elbmündung bezeichnen. Im Jahre 1779 wurde das auf der Leeseite angewachsene Vorland vermutlich durch Übersandung zerstört. Hundert Jahre später konnte man einen erneuten Anwachs feststellen, der sich in etwa zwanzig Jahren um neunzig Hektar vergrößert hatte (bis 1894). In den achtziger Jahren hatten sich hier auf dem Buschsand Dünen gebildet. Schwere Sturmfluten im Jahre 1898 übersandeten das Grünland, und lediglich 18 Hektar blieben grün. Im Schutze der Düne kam es erneut zu einem verhältnismäßig schnellen Anwachs, den man in den Jahren 1922/25 eindeichen konnte. Aber schon im nächsten Jahr riß eine Sturmflut 25 m von der Düne fort. Nun versuchte man, den Strand und die Düne durch Buhnen und ein Deckwerk zu sichern. Bald stand eine schwere, aber starre Verteidigungsanlage in dem natürlichen Bewegungsraum des Außensandes; der Strand wurde immer schmaler und der Abstand zwischen der Uferlinie bei MThw und dem Dünenfuß kontinuierlich geringer, schließlich um durchschnittlich 35 Meter je Jahr. Damit war der Untergang Trischens vorbestimmt.

Die Oktober-Sturmfluten 1936 zerschlugen dann das Uferdeckwerk, beschädigten den Deich und spülten weitere Sandmassen von der Düne fort. Der Abbau der Düne hielt auch in den nächsten Jahren an, und der Unterwasserstrand westlich vor Trischen vertiefte sich mehr und mehr. Am 16. Oktober 1942 brach eine leichte Sturmflut von nur 1,60 m über MThw in den Trischenkoog ein. Die hundert Meter breite Durchbruchstelle wurde behelfsmäßig geschlossen. Im nächsten Jahr strömte das salzige Meerwasser 136mal in den Koog hinein und wieder hinaus. Am 16. Februar 1943 schließlich mußte der Bauer seinen Inselkoog preisgeben. Heute liegt der Westrand von Trischen eben ostwärts des damaligen Koogdeiches.

In einer vergleichsweise sehr kurzen Zeit hat man hier erlebt, daß Dünen aufgeweht wurden, daß Anwachs entstand, daß dieser überweht wurde und auch wieder auflandete und als wertvolles Kulturland genutzt werden konnte, und daß der Meereseinfluß sich besonders bei Sturmfluten gegen die Schutzmaßnahmen des Menschen als stärkere Kraft behauptet hat.

Die Bedingungen für den Schutz der Ostseeküste gegen Sturmfluten sind zum Teil ganz andere im Vergleich zur Westküste. Hier fehlen die weiten Watten und Seemarschen. Der Unterwasserstrand fällt steiler ab und in größere Wassertiefen, die bis in die Nähe der Ufer reichen. In den Niederungsgebieten herrschen die organogenen Böden vor; ein bis drei Meter hohe Strandwälle grenzen sie gegen die See ab. Der Strandwall schließt unmittelbar an den Strand an; er verdankt seine Entstehung allein den Wellenkräften bei Sturmfluten, die das Strandmaterial aufschütten und bei jeder sehr schweren Sturmflut weiter landwärts spülen (Abb. 126 u. 127). An bestimmten Stellen liegen mehrere Strandwälle hintereinander. Für den Schutz der Küste ist wichtig, daß der Strandwall als bewegliches, von der Natur her veränderliches Landschaftselement anzusehen und zu behandeln ist. Von der 530 km langen Ostseeküste von Schleswig-Holstein sind 400 km flache Ufer von Niederungsgebieten, die streckenweise von insgesamt 130 km Steilufern unterbrochen werden. Die im einzelnen verschieden großen Niederungsgebiete werden auch Salzwiesen genannt.

Die Landverluste an der Ostseeküste überwiegen bei weitem gegenüber dem Zuwachs an Land. Im Durch-

Abb. 126. Sturmflut vom 4. Januar 1954 am Ostseedeich.

Abb. 127. Sturmflutschaden an einem Ostsee-Strandwall.

schnitt der letzten hundert Jahre betrug der Verlust jährlich etwas mehr als einen Hektar. Sowohl Steilufer als auch Flachküsten sind vom Uferrückgang betroffen. Lediglich einige Ablagerungsgebiete blieben verschont. Insgesamt haben wir es mit einer Ausgleichsküste zu tun, bei der, auf lange Sicht gesehen, in die See ragende Vorsprünge abgetragen werden und Buchten verlanden.

Im Frühjahr bildet sich am Fuße der Steilufer eine Schutthalde aus abgestürzten Mergelbrocken und aus Mergelbrei (Abb. 77). Sturmfluten räumen die Schutthalde fort. Dieser Vorgang wiederholt sich Jahr für Jahr und je nach Dauer und Häufigkeit von Sturmfluten. Die entscheidenden Materialverfrachtungen an der Ostseeküste finden bei Sturmfluten statt. Graduelle Unterschiede ergeben sich aus der Lage einer Uferstrecke zur sturmfluterzeugenden Windrichtung und aus der Stärke der Brandung.

Die aufgearbeiteten Stoffe des Geschiebemergels folgen den Strömungsbedingungen des Wassers in der Brandungszone. Die Länge des Transportweges ist einerseits von der Größe und dem Gewicht der Gerölle, Kiese und Sande abhängig, andererseits von dem Verlauf der Küstenlinie. Das Material wird vorwiegend uferparallel verfrachtet. Die feinen, tonigen Teile gelangen schwebend in die Tiefen der Ostsee und in deren Buchten, sie werden dort abgelagert. Sandreiche Küstenstrecken verdanken ihre Entstehung einem kräftigen und stetigen Nachschub an Sand.

Seit Mitte des 19. Jahrhunderts hat man versucht, kleinere Uferabschnitte durch Bauwerke zu schützen, um Vorkehrungen gegen die Versandung von Fahrwassern und Häfen zu treffen, um den Landverlust vor Leuchttürmen, Lotsenstationen und Siedlungen aufzuhalten und um landwirtschaftliche Nutzflächen vor dem Zugriff des Meeres zu bewahren.

Die ersten Deichbauten an der schleswig-holsteinischen Ostseeküste sind von 1750 bekannt, als man ein kleines Noor bei Gelting abdämmte; 1797/98 folgte das Oeher Noor und 1821/28 das Beveroer Noor. Anfang des 19. Jahrhunderts schloß man die natürlichen Entwässerungsöffnungen in den Strandwällen und ersetzte diese durch meist selbsttätig sich öffnende und schlie-

ßende Siele. Das war der erste Schritt, wenigstens während der Sommermonate die Überschwemmungen der Salzwiesen zu verhindern. Der nächste Schritt stellte dann die Herstellung einer annähernd gleichmäßigen Höhe einiger Strandwallabschnitte dar, indem man eine Kappe darauf setzte. Ein breites Vorfeld war meistens nicht vorhanden. Die sehr schwere Sturmflut 1872 hat dann diese behelfsmäßigen Deiche sämtlich zerstört und in normale Strandwälle zurückverwandelt. Dabei wurden sie um zehn und mehr Meter gegen ihre alte Lage landwärts verschoben.

Nach einer sorgfältigen Analyse der Sturmfluthöhen und einer Bestandsaufnahme der Sturmflutschäden vom 12./13. Nov. 1872 folgerte die damalige Regierung in Schleswig, daß man die Deichlinie im Schutze des Strandwalles und des Strandes planen und bauen müsse, damit der Deich aus dem Bereich der stärksten Brandung heraus käme. Es sollte genügend Platz bleiben für die natürliche Entwicklung des Strandes und des Strandwalles. Als Deichhöhe wurden 5,0 m über NN und als Kronenbreite drei bis vier Meter für erforderlich gehalten; die Neigung der Außenböschung sollte 1:6, die der Innenböschung 1:2 betragen, gute Deicherde vorausgesetzt.

In den Jahren von 1874 bis 1882 hat man nach diesen Gesichtspunkten rund 24 000 Hektar Niederungen in 17 Deich- und Entwässerungsverbänden bedeicht. Allerdings hat man wegen der hohen Kosten die Kronenhöhe von NN + 5,0 m nicht hergestellt, sondern oft bis zu einem Meter unterschritten. Auch hat man zur Kosteneinsparung meistens den Deich auf einem Strandwall neu errichtet. Dort mußte man bald eingestehen, daß das natürliche Zurückweichen des Strandes außer acht gelassen worden war. Der Deich kam schar zu liegen, so daß man sich genötigt sah, ihn mit Längs- und Querwerken zu sichern.

Dieser starre Uferschutz kann nur von Erfolg sein, wo reichlich Sand herankommt. Dort, wo der Sandhaushalt nicht ausgeglichen ist und die Sandbilanz negativ bleibt, werden die Aufwendungen für den Sturmflutschutz und für einen brauchbaren (Bade-)Strand mit der Zeit größer. Es ist hier oft zweckmäßig, durch das künstliche Aufspülen von Sand die Sandbilanz von Zeit zu Zeit auszugleichen. Es ist aber zu bedenken, daß die Bedarfsdeckung durchaus nicht für alle Strände als gesichert gelten kann, weil der hierfür erforderliche Sandvorrat an der schleswig-holsteinischen Ostseeküste nur in begrenztem Umfang zur Verfügung steht.

Eines der größten Verbandsgebiete ist die Grube-Wesseker Niederung mit dem Oldenburger Graben (5400 ha). Es verfügt über zwei Deiche von zusammen acht Kilometern bei Weißenhaus und Dahme, die hinter Dünen und Strandwällen liegen. Hier sind Maßnahmen zur Sicherung des Ufers nicht erforderlich geworden. Der grüne Deich blieb vom Sandflug bei auflandigem Wind verschont, weil der vom Strand herangewehte Sand bereits auf dem bewachsenen Strandwall gefangen und abgelagert wird. Lediglich für den Anschluß des Deiches in der Ortschaft Dahme an das Steilufer haben

Abb. 128. Burgenbau im Strandwall.

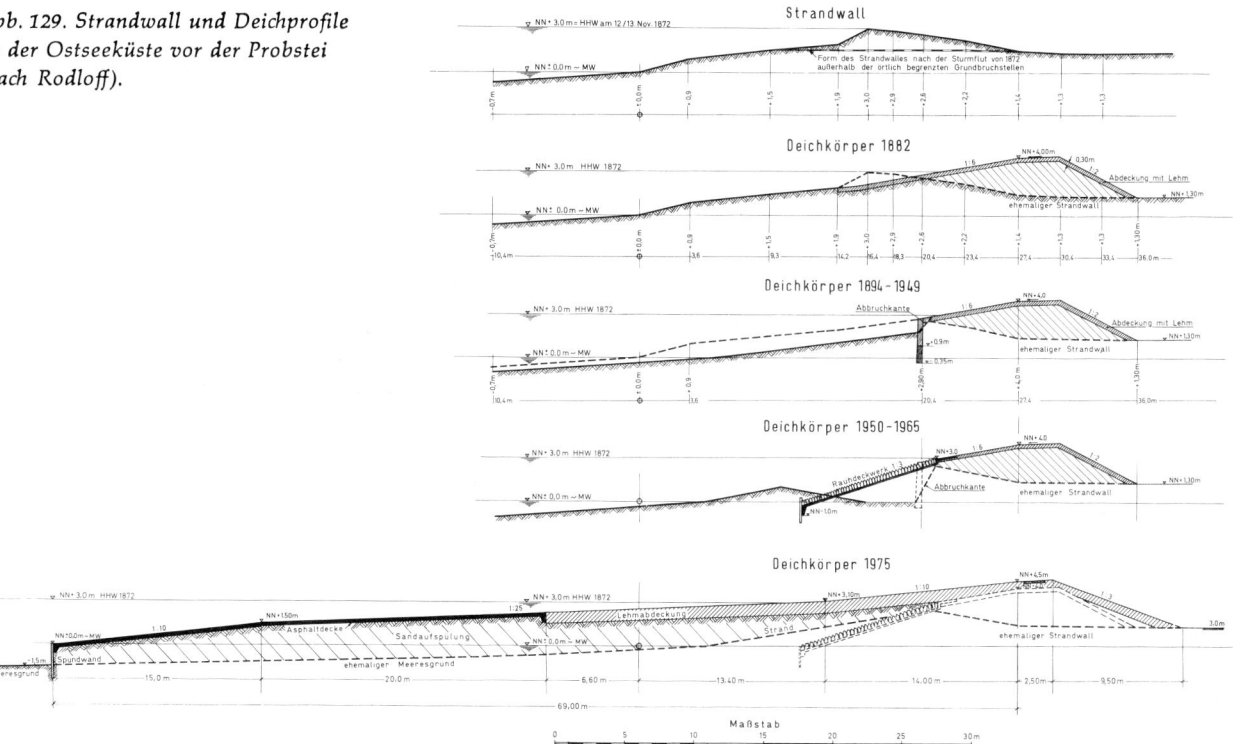

Abb. 129. Strandwall und Deichprofile an der Ostseeküste vor der Probstei (nach Rodloff).

sich Schwierigkeiten ergeben: Das Steilufer wird laufend abgetragen und zurückverlegt. Die Mauer, die das verhindern sollte, ist längst zerstört worden; die in den dreißiger Jahren hier erstellten Buhnen wurden vor allem durch Eis vernichtet. Dieses Beispiel zeigt, daß der Anschluß eines Deiches an einen Steiluferbereich besonders sorgfältig geplant werden sollte.

Inzwischen ist der Deich auf 4,50 m über NN erhöht worden. Das Profil erhielt bei der Deichverstärkung so flache Böschungen, daß der Deich eine sehr schwere Sturmflut wie 1872 abwehren kann, ohne selbst wesentlichen Schaden zu erleiden. Selbstverständlich kann dieses Ziel nur erreicht werden, wenn man die notwendige Deichpflege nicht vernachlässigt.

Ein neuer Abschnitt auf dem Gebiete der Schutzmaßnahmen gegen Sturmfluten wurde vor etwa zwanzig Jahren deutlich sichtbar, als der Fremdenverkehr sich in ganz kurzer Zeit auf die gesamte Ostseeküste des Landes Schleswig-Holstein ausdehnte. Der allgemein wesentlich verbesserte Lebensstandard hatte so vielen Menschen eine Erholung an der See ermöglicht, daß die vorhandenen Badeanlagen nicht mehr ausreichten. Die Übernachtungszahlen schwollen schnell um das Fünf- bis Achtfache an. Überall entstanden Zelt- und Campingplätze. Der Wochenendverkehr an die Küste nahm unvorstellbare Ausmaße an.

Mit dieser Entwicklung ging eine verstärkte Besiedlung der sturmflutgefährdeten Niederungen einher. Der Bedarf an Wochenendhäusern, Gaststätten, Hotels, Straßen, Parkplätzen und dergleichen war groß; schließlich schossen riesige Ferienzentren wie Pilze aus der Erde. Weitere Menschenmassen strömten während der Sommermonate auf die Küste zu; die Folge war, daß die Strände überlastet wurden. Strandwälle, die doch den natürlichen Sturmflutschutz bilden, wurden an der Wasserseite beim Bau von Strandburgen abgegraben (Abb. 128); auf den Strandwällen parkten Autos, und Zelte wurden an jeder freien Stelle aufgeschlagen. Im Herbst war die Vegetationsdecke des Strandwalles — wie nicht anders zu erwarten — vollständig vernichtet. Sturmfluten setzten dann das auf diese Weise eingeleitete Zerstörungswerk fort (Abb. 127). Die Menschenflut eines Sommers hatte für die Küste eine vergleichbar zerstörende Wirkung wie eine mittlere Sturmflut, so daß hier regelnd eingegriffen werden mußte zum Schutze der Natur gegen den Menschen!

Als man nach der Nordsee-Sturmflut 1962 den Generalplan Deichverstärkung, Deichverkürzung und Küstenschutz in Schleswig-Holstein aufstellte, wurde auch die Ostküste mit einbezogen. Für die wichtigsten Küstenstrecken ist ein Deichbestick festgesetzt worden. Nun entstehen seit einigen Jahren neue Deiche mit sehr flachen Böschungen (Abb. 129). Sie entsprechen den Bedingungen für Landesschutzdeiche. Wo wegen der ufernahen Bebauung die bewährten Grundsätze der Deichtrassierung unbeachtet bleiben, muß in absehbarer Zeit mit Belästigungen durch Sandflug oder mit zusätzlichen Aufwendungen für die Sicherung des Deichfußes gerechnet werden.

Der volle Sturmflutschutz ist allerdings erst dann gewährleistet, wenn das letzte Deichstück vor einer Niederung fertiggestellt sein wird. Solche aufwendigen Maßnahmen lassen sich für zahlreiche kleinere Niederungsgebiete nicht vertreten.

Besondere Schwierigkeiten ergeben sich für Stadtteile in Überschwemmungsgebieten und für Hafenanlagen. Hier muß man weiterhin bei Sturmfluten mit Wasserschaden rechnen, sofern nicht Lösungen gefunden werden, bestimmte Stadtviertel, zum Beispiel in Flensburg oder Eckernförde, durch Mauern zu sichern wie etwa in Hamburg. Auch die Bebauung auf dem Priwall in Travemünde bedarf einer besonderen Sicherung, da die Evakuierung der Bevölkerung während einer Sturmflut praktisch nicht realisierbar sein dürfte. Für alle Küstenorte an der Ostsee sollte stets die jederzeit mögliche Sturmfluthöhe von 3,5 m über MW beachtet werden. Elektrische Installationen (Anschlüsse, Geräte) sollten zum Beispiel grundsätzlich oberhalb dieser Höhe angebracht werden und nicht in wassergefährdeten Räumen. Die Erfahrungen auf den Halligen und im Hamburger Hafen bei den letzten Sturmfluten haben diese Grundregel sehr deutlich bestätigt.

Die Felsenküste Helgolands

Mit der Insel Helgoland, die etwa 50 km vor der Festlandküste aus der Nordsee emporragt, gehören auch einige Kilometer Felsenküste zu Schleswig-Holstein. Während der Tertiärzeit sind ältere Schichten des Erdmittelalters — Zechstein, Buntsandstein, Muschelkalk und Kreide — durch Aufwölbung eines Salzstocks hochgedrückt worden. Dabei bildete sich eine „Verwerfung", von der aus die ursprünglich horizontal abgelagerten Schichten mit einem Winkel von etwa 20° nach Nordosten und nach Südwesten abfallen. Der am höchsten über die Erdoberfläche aufragende Teil nordöstlich der Verwerfung ist die heutige Felseninsel Helgoland (Abb. 130).

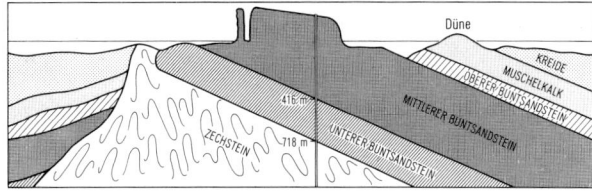

Abb. 130. Geologischer Schichtenaufbau der Insel Helgoland. Schnitt von Südwest nach Nordost.

Mit dem Aufwölben der Gesteinsschichten begann auch schon die Verwitterung. Nach der letzten Glazialzeit, der Weichseleiszeit, kam Helgoland vor etwa 7000 Jahren unter Meereseinfluß. Dabei wurden die weichen Gesteinsschichten stärker angegriffen und abgetragen als die härteren. Mit dem wechselnden Rückgang und Anstieg des Meeresspiegels innerhalb der jüngsten 5000 Jahre (Abb. 27) war der Angriff des Meeres auf Helgoland unterschiedlich stark. Noch in geschichtlicher Zeit ist die eigentliche Insel wesentlich größer gewesen als heute. Seit in der Mitte des gegenwärtigen Jahrtausends der Meeresspiegel wieder anstieg, haben die Wellenkräfte — insbesondere bei Sturmfluten — die Felsen immer stärker angreifen können. Die weicheren Schichten aus Muschelkalk und Kreide sind so weit abgetragen worden, daß sie inzwischen ganz unter dem Meeresspiegel verschwunden sind. Dazu hatten auch die Bewohner von Helgoland während des Mittelalters selbst beigetragen: Sie nutzten das „Witte-Kliff" als Steinbruch und verkauften dessen Kalksteine zum Festland. 1711 wurde der Rest des Witte-Kliffs bei einer Sturmflut zerstört; während der Sturmflut in der Silvesternacht 1720/21 riß die schmale Landverbindung zwischen dem roten Felsen der Hauptinsel und der Düne mit dem ehemaligen Witte-Kliff, der Woal, durch. Die so entstandene Rinne wurde später durch die Tideströmungen mehr und mehr vertieft.

Seitdem besteht Helgoland aus zwei getrennten Inseln, Hauptinsel und Düne. Die Düne stellt eine labile Sandanlagerung auf dem Untergrund der Muschelkalk- und Kreidefelsschichten dar. Sie hat durch die Hauptinsel einen gewissen Schutz vor den Winden aus den Richtungen Nordwest bis Südwest, ist aber doch ständigen Verformungen durch die Brandungskräfte ausgesetzt. Aber auch die roten, weiß gebänderten Felsen des mittleren Buntsandsteins, aus denen die Hauptinsel besteht, werden langsam, aber sicher durch die Meereskräfte zerstört. Insbesondere ist die westliche Felsenküste der Brandung ausgesetzt. Die Wellen spülen am Fuß der steilen Felsenwände Hohlkehlen aus, die schließlich Teile des mürben und zerklüfteten Felsens einstürzen lassen, wobei bizarre Formen entstehen. Gegen diese Entwicklung war man Jahrhunderte machtlos; der steil aufragende rote Felsen wurde Meter für Meter abgetragen, und vor ihm entstand eine flache Felsenterrasse, die nur bei niedrigen Tnw trockenfällt.

Erst nachdem Helgoland 1890 aus britischem Besitz an das damalige Deutsche Reich übergegangen war und man die Insel zum strategisch wichtigen Flottenstützpunkt ausbaute, trat man auch der Zerstörung der Felsen entgegen. 1903 hat man an einigen besonders gefährdeten Stellen mit dem Bau einer Ufermauer auf der Felsenterrasse, dem Felsenwatt, vor dem steilen Westufer begonnen. 1911 wurde der Bau fortgesetzt, aber erst 1927 konnte die Schutzmauer an der gesamten Westküste der Insel vollendet werden. Mit dem Ausbau Helgolands zum Flottenstützpunkt hatte man auch begonnen, die Inselfläche zu vergrößern, indem man starke Molen baute und die Flächen zwischen ihnen zum Teil aufschüttete. Die Abbildungen 131 und 132 zeigen die Westmole des Südhafengeländes während der Sturmflut am 10. Oktober 1926. Die Bilder machen deutlich, welchen ungeheuren Beanspruchungen die inmitten der Nordsee liegende Felseninsel und ihre Schutzwerke bei Sturmfluten ausgesetzt sind.

Vor dem zweiten Weltkrieg wollte man Helgoland zu einem noch größeren Flottenstützpunkt machen. Durch gigantische Molenbauten sollten Düne und Hauptinsel darin einbezogen werden. Diese Arbeiten blieben unvollendet. Nach dem Kriege war Helgoland jahrelang Übungsziel für Bombenflugzeuge. Man hat auch versucht, die Felseninsel durch eine gewaltige Sprengung zu zerstören und für weitere Nutzung unbrauchbar zu machen. Damit hatten Menschen in wenigen Jahren Schäden hervorgerufen, zu denen das Meer Jahrhunderte gebraucht hätte.

Im Jahre 1952 war diese Epoche der Zerstörung beendet, und man konnte anfangen, die Anlagen von Helgoland

Abb. 131. Helgoland in der Sturmflut am 10. Oktober 1926. Blick auf die Uferschutzmauer und den Süderhafen. Der freistehende Fels „Mönch" fiel der Sprengung am 18. April 1947 zum Opfer.

Abb. 132. Helgoland. Südhafengelände bei der Sturmflut am 10. Oktober 1926. Brandende Wellen an der Hafenmauer.

Abb. 133. Südwest-Schutzmauer von Helgoland.

wieder aufzubauen. Man richtete zunächst das Leuchtfeuer ein und baute einen Schutzhafen. Die Schutzmauer an der Westküste der Insel war weitgehend zerstört worden, so daß die steilen Felsen den Meeresangriffen wieder voll ausgesetzt waren. 1962 konnte die neue Schutzmauer aus hochwertigem Beton wiederhergestellt werden (Abb. 133).

Durch die Sprengung vom 18. April 1947 war am Südweststrand der Insel ein riesiger Krater, das Mittelland, entstanden, dessen Böschung nach Südwesten in eine große Schutthalde, den Kringel, zur See ausläuft. Um den Abbau dieser Schutthalde durch den Wellenangriff zu verhindern, der bei der Sturmflut 1962 besonders stark in Erscheinung trat, wurde ein Uferdeckwerk gebaut. Den Fuß dieses Deckwerks aus schweren Steinbrocken bildet eine Stahlspundwand mit einer Vorlage aus Tetrapoden. Außerdem war ein Schutz des Südstrandes der Helgoländer Düne – der eigentlichen Badeinsel – erforderlich, der laufend durch Wellen und Strömung angegriffen wurde und an Substanz verlor. Ein Tetrapodendamm soll den Strand vor den stärksten Wellenangriffen aus Südwesten schützen.

Wenn auch die Insel Helgoland heute einigermaßen als gesichert gelten kann, so heißt das nur, daß das Zerstörungswerk der Naturkräfte – Sturm, Brandung, Strömung – verlangsamt worden ist. Wenn man die steile Felsenküste erhalten will, sind noch umfangreiche Konservierungsarbeiten zu leisten und hohe Kosten aufzubringen. Wegen der Einmaligkeit des Naturdenkmals Helgoland innerhalb des deutschen Küstengebietes dürften solche Aufwendungen zu vertreten sein. Hinzu kommt, daß die Insel – Seebad seit 1826 – heute ein außergewöhnliches Erholungsgebiet ist. Sie beherbergt wegen ihrer vorgeschobenen Lage in der Nordsee ozeanographische, biologische und meteorologische Forschungsstationen sowie ein weitreichendes Leuchtfeuer, ihre Häfen bieten der Sportschiffahrt und der Fischkutterflotte Schutz.

Sperrwerke in Tideflüssen

Zu den Maßnahmen des Küstenschutzes gehören auch die Abdämmungen und Sperrwerke an den Mündungen oder Unterläufen von Tideflüssen. Abdämmungen sperren den oberhalb gelegenen Flußabschnitt gegen die Tidebewegung ab. Der Oberwasserzufluß wird durch Sielöffnungen mit beweglichen Verschlußorganen abgeführt, meistens durch Stemmtore, die sich selbständig schließen, wenn der Außenwasserstand höher ansteigt als der Binnenwasserstand. Da sich die Tore bei jeder Flut schließen, werden auch Sturmfluten vom oberhalb liegenden Gewässerabschnitt ferngehalten. Eigentlich sind alle Sielbauwerke, die ein Gewässer durch einen Deich führen, zu den Abdämmungen zu rechnen. Binnenseits eines solchen Sieles folgen die Wasserstände dem Rhythmus der Tidebewegung, aber die Form der Wasserstandsganglinien ist eine ganz andere als außendeichs vor dem Siel. Man nennt das Gebiet hinter dem Siel, soweit sich die Tide in den Wasserständen abzeichnet, das Tidebinnengebiet. Das Gebiet vor dem Siel, in dem die Tide frei schwingen kann, heißt Tideaußengebiet.

Wie schon geschildert, ist 1936 die Eider bei Nordfeld etwas oberhalb von Friedrichstadt abgedämmt worden, um die Eiderniederung bis nach Rendsburg vor Sturmfluten zu schützen. Man hatte damit zugleich eine Flußstrecke von 78 km zum Tidebinnengebiet gemacht. Zu der Abdämmung gehören das Siel mit fünf Öffnungen und eine Schiffsschleuse, um die Schiffahrt auf dem Fluß aufrechtzuerhalten (Abb. 51). Diese Abdämmung stellte einen so schweren Eingriff in die natürlichen Strömungsverhältnisse dar, daß es zu nicht vorhergesehenen Störungen des Flußregimes kam. Im Hafengebiet von Hamburg sind die hydrologischen Verhältnisse ganz andere, so daß durch die vollständige Abdämmung der Alster gegen die Tidebewegung in der Nähe der Mündung in die Elbe (Abb. 134) keine Schäden entstehen können.

Um bei Sturmfluten nicht zu lange Deichstrecken verteidigen zu müssen, hat man seit der Hollandsturmflut in allen deutschen Tideflüssen mit Ausnahme der großen Schiffahrtsstraßen Elbe, Weser und Ems statt Abdämmungen nun Sturmflutsperrwerke gebaut, die meisten allerdings erst nach 1962. Solche Sturmflutsperrwerke an den Mündungen zu errichten, war wirtschaftlicher als die Verstärkung der Deiche entlang der Tidestrecken der Flüsse, die an manchen Stellen wegen schwieriger Baugrundverhältnisse oder aus Platzmangel technisch kaum ausführbar gewesen wäre.

Sturmflutsperrwerke bleiben bei normalen Tiden geöffnet und lassen die Tidebewegung möglichst ungestört in den Fluß eindringen, dessen Tidestrecke somit weiterhin dem Tideaußengebiet zugerechnet wird. Nur bei Sturmflut werden die Sperrwerke geschlossen, so daß die Sturmflut nicht in den Fluß einlaufen und die hinter dem Sperrwerk gelegenen Deichstrecken gefährden kann.

Für jedes Sperrwerk gibt es einen eigenen Betriebsplan, in dem festgelegt wurde, wann das Sperrwerk geschlossen werden muß. Der Zeitpunkt des Schließens ist von der Größe des Oberwasserzuflusses wie von dem Verlauf der Sturmfluttidekurve abhängig. Manchmal wird es zweckmäßig sein, das Sperrwerk schon bei dem der Sturmtide vorausgehenden Tnw zu schließen oder kurz danach. Man hält dadurch einen großen Stauraum für den Oberwasserabfluß und die Binnenentwässerung frei. Bei geringem Oberwasserabfluß kann man das Sperrwerk später schließen und nur den Scheitel der Sturmtide kappen. Die Sperrzeit wird dadurch kürzer, was für die Schiffahrt günstiger ist, wenn das Sperrwerk keine Schiffsschleuse hat. Allgemein gültige Regeln lassen sich nicht aufstellen, weil die Verhältnisse bei jedem Sperrwerk andere sind.

Für alle Sturmflutsperrwerke wird gefordert, daß sie auch bei Stromausfall selbsttätig schließen können. Die Verschlußorgane sind daher entweder Stemmtore, die durch die Flut zugedrückt werden, wenn man die Verriegelung löst, oder Schütztafeln beziehungsweise Segmentschütze, die durch die Schwerkraft in die Verschlußstellung herunterfallen, wenn sie entriegelt sind. Alle Verschlußorgane sind doppelt vorhanden, damit bei Ausfall des einen das andere noch funktionsfähig ist und das Sperrwerk geschlossen werden kann. In kleineren Flüssen haben die Sperrwerke nur eine Öffnung, meist mit Stemmtoren, die die Durchfahrtshöhe für die Schiffahrt nicht beschränken. Die Sperrwerke an den Mündungen der Elbe, etwa bei Cuxhaven oder Brunsbüttel, von Ilmenau, Pinnau (Abb. 135) und Krückau — sind in dieser Weise ausgeführt worden. Ilmenau-, Pinnau- und Krückau-Sperrwerk haben neben der Schiffahrtsöffnung an beiden Seiten noch kleinere Durchflußöffnungen, die mit Schütztafeln verschlossen werden können. Das Krückausperrwerk ist außerdem mit leistungsfähigen Schöpfwerkspumpen ausgerüstet, bei langen Verschlußzeiten kann damit das Oberwasser nach außen gepumpt werden, damit der Wasserstand in der Flußstrecke oberhalb des Sperrwerkes nicht zu hoch ansteigt.

Größere Bauwerke sind die Sperrwerke an den Mündungen von Oste und Stör. Das Oste-Sperrwerk hat fünf Öffnungen von je 22 m Weite, vier sind mit Segmenttoren, die Schiffahrtsöffnung in der Mitte ist mit Stemmtoren zu verschließen (Abb. 136). Das Stör-Sperrwerk verfügt über zwei Seitenöffnungen von je 43 m Weite mit Segmentverschlüssen und in der Mitte über zwei Schiffahrtsöffnungen von je 22 m Weite mit Stemmtoren. Durch die Sperrwerke sind an der Krückau, Pinnau und Stör insgesamt 110 km Deiche in die zweite Verteidigungslinie eingerückt, an der Este, Lühe, Schwinge und Oste 195 km.

Im Hamburger Stadt- und Hafengebiet schließt das größte Sturmflutsperrwerk mit vier Öffnungen die Billwerder-Bucht ab. Die Sperrwerke in den Fleeten der

Abb. 134. Die Schaartorschleuse in Hamburg verhindert das Einlaufen der Tidebewegung von der Elbe in die Alster. In der Mitte die Einfahrten der beiden Schiffsschleusen, die mit Segmenttoren für den Schleusenbetrieb ausgerüstet sind. Die Sturmflut-Stemmtore stehen offen. Links im Bild eine Fußgängerunterführung, die bei Sturmflut mit einem eisernen Tor verschlossen wird. Rechts das Freigerinne, durch das die Alster in die Elbe entwässert. Der Abfluß wird durch Schütztafeln geregelt, die bei Sturmflut geschlossen sind. Bei Sturmfluten kann der Abfluß durch drei Schöpfwerkspumpen gewährleistet werden. Sie sind in dem Gebäude mit den großen Glasfenstern untergebracht.

Abb. 135. Pinnau-Sperrwerk bei geöffneten Stemmtoren, Drehbrücke und Seitenöffnungen.

Abb. 136. Oste-Sperrwerk (Aufnahme Foto-Pickenpack, Freigabe Nr. 3/1012 Verw.-bez. Oldenburg).

Abb. 137. Das Nicolaisperrwerk am Binnenhafen in Hamburg. Die im Sperrwerk horizontal hängenden Verschlußklappen werden nur bei Wasserständen von mehr als NN + 3,50 m (etwa 1,70 m über MThw) in der Elbe heruntergelassen. Bei niedrigeren Wasserständen ist im Nicolaifleet Tidebewegung.

Altstadt — Herrengraben (Baumwallsperrwerk) und Nicolaifleet (Abb. 137) — und im Hafen — Veringkanal und Schmidtkanal — haben nur je eine Öffnung.
Das größte Sturmflutsperrwerk an der deutschen Nordseeküste ist das mündungsnahe Eider-Sperrwerk in der Linie Vollerwieck—Hundeknöll (Abb. 52 u. 68). Es verkürzt die bei Sturmfluten zu verteidigende Deichlinie um etwa 58 km. An allen Sperrwerken sind Straßen über die Flüsse geführt, mit beweglichen Brücken über die Schiffahrtsöffnungen.
Bald nach der Sturmflut vom Februar 1962 wurde der Gedanke geäußert, auch die großen Ströme Weser und Elbe abzudämmen. Man glaubte, dadurch die Kosten für Deichverstärkungen und Sperrwerke in den Nebenflüssen sparen zu können. Außerdem würden bei Sturmfluten keine Überschwemmungen mehr in den naturgemäß außerhalb des Deichschutzes liegenden Tidehäfen, insbesondere von Hamburg und Bremen, eintreten können. Am stärksten wurde eine Abdämmung der Elbe, etwa bei Cuxhaven oder Brunsbüttel, von privater Seite propagiert. Die zuständigen Stellen haben diese Vorschläge geprüft, sich aber dagegen entschieden. Abgesehen von den großen Kosten, die eine solche Abdämmung erfordert, entstehen unübersehbare Probleme. Aus den Erfahrungen mit der Eiderabdämmung von 1936 ergibt sich, daß unterhalb einer derartigen Abdämmung starke Veränderungen der Morphologie des Küstenvorfeldes und der Stromrinnen eintreten können. Dann würden der Wasserabfluß (die Vorflut) und auch die Schiffahrt behindert werden. Es bedeutet auch eine erhebliche Erschwernis, wenn jedes Schiff die Abdämmung durch riesige Schleusen passieren müßte. Bei dem starken Schiffsverkehr auf der Elbe würden dadurch auch zusätzliche Gefahren für den Verkehr entstehen. Der ständige Schleusenbetrieb wäre sehr teuer. Wenn man die Tidebewegung nicht mehr in die Flüsse einlaufen lassen würde, wäre zu erwarten, daß sich ihr ökologischer Zustand völlig ändert. Die Belastung durch Abwasser aller Art würde sich nachteiliger auswirken als heute, unübersehbare Schäden könnten eintreten. Eine derartige Abdämmung hätte auch erst nach sehr sorgfältigen Voruntersuchungen und Planungen und dann nach langer Bauzeit fertiggestellt werden können. Selbst wenn man bald nach 1962 den Entschluß für ein solches Werk gefaßt hätte, wäre es nicht vor Mitte der 80er Jahre vollendet gewesen. Für die Zwischenzeit von mehr als 20 Jahren mußte aber der Schutz des Landes an Unterelbe und Unterweser verbessert werden. Die inzwischen ausgeführten Schutzmaßnahmen wären also auf jeden Fall erforderlich gewesen.
Nach der Häufung der Sturmfluten in den letzten Jahren ist nun erneut der Ruf nach einem verstärkten Schutz des Hamburger Hafens laut geworden. Man denkt jetzt aber an ein Sperrwerk, das nur bei Sturmflutgefahr geschlossen wird und dadurch den Hafen vor Hochwasser schützt. Ob eine solche Maßnahme eine brauch-

Abb. 138. Anordnung eines hydraulischen Versuchsmodells für ein Sturmflutsperrwerk in der Elbe. Vgl. Abb. 67.

bare Lösung werden kann, ist durch gründliche Untersuchungen zu klären. In einem wasserbaulichen Modell werden zum Beispiel Versuche mit derartigen Sturmflutsperrwerken ausgeführt (Abb. 138). Für den wasserbaulichen Funktionsversuch hat man ein großes Sperrschütz gebaut, das in der Natur allerdings nicht ausführbar wäre. Mit dem Modellversuch soll geklärt werden, wie sich vor dem Sperrwerk bei dessen Betrieb die Sturmflutwasserstände ändern. Sie werden höher werden, aber wie hoch werden sie? Was für Folgen hat das für die Deiche? Reicht der Raum hinter dem Sperrwerk aus, auch hohe und höchste Oberwassermengen, die aus dem Binnenland abfließen, aufnehmen zu können, ohne daß dadurch Überschwemmungen im Hafengebiet eintreten? Wo muß ein solches Sperrwerk liegen, direkt vor dem Hafen oder weiter elbeabwärts? Wie ist es zu betreiben, zu welchem Zeitpunkt der Tidekurve muß es geschlossen werden? Alles das ist noch zu untersuchen.

Bei einem solchen Bauwerk, das bisher noch nicht ausgeführte Dimensionen hat, sind die bau- und maschinentechnischen Probleme sehr groß. Die größten Hamburg anlaufenden Schiffe sollen das Sperrwerk sicher passieren können. Die freie Durchfahrtsöffnung muß daher 300 bis 400 m breit sein, die Durchfahrtshöhe unbeschränkt. Der Verschluß hat jederzeit einsatzfähig zu sein und sicher zu funktionieren. Die Baukosten für ein solches Werk wären gewaltig hoch, ebenso die ständigen Unterhaltungskosten und die Betriebskosten. Wenn man bedenkt, daß vielleicht in zehn bis zwanzig Jahren, wenn das Bauwerk fertig sein könnte, die Sturmfluthäufigkeit für Jahrzehnte zurückgehen würde, wie es in der Mitte des vorigen Jahrhunderts der Fall gewesen ist, dann wäre der Milliardenaufwand nur für sehr wenige Schließvorgänge getrieben worden, und man hätte die nächsten zwei oder drei Generationen mit einem allmählich veraltenden, hohe ständige Kosten verursachenden Mammutbauwerk belastet. Man stelle sich einmal vor, die Menschen wären nach der Sturmflut 1825 in der Lage gewesen, ein ähnliches Sperrwerk zu bauen, das um 1855 zu der damaligen Neujahrssturmflut rechtzeitig fertig geworden wäre. Ob es wohl im Februar 1962 noch voll betriebsfähig gewesen wäre? 1855 war der Sturmflutscheitel in Hamburg auf NN + 508 cm, 1962 auf NN + 570 cm, und in der ganzen Zeitspanne dazwischen kam keine Sturmflut über NN + 465 cm. Wie hätte sich ein solches, um 1850 erbautes Bauwerk wohl auf die Entwicklung Hamburgs als Welthafen und die Unterelbe als Schiffahrtsstraße ausgewirkt? Das Problem liegt heute nicht viel anders. Können wir unsere Nachfahren mit solchen Hypotheken belasten? Das alles muß vor einer endgültigen Entscheidung sehr sorgfältig und verantwortungsbewußt bedacht werden.

Organisation und Recht

Schließlich soll noch auf die für Sturmfluten und Küstenschutz maßgeblichen Rechtsverhältnisse und ihre Entwicklung sowie auf die organisatorischen Zuständigkeiten eingegangen werden.

Unter Küstenschutz ist im Anfang allein das Deichwesen zu verstehen gewesen. Wie die Entwicklung begonnen hat, ist im einzelnen nicht bekannt. Wahrscheinlich hat hier und dort zunächst ein Grundbesitzer Teile seiner Ländereien durch verhältnismäßig bescheidene Dämme und Erdwälle gegen Überschwemmungen bei Sturmfluten zu schützen versucht. Man wird im Laufe der Zeit gemerkt haben, daß die Bedeichung eines Gebietes die Wasserverhältnisse, die Ausräumungsbedingungen beziehungsweise Verlandungen in den Prielen der Nachbarn beeinflußte. Diese sahen sich dadurch veranlaßt oder auch gezwungen, sich bei der Vorbereitung einer Bedeichung abzustimmen und beim Deichbau zusammenzuarbeiten.

So entstanden in den verschiedenen Landschaften Zusammenschlüsse der Grundbesitzer zu Interessengemeinschaften. Innerhalb einer solchen Gemeinschaft bildeten sich nach und nach Rechte und Pflichten für den einzelnen Landeigentümer und bestimmte Regeln für die Beziehungen untereinander heraus. Es wurde eine Organisation erforderlich, um überhaupt zu gemeinsamen Meinungsbildungen kommen und Beschlüsse in die Tat umsetzen zu können. Man mußte sich zum Beispiel darüber einigen, wie die benötigten Mittel für die Gemeinschaftsleistungen aufgebracht und verteilt werden sollten.

Die im Laufe der Deichgeschichte gebauten Schutzwehren stellen eine außergewöhnliche Leistung kleiner und größerer Gemeinschaften dar. Es dürfte sich dabei um eine gesamte Deichlänge in unserem Bereich von mehr als 2000 Kilometern, einschließlich der Mittel- und Schlafdeiche, handeln. Die Anlagen gegen Überschwemmungen der besiedelten Ländereien durch Sturmfluten mußten fortwährend ausgebessert, erhöht, verstärkt, zurück- und vorverlegt werden. Alle Beteiligten hatten deshalb von Anfang an gemeinsam bestimmte Deichpflichten übernommen, die zunächst als Gewohnheitsrecht von Generation zu Generation überliefert worden sind. Erst im Laufe von Jahrhunderten sind die mündlichen Überlieferungen für einzelne Landschaften schriftlich aufgezeichnet worden. Solche Zusammenschlüsse mehrerer Gemeinden gehen in Nordfriesland auf das 10. Jahrhundert zurück, sie werden hier Harden genannt. Man hielt bis in unsere Zeit an dem bewährten Grundsatz fest, daß die gesamte, im Deichschutz liegende Gemeinde an der Deichunterhaltung und vor allem an der gemeinsamen Hilfeleistung bei der Beseitigung von Sturmflutschäden teilnehmen muß. Kein Landbesitzer konnte sich von der Deichpflicht ausschließen: „Kein Land ohne Deich und kein Deich ohne Land."

Als älteste Niederschriften von Deichbestimmungen gelten die Siebenhardenbeliebung der Nordfriesen und die „Krone der rechten Wahrheit" der Eiderstedter aus dem Jahre 1426. Darin wird bereits der Deichfriede erwähnt; er sollte gewährleisten, daß diejenigen, die ihre Deichpflicht erfüllten, geschützt wurden. Der Deichfriede galt auch für den Weg zum Deich und für den Rückweg nach Hause. Die in niederdeutscher Sprache abgefaßte Eingangsformel der Siebenhardenbeliebung lautet:

> Bewilliginge der söven herde, in dem namen des heren amen. In dem jare na gades geborth 1426 des mandages na sunte Vit do weren tho hope gekamen in dem osterherde tho Före in sunte Nicolaus kerken de söven herde: Pilwormingherde, Beltringherde, Wyricksherde, Osterherde tho Före, unde Sylt, Horsbüllherde, Bökingherde, dar mede weren ock etliche frame lüde uth Edomsherde unde Lundenbergerherde, ock was dar jegenwardich Magnus Haisen van unses gnedigen heren wegen, herzogen Hinrikes van Slesswik. Dor worden düsse vor benömeden eins, bewilligeden wilköranden unde beleveden dat se bi erem olden landrechte bliven wolden unde nenerley nye recht annemen, unde hebben ein deel eres olden rechtes uth gedrukket, alse hir na geschreven steit in sundrigen articulen.

Eine wichtige Rolle spielte im Deichwesen das Spatenrecht. Danach steckte der Deichpflichtige, der nicht mehr deichen konnte oder wollte, den Spaten in seinen Deichabschnitt. Damit stellte er auch seine Rechte zur Verfügung. Ein anderer übernahm dann alle Rechte und Pflichten, die mit dem verlassenen Deichpfand verknüpft waren.

Der Spade-Land-Brief, das Teich-Wesen in der Wilstermarsch betreffend, stammt von 1438; die Constitution der fünf Harden (Alt-Nordstrand) von 1450/59. Diese selbstverfaßten Deichordnungen wurden vom Landesherrn bestätigt. Das Spadelandrecht, das in den Distrikten des Herzogtums Schleswig und in der Landschaft Stapelholm Gültigkeit besaß, soll schon vor 1459 festgeschrieben worden sein auf Grund alter Gewohnheiten und Beliebungen. Der Landesherr kodifizierte das Spadelandrecht erst im Jahre 1557. Für einzelne Landschaften und Köge sind später besondere Deichordnungen mit ergänzenden speziellen Vorschriften erlassen worden.

Die älteste Deichordnung für die lüneburgischen Elbmarschen datiert von 1564. Zum Geltungsbereich gehörten damals auch die südliche Hälfte von Finkenwerder, Altenwerder, Wilhelmsburg und der Harburger Deichverband. Die Billwerder Land- und Deichordnung von 1639 gilt als erste Hamburgische Deichordnung. Für das Alte Land, das in der Zeit von 1140 bis 1240 eingedeicht worden ist und das zu Bremen gehörte, erließ die schwedische Regierung 1693 die Teichordnung für das Herzogtum Bremen.

123

Anfangs teilten die Grundbesitzer den zu besorgenden Deichabschnitt entsprechend der Größe ihrer Landflächen im Koog auf, so daß jeder Deichpflichtige für sein Pfand oder Los die ganze Verantwortung übernahm. Man legte Deichbücher für die deichpflichtigen Ländereien an. Diese Bücher wurden laufend fortgeschrieben und auf dem neuesten Besitzstand gehalten. Man veranstaltete in jedem Jahr mehrere Deichschauen, dabei wurde geprüft und im einzelnen festgelegt, welche Deicharbeiten ausgeführt werden sollten. An den Deichschauen nahmen die verantwortlichen Vertreter der Kommünen, die Deichoffizialen und später auch Vertreter der staatlichen Deichaufsicht regelmäßig teil. Dieses System der partitiellen Deichung (Pfanddeichung) führte hier und dort verständlicherweise zu Streitigkeiten. Säumige in ihren Deichpflichten mußten mit empfindlichen Geldbußen rechnen, oder sie verloren sogar ihr Land: „De nich will dieken, mutt wieken."

Die Organisation und Verwaltung des Deichwesens lag zunächst bei den Deichkommünen, auch die Deichaufsicht. In ihren Selbstverwaltungen wählten sie die Offizialen oder Deichbeamte; in den Distrikten gab es unterschiedliche Bezeichnungen, wie Deichgraf (auch Deichgräfe), Oberdeichgraf, Deichrichter, Deichhauptmann, Deichvogt, Lehnsmann, Deichgeschworener. Im 16. Jahrhundert begannen in Schleswig-Holstein die Landesherren, ihren Einfluß auf die Deichaufsicht mit Hilfe ihrer Staller und Amtmänner auszudehnen. Im Jahre 1608 setzte der Herzog von Schleswig den aus Holland stammenden Deichexperten Johan Rollwagen als staatlichen Generaldeichgrafen ein, und bald danach ernannte er für die einzelnen Landschaften auch ständige staatliche Deichgrafen.

Die Deichaufsicht sollte auf diesem Wege wirksamer gestaltet werden. Die Landesherrschaft weitete ihren Einfluß auch dahin aus, daß sie die Deiche zu ihren Regalien erklärte. Sie unterstützte Deichwillige durch Steuererlässe und Materiallieferungen. Die Rechte auf Eindeichungen konnte man von ihr kaufen; damit wurden landesfremde Unternehmer herangeholt. Ein bemerkenswertes Beispiel hierfür ist nach der Sturmflut 1634 die Wiederbedeichung der Reste von Alt-Nordstrand. Die völlig verarmten Nordstrander waren nicht in der Lage, die vom Herzog verlangten Bedingungen zu erfüllen, ein Teil verließ die Insel, andere Grundbesitzer wurden Deicharbeiter. Der Landesherr schloß Verträge mit Holländern, die als tüchtige Wasserbaumeister bekannt waren.

Als ganz Schleswig-Holstein 1779 staatspolitisch unter der Oberhoheit des dänischen Königs zusammengefaßt war, konnte man eine Vereinheitlichung im Deichwesen betreiben. Schon die erheblichen Sturmflutschäden 1751 und 1756 hatten erkennen lassen, daß zu ihrer Beseitigung größere Staatsmittel in Anspruch genommen werden mußten. Der im vorigen Kapitel erwähnte Bericht des Etatsrats J. N. Tetens machte deutlich, wie sehr das Deichrecht von einem zum anderen Distrikt abwich. Er schlug deshalb eine sachverständige Direktion des Deich- und Uferbaues vor. Die aufgezeigten Mängel wurden durch die Schäden der Sturmflutreihe 1791 bis 1794 so deutlich sichtbar, daß König Christian VII. am 29. Januar 1800 das „Patent, betr. die einzuführende Aufsicht über die Deiche der sämtlichen Marsch-Commünen, adligen Marschgüter und octroyierten Köge in den Herzogthümern Schleswig und Holstein", erließ.

Die Deiche in den Marschen Schleswig-Holsteins wurden nun der Aufsicht von drei staatlichen Deichinspektoren unterstellt. Man schuf mit dem Allgemeinen Deichreglement vom 6. April 1803 ein einheitliches Deichrecht (Abb. 139). Von nun an wird zusätzlich zu den Deich- und Uferschutzarbeiten die Verteidigung des Watts und die Förderung des Anwachses betrieben, um die Sicherheit des Deiches zu verbessern. Steindecken werden zum Schutz des abbrechenden Ufers gebaut; die Deiche werden nach dem neu festgesetzten Bestick hergerichtet, neue Seedeiche gebaut. Neben der alten Pfanddeichung entsteht die Deichung durch Gemeinschaften, die Kommuniondeichung. Da alle durch den Seedeich geschützten Ländereien bei Deichbrüchen und Überschwemmungen als Gefahrengemeinschaften angesehen wurden, schuf man den einheitlichen Deichband, den Vorläufer des Wasser- und Bodenverbandes. Die einzelnen Ländereien wurden in das Deichregister eingetragen. Nach dem Maßstab „Demat Demat gleich" lagen die Deichpflichten auf jedem Grundstück als dingliche Last. Das Allgemeine Deichreglement enthält besondere Vorschriften für den Fall der Nothilfe bei Sturmfluten.

In der Festlandsmarsch entstanden vier schleswigsche und sechs holsteinische Deichbände;

I. schlesw. Deichband: Karrharder Alter Koog bis Blumenkoog,
II. schlesw. Deichband: Ockholmer Koog bis Hattstedter Marsch,
III. schlesw. Deichband: Eiderstedter Köge,
IV. schlesw. Deichband: Eiderniederungen von Stapelholm,

I. holst. Deichband: Haseldorfer Marsch,
II. holst. Deichband: Seestermüher Marsch,
III. holst. Deichband: Kremper Marsch,
IV. holst. Deichband: Wilstermarsch,
V. holst. Deichband: Süderdithmarschen,
VI. holst. Deichband: Norderdithmarschen.

Da man bei Sturmfluten nicht vom Festland nach den Inseln kommen konnte, schloß man die Deichverbände auf den Inseln zu einem Distrikt zusammen. Die Deichaufsicht oblag hier einem staatlichen Deichkommissar; er hatte seinen Wohnsitz auf einer Insel, damit er in dringenden Fällen rechtzeitig seine Aufgaben wahrnehmen konnte.

Für jeden Deichband waren nun besondere Regulative zu entwerfen, „in welchen die nach Verschiedenheit der Fälle von den sämtlichen Commünen eines Deichbandes zu leistende gegenseitige Beihülfe und sonstige gemeinschaftliche Verpflichtungen genau bestimmt" wurden.

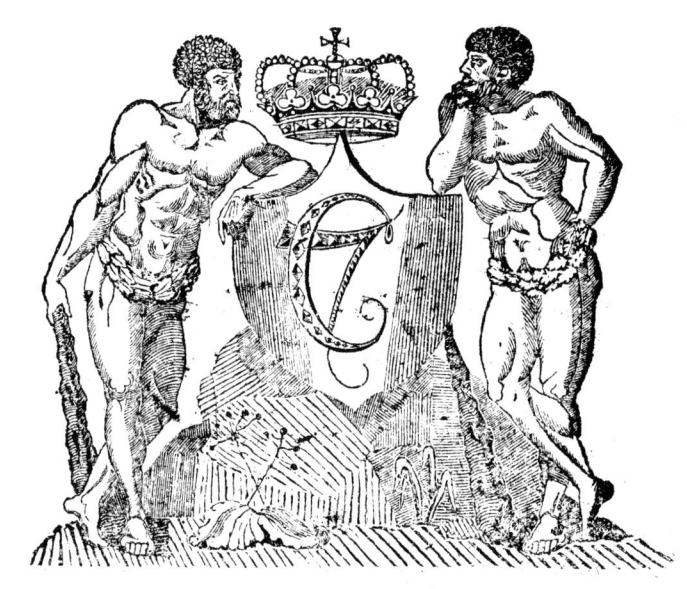

Abb. 139. Titelblatt für das Allgemeine Deichreglement von 1803.

Der § 31 des Allgemeinen Deichreglements behandelt die Sturmfluten wie folgt:

Wenn der Deich bei hohen Sturmfluten gefährdet ist oder bereits „Kammstürzungen" und Deichbrüche erfolgt sind, müssen sogleich alle Kräfte aufgeboten werden. Zur Abwendung oder Verminderung der Gefahr gelten folgende Anordnungen:

a) Sämtliche Deichoffizialen sind in derartigen Notfällen verpflichtet, „zur Rettung der Menschen, ihres Viehes und Eigentums und um dem ferneren Eindringen des Wassers womöglich zu wehren, sogleich auf der Stelle die nötigen Vorkehrungen zu treffen und die zu beschaffende Arbeit anzuordnen".

b) Der Oberdeichgraf hat dafür zu sorgen, daß „die nöthigen Materialien an Stroh, Busch, Brettern, Pfählen, Säcken, Segeltuch und, was sonsten zur Beschützung eines durch hohe Wasserfluthen angegriffenen oder beschädigten Deichs gehört, in Bereitschaft sind".

c) Nicht nur die zum Deichband gehörigen Kommunen, selbst wenn ihre Deiche nicht in Gefahr sind, sondern auch die benachbarten Kommunen eines anderen Deichbandes, sogar die nächsten Geestdörfer sind verpflichtet, Nothilfe zu leisten. Sie haben sich „sowohl mit Mannschaft, als auf Verlangen mit Pferd und Wagen, auch mit Böten, sofern sie damit versehen, einzufinden, ingleichen das nöthige Stroh, Busch und sonstige Materialien für Bezahlung zu liefern und die ihnen angewiesenen Arbeiten zu verrichten".

d) Die Leistung der Nothilfe besteht darin, daß bei einem Deichbruch „die durchgerissene Öffnung aufs schnellste gestopft und daß Menschen, Vieh und Güter gerettet werden".

e) Wenn ein beträchtlicher Teil des Deiches weggerissen ist, muß die Nothilfe so lange geleistet werden, bis das Land gegen das Eindringen der „täglichen Flut" gesichert ist.

f) Wenn durch besondere Umstände die sofortige Wiederherstellung eines weggerissenen Deiches oder die Herstellung eines Notdeiches nicht möglich ist und das überschwemmte Land vorläufig offen gelassen werden muß, soll bei der späteren Arbeit die Nothilfe so lange geleistet werden, bis der Deich einer „gewöhnlichen Flut" widerstehen kann.

g) Die Leistung der Nothilfe muß festgesetzt werden, wenn die betroffene Kommune die erforderlichen Maßnahmen am Deich zu ihrem Schutz nicht vor Eintritt der gefährlichen Jahreszeit bewältigen kann.

h) In den vorerwähnten Fällen kann die Nothilfe von den Kommunen eines anderen Deichbandes sowie von den nächsten Geestdörfern nur bei wirklichem Arbeitermangel verlangt werden, sie sind, sobald die erste Gefahr vorüber ist, von der weiteren Leistung zu befreien.

i) Die Entscheidung darüber, ob die Vorschriften der Nothilfe zur Zeit der Saat und Ernte eingeschränkt werden können, bleibt dem Ermessen der zuständigen Obrigkeit überlassen.

k) Sämtliche bei der Nothilfe eingesetzten Arbeiter sind unabhängig von ihrer Zugehörigkeit zu einem Deichband oder zu der betroffenen Kommune nach bestimmten Richtlinien zu bezahlen und die entstehenden Kosten über den ganzen Deichband zu verteilen.

Die 1803 für das Deichwesen geschaffene Rechtsordnung hat die staatspolitische Umstellung der Herzogtümer für lange Zeit überstanden. Die preußische Verwaltung schaltete sich deutlich stärker in den Aufgabenbereich des Küstenschutzes ein; sie führte nun auch zusätzliche Maßnahmen ganz oder teilweise durch, zum Beispiel die Sicherung besonders gefährdeter Deichstrecken, Befestigung des Deichfußes mit Steindeichen, den Verbau von Prielen und eine planmäßige Vorlandgewinnung.

Das preußische Gesetz über das Deichwesen von 1848 wurde nach der Eingliederung Schleswig-Holsteins hier eingeführt, ohne daß man das Allgemeine Deichreglement außer Kraft setzte. Ab 1900 bis etwa 1940 übernahm der Staat fast entlang der ganzen Küste das Anwachsrecht; er wurde Eigentümer ausgedehnter Vorlandflächen und führte dann auch die Deichbauarbeiten selbst durch. Im 20. Jahrhundert sind nur noch drei Bedeichungen von privater Hand unternommen worden: Trischen-Koog 1922/25, Neufelder Koog 1923/25 und Sönke-Nissen-Koog 1924/26.

An der schleswig-holsteinischen Ostseeküste kamen alle Küstenschutzarbeiten ursprünglich — wie an der Westküste — aus der Tatkraft einzelner Grundbesitzer zustande, oder es handelt sich um Gemeinschaftsleistungen auf freiwilliger Basis ohne Unterstützung von anderer Seite. Erst als die preußische Verwaltung bei der Errichtung von Deich- und Entwässerungsanlagen staatliche Hilfe zur Verfügung stellte, kam es zur Gründung von Genossenschaften und Verbänden. So bildete man 1870 die Gruber Seegenossenschaft für die Unterhaltung der Anlagen nördlich von Dahme. Die sehr schwere Sturmflut vom November 1872 war schließlich der Anlaß für die Gründung zahlreicher Deichverbände in der Zeit von 1877 bis 1888 und hauptsächlich zwischen Kiel und Neustadt/Holstein.

Ende des 19. Jahrhunderts führte man in Schleswig-Holstein unter preußischem Einfluß den Begriff Deichverband ein, der nach und nach den Deichband ablöste, ohne daß sich die seit Jahrhunderten bewährten Gemeinschaftsrechte wesentlich geändert haben. Das Wasserverbandgesetz und die Wasserverbandverordnung von 1937 zielten auf ein einheitliches Verbandsrecht hin. Eine der vielfältigen Aufgaben der Wasser- und Bodenverbände ist, Grundstücke vor Hochwasser und Sturmfluten zu schützen. Der Verband wird zur Körperschaft, zur juristischen Person. Gesetz und Verordnung regeln das Recht des Wasser- und Bodenverbandes, Fragen der Satzung, Mitgliedschaft, Aufgaben, Verfassung, Haushalt, Beiträge der Mitglieder, Ordnungsgewalt, Dienstkräfte, Aufsicht und Spruchbehörden.

Das neue Wassergesetz des Landes Schleswig-Holstein vom 25. Februar 1960 ist auf der Grundlage des Wasserhaushaltsgesetzes der Bundesrepublik erlassen worden. Es ergänzt dieses Rahmengesetz. In seiner neuesten Fassung ist die Unterhaltung von Landesschutzdeichen unter anderem wie folgt geregelt:

(1) Landesschutzdeiche sind Deiche im Einflußbereich der Nord- und Ostsee, die dazu dienen, ein Gebiet vor allen Sturmfluten zu schützen.

(2) Die Unterhaltung und Wiederherstellung von Landesschutzdeichen und von Deichen auf Halligen, soweit sie bisher Wasser- und Bodenverbänden obliegt, geht als öffentlich-rechtliche Verbindlichkeit am 1. Januar 1971 als geschlossener Teil dieser Verbände auf das Land über. Gleichzeitig geht das Eigentum der Wasser- und Bodenverbände an den Deichen unentgeltlich auf das Land über ...

(4) Bei Neuplanung von Landesschutzdeichen sind die Vorsteher der angrenzenden Wasser- und Bodenverbände zu hören. An der Deichschau und an der Gefahrenabwehr sind die Vertreter der an die Landesschutzdeiche angrenzenden Wasser- und Bodenverbände zu beteiligen ...

Für die Durchführung dieser Aufgaben hat das Land Schleswig-Holstein sechs Ortsdienststellen aus den Marschenbauämtern an der Nordseeküste und an der Elbe sowie aus den Wasserwirtschaftsämtern an der Ostseeküste eingerichtet, nämlich die Ämter für Land- und Wasserwirtschaft in Husum, Heide (mit der Außenstelle in Büsum), Itzehoe, Flensburg, Kiel und Lübeck. Die zuständige Zentralbehörde ist das Ministerium für Ernährung, Landwirtschaft und Forsten mit der Abteilung Wasserwirtschaft in Kiel. Das Landesamt für Wasserhaushalt und Küsten steht für die Erarbeitung von Grundlagen zur Verfügung.

Ähnlich wie in Schleswig-Holstein ist die Entwicklung auch in Hamburg und Niedersachsen verlaufen. Für die einzelnen hamburgischen Marschgebiete gibt es bis heute sieben Deichverbände (Wasser- und Bodenverbände), denen die Unterhaltung der Deiche sowie die Deichverteidigung bei Sturmfluten obliegt. Das für den Hochwasserschutz und das Deichwesen in Hamburg maßgebliche Gesetz ist das Hamburgische Wassergesetz vom 20. Juni 1960. Auf seiner Grundlage soll in naher Zukunft eine Hamburgische Deichordnung erlassen werden, die die alten, noch bestehenden Deichordnungen außer Kraft setzen wird. In Zukunft wird es in Hamburg nur noch zwei Deichverbände geben (Vier- und Marschlande sowie Wilhelmsburg). Aufsichtsbehörde der Deichverbände ist die Baubehörde der Hansestadt Hamburg, Hauptabteilung Wasserwirtschaft.

Nach der Sturmflut von 1962 sind im Hamburger Gebiet insgesamt 96 km Landesschutzdeiche einschließlich der Hochwassermauern neu gebaut oder wesentlich verstärkt worden. Die Mittel dafür konnten, wie auch in Niedersachsen und Schleswig-Holstein, nicht von den Deichverbänden aufgebracht werden, sondern wurden vom Bund und dem Land bereitgestellt. Die Bauausführung lag in Hamburg bei der Baubehörde und nicht wie damals noch in Schleswig-Holstein bei den Deichverbänden.

Dabei mag auch eine Rolle gespielt haben, daß große Teile der Uferstrecken an der Elbe, insbesondere das gesamte Gebiet der Innenstadt und das Hafengebiet, keinem Deichverband angehörten. Es gab vor 1962 in der Hamburger Innenstadt zwar auch eine Hochwasserschutzlinie, sie war aber nicht so hoch wie heute und lag weiter zurück. Die Michaelisschleuse, die Graskellerschleuse und die Mühlenschleuse waren als Sperrwerke ausgerüstet. Man hatte im Laufe der Zeit die Straßen in Elbnähe so weit aufgehöht, daß eine gewisse Sicherheit gegen Überflutungen vorhanden war. Der Tideeinfluß reichte durch viele Fleete weit in die Stadt hinein. Bei hohen Sturmfluten wurde stets ein großer Teil der Stadt überschwemmt. Von den in der ersten Hälfte des 19. Jahrhunderts in der Hamburger Innenstadt vorhandenen 9000 Häusern waren 3000 flutgefährdet. Man hatte damals an zahlreichen Stellen an den Fleeten Flutmesser (Pegellatten) angebracht. Bei Sturmflutgefahr mußten Wachen diese Latten in kurzen Zeitabständen ablesen und bei einem bestimmten Wasserstand die Bewohner der gefährdeten Häuser warnen, durch Klopfen an Türen und Fenstern und durch Rufen. Beim Erreichen eines bestimmten noch höheren Wasserstandes wurden Böllerschüsse abgefeuert. Die Warnung durch Böllerschüsse für die elbenahe Innenstadt und das Hafengebiet ist auch heute noch üblich. Erst nachdem nach 1962 die Mauern und Sperrwerke im Hamburger Stadtgebiet gebaut worden sind (Abb. 106, 107, 134, 137), ist die Innenstadt vor Sturmfluten sicher.

Inzwischen ist in Hamburg durch einen Beschluß der Bürgerschaft der gesamte Hochwasserschutz, wie in Schleswig-Holstein, zur staatlichen Aufgabe erklärt worden. Damit liegt, nachdem die Hochwasserschutzwerke vom Staat gebaut worden sind, auch ihre Unterhaltung und die Deichverteidigung bei der Baubehörde; sie greift bei der Deichverteidigung weiterhin auf die Mitwirkung der Verbände zurück. Für den Hochwasserschutz im Hafengebiet ist die zur Behörde für Wirtschaft, Verkehr und Landwirtschaft gehörende Dienststelle Strom- und Hafenbau zuständig.

Auch in Niedersachsen hatte die erste Wasserverbandverordnung vom 3. September 1937 die Bestimmungen der alten Deichordnungen über die innere Verfassung der Deichverbände und Deichgenossenschaften, auch Deichachten genannt, außer Kraft gesetzt und abgelöst. Das in den Deichordnungen enthaltene materielle Deichrecht blieb jedoch im großen und ganzen weiterhin bestehen. Im Gegensatz zu Schleswig-Holstein und Hamburg wurde in dem auf Grund des Wasserhaushaltsgesetzes vom 27. Juli 1957 erlassenen Niedersächsischen Wassergesetz vom 7. Juli 1960 das Deichrecht nicht geregelt.

Als einziges Bundesland hat Niedersachsen am 1. März 1963 ein eigenes Deichgesetz erlassen. Die Deiche, die dem Schutz vor Sturmfluten dienen, heißen hier Hauptdeiche. Die Eigentümer aller im Schutz der Deiche gelegenen Grundstücke — im allgemeinen bis zur Höhenlinie NN +5,00 m — sind zur gemeinschaftlichen Deichunterhaltung verpflichtet (Deichpflicht). Die Erhaltung und Unterhaltung der Deiche obliegt den einzelnen örtlichen Deichverbänden. Sie sind als Wasser- und Bodenverbände entsprechend der Wasserverbandverordnung von 1937 Selbstverwaltungskörperschaften des öffentlichen Rechts. In einer Anlage zum Deichgesetz werden die verschiedenen Deichverbände namentlich genannt. Im Elbegebiet gibt es insgesamt 11 Deichverbände. Untere Aufsichtsbehörden sind die Landkreise, obere Deichaufsichtsbehörde ist der Regierungspräsident in Stade, dem das Wasserwirtschaftsamt Stade als Fachbehörde unterstellt ist.

Die Kosten der Deichunterhaltung werden von den in den Verbänden zusammengeschlossenen Deichpflichtigen aufgebracht; die Verteilung der Lasten ist in den jeweiligen Satzungen geregelt. Außerdem ist eine Kostenbeteiligung des Landes vorgesehen, über die der Niedersächsische Minister für Ernährung, Landwirtschaft und Forsten entscheidet. Das Gesetz enthält ausführliche Vorschriften über die Übernahme von Deichen als Hauptdeiche, die Verlegung der Deichlinie, Festsetzung und Kontrolle der Abmessungen der Deiche (Deichbestick), Anlagen und Bauwerke in Deichen, die Erhaltung des Deichvorlandes und der zweiten Deichlinie, das Eigentum am Deich und schließlich auch Strafbestimmungen. In jedem Deichverband wird ein Deichbuch für die Deiche seines Bezirkes geführt, in dem alle wichtigen Angaben über die Deiche, ihre Abmessungen und deren Veränderungen, das Eigentum, Bauwerke, Wege, Genehmigungen und Rechte sowie die Ergebnisse der Kontrollen des Deichbesticks eingetragen sind. Durch Erlaß des Deichgesetzes traten zahlreiche alte Deichordnungen, die zum Teil noch aus früheren Jahrhunderten stammten, außer Kraft; die älteste davon war die Neufelder Deichordnung vom 20. April 1698.

Die Sturmflutsperrwerke, die in Bundeswasserstraßen gebaut sind, stehen im Eigentum des Bundes. Sie werden vom Bund unterhalten und betrieben. Die dafür zuständigen Dienststellen sind die Wasser- und Schiffahrtsämter. Sie unterstehen im Elbegebiet und in Schleswig-Holstein der dem Bundesminister für Verkehr nachgeordneten Wasser- und Schiffahrtsdirektion Nord in Kiel. Der Betrieb der Sperrwerke wird mit den Dienststellen der Länder und den Deichverbänden abgestimmt. Das Eigentum der an die Sperrwerke anschließenden Deiche oder Dammstrecken sowie deren Unterhaltung richtet sich nach den jeweiligen landesrechtlichen Vorschriften.

Unabhängig von dem Bau und der Unterhaltung der Küstenschutzwerke ist der unmittelbare Schutz der Bevölkerung bei Sturmfluten organisiert. Er gehört zu dem allgemeinen Katastrophenschutz, für den in Schleswig-Holstein und Niedersachsen die Landkreise zuständig sind, in der Zentralinstanz die Innenminister, in Hamburg der Innensenator. Wenn auf Grund der Wetterlage, die durch Beobachtungen verschiedener Stationen in Nordeuropa und Nordamerika, aus Satellitenbildern und Wettermeldungen von Schiffen auf dem Nordatlantik und seinen Randmeeren ermittelt wird, sich die Möglichkeit einer Sturmflut für die deutsche Küste abzeichnet, gibt das Deutsche Hydrographische Institut (DHI) in Hamburg Sturmflutwarnungen heraus. Sie gehen nach einem bestimmten Alarmplan an alle an dem Katastrophenschutz beteiligten Stellen, so daß rechtzeitig alle Maßnahmen für die Gefahrenabwehr und den Schutz der Bevölkerung eingeleitet werden können. Die zunächst noch mehr allgemein gehaltene Sturmflutwarnung wird auf Grund weiterer Wettermeldungen und der Wasserstandsbeobachtungen der Dienststellen an der Küste präzisiert, den einzelnen Stellen werden genauere Vorhersagen in Wobs-Telegrammen*) über die mögliche Entwicklung der Sturmflut gegeben und die Voraussagen über die Höhe des Sturmflutscheitels korrigiert. Schließlich werden Sturmflutwarnungen für die Bevölkerung in Rundfunk und Fernsehen bekanntgegeben.

Inzwischen sind die örtlich zuständigen Stellen für den Küstenschutz und den Katastrophenschutz nicht untätig geblieben. An gefährlichen Punkten werden Beobachtungsposten eingerichtet, Sturmflutsperrwerke werden entsprechend den Betriebsplänen geschlossen, Katastropheneinsatzstäbe treten zusammen. Bei den Kreisverwaltungen, Ämtern für Land- und Wasserwirtschaft, Wasserwirtschaftsämtern, Wasser- und Schiffahrtsämtern, Hafenbehörden werden Bereitschaftsposten bezogen, Polizei, Feuerwehr, Technisches Hilfswerk, Rotes Kreuz und Einheiten der Bundeswehr in Alarmbereitschaft versetzt. Trotz der Sturmflutwarnungen mit den zu erwartenden Scheitelhöhen der Sturmflut kann man auf örtliche Wasserstands- und Windbeobachtungen und auf die Verwertung von Erfahrungen vor Ort nicht verzichten. Die Warnung des DHI gilt für ein größeres Gebiet, deshalb kann die Vorhersage nur einen ungefähren Anhalt für die Höhe der Sturmflut und das Ausmaß der Gefährdung geben. Auf Grund der Lage einer Deichstrecke zur Windrichtung, der Wellenentwicklung, die unter anderem von den Vorlandverhältnissen und den Deichabmessungen abhängig ist, sowie von anderen Faktoren, kann die Höhe der Sturmflut örtlich eine ganz andere, höhere oder niedrigere sein, als sie die Warnung angab.

Aus diesem Grunde hat Hamburg für seinen Hafen, der bei Sturmfluten vor den Deichen und anderen Schutzbauwerken liegt, einen eigenen Sturmflutwarndienst eingerichtet. Er setzt ein, wenn erste Warnungen für erhöhte Wasserstände eintreffen und sich die Möglichkeit für die Entwicklung einer Sturmflut andeutet. Dieser Wasserstandswarndienst (WADI) wertet nun selbständig laufend alle Wetter- und Wasserstandsdaten hinsichtlich der möglichen Wirkungen auf die Elbe und besonders auf den Hamburger Hafen aus, um möglichst frühzeitig genaue Wasserstände voraussagen zu können. Die von verschiedenen Stellen erhaltenen Daten werden in einem Elektronenrechner mit Hilfe komplizierter Rechenprogramme ausgewertet, die Ergebnisse laufend an Hand der inzwischen eingegangenen neuen Daten überprüft und die Vorhersagen korrigiert. Auf Grund dieser Informationen können die Hafen- und Schiffahrtsbetriebe Sturmflutschäden vermeiden, wie sie noch im Herbst 1973 und im Januar 1976 aufgetreten sind.

---

*) Wobs = *W*ater *o*bservation *b*roadcasting *s*ervice

Schlußbetrachtung

In diesem letzten Kapitel wollen wir einige Gedanken über die künftige Entwicklung zur Diskussion stellen. Sind Sturmfluten größerer Höhe und Häufigkeit zu erwarten als bisher oder ist langfristig mit einer Abnahme zu rechnen? Wie läßt sich der Schutz der Bevölkerung vor Sturmfluten noch verbessern, oder ist er schon jetzt ausreichend? Gibt es vielleicht „große Lösungen", die die Problematik der Sturmflutgefahr für größere Gebiete beseitigen, oder müssen die Menschen an der Küste weiterhin mit einem restlichen Risiko leben?

Wie wir erläutert haben, wird man von vielen offenen Fragen in nächster Zukunft wohl nur einige und auch diese nur mit Hilfe umfangreicher wissenschaftlicher Arbeit beantworten können. Deshalb sollte die Forschung, die durch Zusammenarbeit der Wissenschaftler aller beteiligten Disziplinen unter Beachtung und Bewertung der praktischen Erfahrungen zu leisten ist, vorangetrieben werden. Durch statistische Untersuchungen wird es möglich sein, über die Höhe der Sturmflutwasserstände unter sehr ungünstigen Verhältnissen an den verschiedenen Orten der deutschen Nordseeküste weitere Aussagen zu machen. Astronomische Forschungen können vielleicht Hinweise auf langfristige Veränderungen der Sonnenenergie geben; Meteorologen und Umweltforscher dürften weitere Angaben zur Klimaentwicklung auf der Erde zur Verfügung stellen. Die exakte Beobachtung der Wasserstände und der Klimafaktoren — Temperatur, Luftdruck, Wind — muß weitergeführt werden, um Trendentwicklungen zu erkennen. Alle Arbeiten werden noch viel Zeit in Anspruch nehmen.

Wir wissen, daß der Meeresspiegel seit einigen Jahrhunderten im Mittel um etwa 25 Zentimeter in hundert Jahren ansteigt. Um diesen Betrag werden auch die Sturmflutscheitel bei sonst gleichen Voraussetzungen höher steigen. Nach neuesten Beobachtungen hat es den Anschein, als ob dieser Anstieg allmählich abklingt. Es ist möglich, daß sich in den nächsten Jahrzehnten ein Maximum der langjährigen MThw-Ganglinie ausbilden kann und die MThw danach dann allmählich wieder in eine fallende Tendenz übergehen. Ähnliche Auf- und Abbewegungen sind in früheren Jahrhunderten schon mehrfach vorgekommen. Ein solcher Wasserstandsverlauf bedeutet, daß der Anstieg der Sturmflutscheitel auch geringer wird, und daß es vielleicht in einigen Jahrzehnten zu einem Absinken der Scheitelhöhen der höchsten Sturmfluten kommt. Aber niemand kann voraussagen, ob die Entwicklung so weitergeht, wie sie sich zur Zeit anzubahnen scheint.

Die säkulare Änderung der mittleren Wasserstände ist auf großklimatische Schwankungen zurückzuführen: In wärmeren Perioden schmelzen das Inlandeis an den Polkappen und die Gebirgsgletscher, diese Wassermassen lassen den Meeresspiegel ansteigen. Eine Erhöhung der Wassertemperatur des Meeres bringt ebenfalls einen Anstieg. Umgekehrt ist es in einer Abkühlungsperiode. Die mittlere Jahrestemperatur braucht dabei nur um wenige Grade zu sinken. Diese großklimatischen Schwankungen hängen letztlich von der Änderung der die Erde erreichenden Sonnenenergie ab; ihre langfristige Entwicklung ist nicht voraussehbar. Aber selbst wenn diese Änderungen in einem Rhythmus verlaufen und bald eine geringe Abkühlung und damit ein Sinken des mittleren Meereswasserspiegels eintreten sollte, wird zu prüfen sein, wie sich bestimmte Eingriffe des Menschen in seine Umwelt auswirken. Wird durch Abgase die Lufthülle und durch Abwasser das Meer so erwärmt, daß die sich ankündigende Abflachung des Meeresspiegelanstiegs weitgehend aufgehoben wird? Sind diese Einflüsse sogar stärker, und kommt es statt zu einem Absinken des Meeresspiegels zu einem noch weiteren Ansteigen als in den letzten hundert Jahren? Bedacht werden muß auch die Wirkung der Entnahmen von Erdgas im Küstengebiet der Nordsee. Kann es dabei zu echten Küstensenkungen kommen und damit zu einem scheinbaren Anstieg des Meeresspiegels an der Küste und einer Vergrößerung des Sturmfluteinflusses? Nach unseren bisherigen Erkenntnissen sind die höchsten seit dem 16. Jahrhundert an der deutschen Nordseeküste bekannten Sturmfluten etwa zwischen 3,5 m und 4,0 m — in Buchten und Flußmündungen allenfalls etwas über 4,0 m — höher als das jeweilige örtliche zeitgenössische MThw eingetreten. Auch das braucht nicht so zu bleiben. Durch ein Zusammentreffen vieler sehr ungünstiger Faktoren sind Sturmfluten mit größeren Scheitelhöhen über MThw denkbar. Wenn auch solche Kombinationen statistisch sehr unwahrscheinlich sind, so sollte man sie nie außer acht lassen.

Alle diese Betrachtungen zeigen, daß die Menschen an der Küste auf nicht absehbare Zeit weiterhin mit dem Risiko der Sturmflutgefahr zu leben haben. Sie müssen daher stets wachsam sein, das heißt, man sollte unaufhörlich bemüht sein, möglichst früh zu erkennen, wann eine Sturmflut zu erwarten ist. Dank der meteorologischen Beobachtungen und mit Hilfe von Satelliten kann heute einige Stunden im voraus gesagt werden, ob mit einem Orkan und ob auch mit einer Sturmflut zu rechnen ist. Je näher ein solches Ereignis heranrückt, um so genauere Vorhersagen sind möglich. Eine vorrangige Aufgabe besteht darin, die längerfristige exakte Voraussage zu verbessern. Dazu ist es nötig, zum Beispiel draußen im Küstenvorfeld automatische Pegelstationen einzurichten. Ein möglichst dichtes Netz von Meßbojen sollte in der Nordsee und im Nordatlantik geschaffen werden, die meteorologischen Daten (Wind, Luftdruck, Lufttemperatur) und hydrologische Daten (Wasserstand, Wellen, Wassertemperatur) erfassen und automatisch — wie die Wasserstände der Pegel — an Küstenstationen melden. Noch weiträumiger können Wettersatelliten Aufschluß über die Wetterentwicklung geben. Es sind Rechenprogramme zu entwickeln, um aus allen diesen, auf dem Meer und in der Lufthülle in weit entfernten Gebieten gemessenen Werte zu ermitteln, wie sich die Faktoren einzeln und kombiniert auf die Wasserstände an der Küste und in den Tideflüssen auswirken werden. Das ist nur unter Einsatz von Großcomputern möglich. An diesen Entwicklungen, die noch manche grundlegenden Forschungen voraussetzen, und die natürlich sehr viel Geld kosten, wird z. Z. gearbeitet. In den nächsten Jahren sind neue Ergebnisse zu erwarten; man wird dann früher und exakter warnen können, als es bisher möglich war. Ein Rest Unsicherheit wird aber bleiben.

Neben diesen naturwissenschaftlichen Forschungen werden auch die bautechnischen Entwicklungen weitergetrieben, damit die Bauwerke — Deiche, Deckwerke, Sperrwerke — noch sicherer werden. Insbesondere ist daran gedacht, die Wirkung von Wellen auf Bauwerke näher zu analysieren und daraus neue Bauweisen abzuleiten. Ein großer Wellenkanal, in dem 2 m hohe Wellen erzeugt und in ihrer Wirkung auf Bauwerke untersucht werden können, soll zum Beispiel in den nächsten Jahren bei der Technischen Universität Hannover gebaut werden. Aber man wird auch die vorhandenen Schutzmaßnahmen, ihren allgemeinen Zustand wie auch das gesamte Schutzsystem ständig überprüfen müssen. Sind die Anlagen stark und hoch genug und damit ausreichend wirksam, gibt es bessere Schutzmaßnahmen?

Für die Marschengebiete an der Nordseeküste außerhalb der Tideflüsse und für die Niederungen an der Ostsee gibt es außer Deichen keinen anderen Schutz gegen Überflutungen durch Sturmfluten. Die Landesschutzdeiche sind in den letzten Jahrzehnten unter Aufwand großer Mittel erheblich erhöht und verstärkt worden. Einige Deichabschnitte sind noch zu verstärken, die Arbeiten am Deichvorland wird man hier und dort zu intensivieren und Mitteldeiche funktionsfähig herzurichten haben. Ein Teil der Halligwarfen ist noch zu erhöhen und deren Böschungen abzuflachen. Nach Abschluß der letzten Baumaßnahmen wird das Schutzsystem in vollem Maße das Vertrauen der hinter ihm lebenden Bevölkerung verdienen. Wir wissen aber, daß künftig durchaus Sturmfluten mit größeren Scheitelhöhen, als bisher beobachtet, vorkommen können; die größte mögliche Sturmfluthöhe können wir jedoch nicht voraussagen. Wollte man die Deiche für jede nur denkbare „Super-Sturmflut" extrem hoch bauen, so würde der Baugrund an manchen Stellen eine solche Belastung nicht zulassen. Man baut daher die Deiche so, daß sie nicht zerstört werden, wenn die Wellen bei einer extrem hohen Sturmflut zeitweise Wasser über die Deichkrone hinwegschießen lassen. Dies kann bei den für die Landesschutzdeiche vorgeschriebenen Kronenhöhen, selbst bei höheren Wasserständen als bisher beobachtet, nur für kurze Zeitintervalle geschehen. Die dabei in einen Koog gelangenden Wassermengen sind gering.

Verluste an Menschenleben dürften sich ausschließen und die Sachschäden in Grenzen halten lassen. Katastrophen mit Menschenverlusten sind nur bei plötzlichen Überflutungen infolge von Deichbrüchen möglich.

Wenn gesagt wurde, daß es für Marschen und Niederungen außer den Deichen keinen Schutz vor Überflutungen durch Sturmfluten gibt, so gilt das nicht für die Tideflüsse. Diejenigen Tideflüsse, deren Bedeutung für den Schiffsverkehr nur gering ist, haben inzwischen alle an ihren Mündungen Sturmflutsperrwerke. Dadurch haben die Deiche an den Flüssen Entlastung und das Land hinter ihnen praktisch den doppelten Sturmflutschutz bekommen.

Wie liegen aber die Verhältnisse an der Elbe, die zugleich wichtige Schiffahrtsstraße zu dem bedeutenden Seehafen Hamburg ist? Die Deiche an der Unterelbe und die Schutzbauwerke im Hamburger Stadtgebiet werden ebenso zuverlässig und ausreichend sein wie die neuen Landesschutzdeiche an der Nord- und Ostseeküste, wenn die letzten Deichbauarbeiten in der Haseldorfer Marsch, im Kehdinger Land und an der Oste fertiggestellt und wenn die erforderlichen Zusatzmaßnahmen im Hamburger Gebiet abgeschlossen worden sind. Für den Schutz dieser Gebiete dürften dann vorerst keine weiteren Maßnahmen erforderlich sein. Die Gefahr, daß das Hafengebiet mit allen seinen komplizierten und empfindlichen Betriebseinrichtungen bei Sturmfluten überflutet wird, bleibt jedoch bestehen. Dasselbe gilt auch für Bremen, den großen Seehafen an der Weser. Er ist grundsätzlich durch Sturmfluten ebenso gefährdet wie der Hamburger Hafen. Wegen dieser Gefahr war schon nach 1962 der Gedanke aufgetaucht, Elbe und Weser mündungsnah gegen die Tidebewegung abzudämmen. Wenn man die dabei auftretenden Probleme, die wir im Kapitel über den Schutz vor Sturmfluten behandelt haben, nicht mit Sicherheit beherrschen kann, ist eine solche Abdämmung nicht zu verantworten. Bei einem Sturmflutsperrwerk in Elbe oder Weser sind dagegen die technischen und verkehrswirtschaftlichen Folgen schwerwiegender als die ökologischen und hydrologischen. Ob man die überaus vielfältige Verzahnung der einzelnen Einflußfaktoren einigermaßen sicher wird voll erfassen und funktionell richtig bewerten können, bleibt vorerst eine offene Frage.

Neben Sturmflutsperrwerken werden auch andere Maßnahmen untersucht, wie zum Beispiel die Wirksamkeit von künstlichen Überflutungspoldern oder der Einschränkung der Mündungsstrecke der Elbe, um das Einlaufen von Sturmfluten zu erschweren. Es soll festgestellt werden, ob durch solche Maßnahmen die Wasserstände von sehr schweren Sturmfluten in Hamburg verringert werden können und um welches Maß. Aber selbst wenn eine ausreichende Verminderung der Sturmflutwasserstände in der Elbe erreicht würde, müßten noch zahlreiche andere schwierige Fragen beantwortet werden, bevor man den Plan in Angriff nehmen kann. So treten zum Beispiel bei einer Einschränkung der Elbemündung hohe Strömungsgeschwindigkeiten auf, die der Schiffahrt gefährlich werden können. Sie dürften die Elberinne stark vertiefen und damit die Standsicherheit der Deiche und übrigen Bauwerke im und am Strom gefährden. Um eine ausreichende Absenkung der Wasserstände zu erzielen, müßten die Überflutungspolder sehr groß und die Überströmungsstrecken der Deiche dieser Polder sehr lang sein. Kann man in dem dichtbesiedelten Umland von Hamburg überhaupt solche Flächen bereitstellen, die ja nicht ständig bewohnt sein dürften? Und was tritt ein, wenn die Polder gefüllt sind und es zu einer zweiten Sturmflut mit ähnlicher Scheitelhöhe kommt? Dann gibt es im Hafen doch wieder Überflutungen.

Auf weitere Einzelheiten kann hier nicht eingegangen werden. Es ergibt sich aus diesen Darlegungen, daß bis zum Beginn der Verwirklichung einer solchen „großen Maßnahme" noch sehr viele zeitraubende Überlegungen anzustellen sind. Hinzu kommt die Bauzeit, bis ein solches Werk seinen Zweck erfüllen kann. Selbst dann, wenn eine solche Maßnahme einmal kommen sollte, kann bis dahin das Hamburger Hafengebiet nicht ohne weiteren Schutz bleiben. Die Lösung, alle Kaiflächen bis auf eine sturmflutfreie Höhe aufzuhöhen, scheidet wegen der zu hohen Bau- und Betriebskosten und der zu langen Bauzeit aus. Es bleibt daher der sogenannte Objektschutz als Sofortmaßnahme. Einzelne Lagerhäuser oder Lagerflächen wird man durch Sturmflutmauern oder Dämme für sich vor hohen Fluten schützen, besonders tiefliegende Flächen aufhöhen oder eindeichen können. Hochwertige Güter sollten in höheren Stockwerken gelagert werden — es gibt hier viele wirkungsvolle und wirtschaftlich erträgliche Maßnahmen. Ein derartiges Programm ist zur Zeit in Hamburg in Ausführung begriffen. Dazu gehört, den Warndienst im Hafen zu verbessern und jeden Interessenten so früh wie möglich bei Sturmflutgefahr zu warnen, damit genügend Zeit verbleibt, wertvolle Güter auszulagern. Um dieses Ziel zu erreichen, werden auch entsprechende organisatorische Maßnahmen erforderlich. Ähnliche Überlegungen können für die nicht hochwasserfrei liegenden Teile der Städte und Badeorte an der Ostseeküste und in einigen Fällen auch für den Sturmflutschutz auf den Halligen von lebenswichtiger Bedeutung sein.

Verbesserung des Warnsystems ganz allgemein, gute Katastrophenschutzorganisation, Aufklärung der Bevölkerung an der Küste und im Hinterland der Tideströme sowie gute Unterhaltung aller Küstenschutzbauwerke, auch vor und hinter den Hauptdeichen, sind an den deutschen Küsten die Voraussetzung dafür, daß sich Katastrophen wie in früheren Jahrhunderten, aber auch wie noch 1953 in den Niederlanden und 1962 an der deutschen Nordseeküste, nicht wiederholen. Dazu gehören ständige Wachsamkeit und Bereitschaft, sie zu erhalten, ist eine Aufgabe dieses Buches.

Denkt an die nächste Flut!

Schriftenverzeichnis

Vorwiegend wurde Literatur über Sturmfluten an den Küsten von Schleswig-Holstein und in der Elbe erfaßt sowie allgemeine Literatur über Sturmfluten. Über Geologie, Geomorphologie, Landschaftsentwicklung, säkulare Wasserstandsänderung, Wellen, Küstenschutz, Seezeichenwesen, Seenotrettung usw. haben wir uns auf die Schriften beschränkt, die für das vorliegende Buch verwendet wurden oder von besonderer Bedeutung sind.

1 Andersen, Cl., 1976: Sturmflut am 3. Januar 1976. — Jhb. 1975, Söl'ring Foriining e. V., Sylt.
2 Andresen, A., 1937: Sturmfluten an der deutschen Nordseeküste. — Weimar.
3 Andresen, F. H., 1976: Die Sturmflut vom 3. Januar 1976 an der nordfriesischen Küste. — Nordfriesland 35/36.
4 Anonymus, 1718: Umständliche historische Nachricht von der großen Wasserfluth, welche 1717 Holstein, Schleswig, Bremen etc. betroffen hat. — Hamburg.
5 — 1751: Umständlicher Bericht von der den 11. Sept. 1751 in den Herzogthümern Schleswig-Holstein erfolgten Wasser-Fluth. — Glückstadt.
6 — 1791 u. 1794: Nachricht von den Wirkungen der letzten hohen Fluthen. — SH Prov. Ber.
7 — 1825: Denkmhal der Wasserfluth, welche im Februar 1825 die Westküste Jütlands und der Herzogthümer Schleswig und Holstein betroffen hat. — Tondern.
8 — 1873: Der Novembersturm (1872). — Daheim IX, 12.
9 — 1873: Die Sturmfluth vom 13. November 1872. Zusammenstellung aus den bei dem Schleswig-Holsteinischen Central-Comite für die Nothleidenden eingegangenen Berichten. — Glückstadt.
10 — 1905: Die große Sturmflut von 1825. — Hus. Wochenbl. 15.
11 Arends, F., 1826: Gemälde der Sturmfluten vom 3. bis 5. Februar 1825. — Bremen.
12 — 1833: Physische Geschichte der Nordseeküste und deren Veränderungen durch Sturmfluten. — Emden, 2. Bd., Nachdruck 1974 Leer.
13 Augustiny, W., 1948: Die große Flut. Chronik der Insel Strand. — Gütersloh, I u. II, 4. Aufl.
14 Backsen, H., 1964: Der Bupheverkoog im Deich- und Sielverband Pellworm und die Sturmflut am 16./17. Februar 1962. — 25 Jahre Bupheverkoog (M. Petersen), Kiel.
15 Baensch, O., 1872: Studien aus dem Gebiet der Ostsee. Wind-, Wellen-, Küstenstrom. — Z. f. Bauw.
16 — 1875: Die Sturmflut vom 12. und 13. November 1872 an den Ostseeküsten des preußischen Staates. — Z. f. Bauw.
17 Bantelmann, A., 1939: Das nordfriesische Wattenmeer, eine Kulturlandschaft der Vergangenheit. — Westküste 2, 1.
18 — 1955: Tofting, eine vorgeschichtliche Warft an der Eidermündung. — Neumünster.
19 — 1960: Forschungsergebnisse der Marschenarchäologie an der schleswig-holsteinischen Westküste. — Die Küste 8.
20 — 1964: Aus der Vorgeschichte des Bupheverkooges. 25 Jahre Bupheverkoog (M. Petersen), Kiel.
21 — 1966: Die Landschaftsentwicklung an der schleswig-holsteinischen Westküste, dargestellt am Beispiel Nordfriesland. Eine Funktionschronik durch fünf Jahrtausende. — Die Küste 14, 2.
22 — 1969: Die Meeresspiegelschwankungen. — Schr. Geogr. Inst. Univ. Kiel, 30.
23 — 1973: Die Entwicklung des nordfriesischen Küstenraumes unter besonderer Berücksichtigung des Wattenmeeres. — Fries. Jb.
24 — 1975: Die frühgeschichtliche Marschensiedlung beim Elisenhof in Eiderstedt. — Bern-Frankfurt/M., Bd. 1.
25 Baudissin, Graf A., 1876: Blicke in die Zukunft der nordfriesischen Inseln und der schleswigschen Festlandküste. — Schleswig.
26 Becken, F. W., 1949: Sturmfluten und Regenmengen in Cuxhaven. — Ann. d. Meteorol.
27 Becker, J., 1925: Sturmfluten an unserer Ostseeküste. — Meckl. Monatsh.
28 Behre, K. E., und Menke, B., 1969: Pollenanalytische Untersuchungen an einem Bohrkern der südlichen Doggerbank. — Beitr. z. Meereskunde 24/25.
29 Berndt, F., 1928/29: Küstensenkungsmessungen. — Mitt. d. Reichsamtes f. Landesaufnahme.
30 — 1932/33: Deuten die Ergebnisse der bisherigen Feineinwägungen an der deutschen Nordseeküste auf gegenwärtige Erdkrustenbewegungen hin? — Mitt. d. Reichsamtes f. Landesaufnahme.
31 Biernatzki, J. C., 1902: Die Halligen. — Kiel u. Leipzig.
32 Blaszyk, P., 1962: Zur Vermeidung von Deichschäden durch Tiere und Unkräuter bei Sturmfluten. — Wasser u. Boden.
33 Boelke, S., u. Relotius, P. C., 1974: Über die wellenerzeugten Druckschlagsbelastungen von Seedeichen im Böschungsbereich zwischen 1:4 und 1:6. — Mitt. d. Leichtweiß-Inst. Braunschweig, 42.
34 Boetius, M., 1623: Denkwürdigkeiten von Sturmfluten, welche Nordstrand betroffen haben. Übers.: O. Hartz, 1940, QuFGSH 25.
35 Borzikowsky, R., 1963: Betrachtungen über die Sturmflut vom 16./17. Februar 1962 aus der Sicht des Landkreises Husum. — Zw. Eider u. Wiedau.
36 Bothmann, W., 1963: Die große Sturmflut vom 16. Februar 1962 und ihre Lehren. — Zw. Eider u. Wiedau.
37 — 1964: Wandlungen einer Küstenlandschaft. Pläne für die Meldorfer Bucht. — Geogr. Rundschau.
38 Boyens, W., Ehlfeld, H. u. K., und Petersen, C., 1974: Sturmflut 1973 – 3 Berichte über die Sturmflutreihen im November und Dezember 1973: — Nordfriesland 29.
39 Brahms, A., 1754 u. 1757: Anfangsgründe der Deich- und Wasser-Baukunst. — Aurich.
40 Brandt, E. R. O., 1901: Sturmflut auf Langeneß. — Hbg. Nachr.
41 Breckwoldt, J., 1914: Die hydrographischen Veränderungen in Schleswig-Holstein. — Schr. Naturwiss. Ver. SH.
42 Brößkamp, K. H., u. a., 1976: Seedeichbau, Theorie und Praxis. — Hamburg.
43 Bubendey, J. F., 1895: Die Sturmfluten in der Nordsee vom 12. Februar und 23. Dezember 1894. — Zentralbl. d. Bauverw.
44 — 1897: Der Einfluß des Windes und des Luftdrucks auf die Gezeiten. — Zentralbl. d. Bauverw.
45 Bülow, K. v., 1954: Allgemeine Küstendynamik und Küstenschutz an der südlichen Ostsee zwischen Trave und Swine. — Geologie, Beiheft 10.
46 Buhse, K.-H., Maaßen, P., Nissen, N. R, u. Titzck, R., 1976: Die große Flut 76, Abwehr und Vorsorge. — Dithmarschen.
47 Busch, A., 1923: Die Entdeckung der letzten Spuren Rungholts. — JbNfV 10.
48 — 1934: Ein Sturmfluterlebnis am 16. Februar 1916. Die Heimat.

49 — 1934: Was erinnert auf Nordstrand und Pellworm noch an die große Flut? — Hus. Nachr., 11. Okt.
50 — 1936: Neue Gesichtspunkte zur Kartographie des mittelalterlichen Nordfrieslands? — JbNfV 23.
51 — 1937: Bilder von und nach den Oktoberfluten 1936. Die Heimat u. JbNfV 24 (als Beilage).
52 — 1937: Sturmflut an den Deichen der Deutschen Nordseeküste. — Natur u. Volk.
53 — 1939: Alte Deichquerschnitte auf Sylt, ein Beitrag zu den Fragen der Anfangsentwicklung des Deichbaues. — Westküste 2, 1.
54 — 1941: Eisschubberge im Wattenmeer. — Natur u. Volk.
55 — 1960: Friesenhaus in Efkebüll mit einer Sturmflutmarke. — Die Heimat.
56 — 1963: Deicherhöhungen durch sechs Jahrhunderte, Rungholtforschung und Meeresspiegelanstieg. — Die Heimat.
57 Carstens, G., 1962/63: Sturmflut und Küstenschutz. — JbNfI 8.
58 Carstens, H., 1976: Auswirkungen der Sturmflut vom 3. 1. 1976 auf die Landesschutzdeiche im Bereich der schleswig-holsteinischen Elbmarschen. — Wasser u. Boden.
59 Caspers, H., 1963: Biologische Analyse der großen Sturmflut im Elbe-Ästuar. — Abh. u. Verh. d. wiss. Ver. i. Hbg. N. F. VII.
60 Christiansen, U. A., 1903: Die Geschichte Husums im Rahmen der Geschichte Schleswig-Holsteins mit vorangehender Beschreibung Nordfrieslands und der Sturmfluten in einfachen Einzeldarstellungen. — I, Husum.
61 Clasen, H., 1875: Die Probstei in Wort und Bild. — Schönberg.
62 Cordes, F., 1972: Eiderdamm, Natur und Technik (mit Sonderdruck aus die Bautechnik, H. 11 u. 12, 1970; H. 9, 10 u. 11, 1971; H. 7 u. 8, 1972). — Hamburg.
63 Culemann, G., 1728: Denkmahl von den hohen Wasserfluthen. — Wilster, Neuausgabe 1926.
64 Czock, H., u. Wieland, P., 1965: Naturnaher Küstenschutz am Beispiel der Hörnum-Düne auf der Insel Sylt nach der Sturmflut vom 16./17. Februar 1962. — Die Küste 13.
65 Danckwert, C., 1652: Newe Landesbeschreibung der zwey Hertzogthümer Schleswig und Holstein. — Husum.
66 Degn, C., u. Muuß, U., 1963: Topographischer Atlas Schleswig-Holstein. — Neumünster.
67 — 1965: Luftbildatlas Schleswig-Holstein. — Neumünster.
68 — 1968: Luftbildatlas Schleswig-Holstein II. — Neumünster.
69 Delff, C., 1933: Woher stammt der neu auflandende Boden im Wattenmeer? — JbNfV 20.
70 Dette, H. H., 1974: Wellenmessungen und Brandungsuntersuchungen vor Westerland/Sylt. — Mitt. d. Leichtweiß-Inst. Braunschweig 40.
71 — 1974: Grundsätzliche Betrachtung über die Bemessung und die Ausbildung von geneigten Wellenbrechern. Mitt. d. Leichtweiß-Inst. Braunschweig 42.
72 Deutsches Gewässerkundliches Jahrbuch — Küstengebiet der Nord- und Ostsee, 1974. — Kiel.
73 Dietrich, G., 1954: Ozeanographisch-meteorologische Einflüsse auf Wasserstandsänderungen des Meeres am Beispiel der Pegelbeobachtungen von Esbjerg. — Die Küste 2.
74 Dietze, W., 1974: Über den Begriff „Sturmflut". — Zw. Ems u. Jade, Mitt. WSD Aurich, 1.
75 Dittmer, E., 1952: Die nacheiszeitliche Entwicklung der schleswig-holsteinischen Westküste. — Meyniana 1.
76 — 1954: Der Mensch als geologischer Faktor an der Nordseeküste. — Eiszeitalter u. Gegenwart 4/5.
77 — 1955: Deichverstärkung und Baugrund. — Küste 3.
78 — 1960: Neue Beobachtungen und kritische Bemerkungen zur Frage der „Küstensenkung". — Die Küste 8.
79 — 1961: Zur Siedlungs- und Bedeichungsgeschichte Nordfrieslands. — Grenzfriedensheft 2.
80 Domzig, H., 1955: Wellendruck und druckerzeugender Seegang. — Mitt. d. Franzius-Inst. Hannover 8.
81 Drebes, G., 1969: Untersuchung über den Einfluß des Hindenburg-Dammes auf die Tidehochwasserstände im Wattenmeer. — Die Küste 17.
82 Duensing, G., und Steinborn, E., 1977: Meteorologische Messungen während der Sturmflutlagen im Januar 1976 an der deutschen Küste. — Die Küste 30.
83 Duphorn, K., 1976: Gibt es Zusammenhänge zwischen extremen Nordsee-Sturmfluten und globalen Klimaänderungen? — Wasser u. Boden.
84 Eckermann, Ch., 1891: Die Eindeichungen von Husum bis Hoyer. — ZSHG 21.
85 — 1895: Die Eindeichungen auf Nordstrand und Pellworm. — ZSHG 25.
86 Eich, 1920: Die Höhe der Sturmfluten im Wattenmeer hinter der Insel Sylt. — Zentralbl. d. Bauverw.
87 Eilker, G., 1877: Die Sturmfluten in der Nordsee. — Emden.
88 Engelcke, H., 1873: Die Schreckensnacht am Ostseestrand. — Daheim IX, 12.
89 Erchinger, H. F., 1970: Küstenschutz durch Vorlandgewinnung. Deichbau und Deicherhaltung in Ostfriesland. — Die Küste 19.
90 — 1974: Wellenauflauf an Seedeichen. Naturmessungen an der ostfriesischen Küste. — Mitt. d. Leichtweiß-Inst. Braunschweig 41.
91 Fischer, O., 1934: Die nordfriesischen Inseln vor und nach der Sturmflut vom 11. Oktober 1634. — Berlin.
92 — 1955: Zur Frage nach den höchsten Sturmfluthöhen. In: Das Wasserwesen ... III, 7.
93 — 1955/58: Das Wasserwesen an der schleswig-holsteinischen Nordseeküste. — Berlin, III. Das Festland. Bd. 1, Sonderprobleme und Einzelfragen des Küstenraumes 1955; Bd. 2, Nordfriesland, 1955; Bd. 3, Eiderstedt, 1956; Bd. 4, Stapelholm, 1958; Bd. 5, Dithmarschen, 1957; Bd. 6, Elbmarschen, 1957; Bd. 7, Hydrographie, 1955.
94 — 1958: 2000 Jahre Kampf mit dem Meer an der Westküste Schleswig-Holsteins. — Wasser u. Boden.
95 Flügel, H., 1964: Die Insel Helgoland — Werden, Vergehen, Wiederaufbau. — Zw. Eider u. Wiedau.
96 — 1965: Das Seezeichenwesen an der schleswig-holsteinischen Westküste. — Zw. Eider u. Wiedau.
97 Franke, E., 1976: Die Standsicherheit der Böschungsabdeckung von Seedeichen. — Die Küste 29.
98 Franzius, L., 1965: Wirkung und Wirtschaftlichkeit von Rauhdeckwerken im Hinblick auf den Wellenauflauf. — Mitt. d. Franzius-Inst. Hannover 25.
99 Freistadt, H., 1962: Die Sturmflut vom 16./17. Februar 1962 in Hamburg. — Die Küste 10, 1.
100 — 1966: Hochwasserschutzmaßnahmen im Hamburger Raum nach der Sturmflut 1962. — Die Küste 14, 1.
101 Friedrich, O., 1962: Bericht des vom Senat der Freien und Hansestadt Hamburg berufenen Sachverständigenausschusses zur Untersuchung des Ablaufs der Flutkatastrophe. — Hamburg.
102 Friedrichsen, B. N., 1825: Die hohe Flut in der Nacht zwischen dem 3. und 4. Februar 1825. — In: Börensen, H., Pellworm, wie es ist und war, 1908.
103 Führböter, A., 1966: Der Druckschlag durch Brecher auf Deichböschungen. — Mitt. d. Franzius-Inst. Hannover 28.
104 — 1971: Über die Bedeutung des Lufteinschlags für die Energieumwandlung in Brecherzonen. — Mitt. d. Franzius-Inst. Hannover 36 u. Die Küste 21.

105 — 1973: Eine Refraktionsbuhne aus Sand vor Sylt. — Wasser u. Boden.
106 — 1974: Einige Ergebnisse aus Naturuntersuchungen in Brandungszonen. — Mitt. d. Leichtweiß- Inst. Braunschweig 40.
107 — 1974: Eine Bemerkung über den Einfluß des Gischtanteils in der Luft auf die Windbelastung von Seebauten. — Mitt. d. Leichtweiß-Inst. Braunschweig 40.
108 — 1974: Küstenschutz auf neuen Wegen. — VDI-Z, 8.
109 — 1976: Über zeitliche Änderungen der Wahrscheinlichkeit von Extremsturmfluten an der deutschen Nordseeküste. — Mitt. d. Leichtweiß-Inst. Braunschweig 51.
110 Führböter, A., Köster, R., Kramer, J., Schwitters, J., u. Sindern, J., 1972: Sandbuhne vor Sylt zur Stranderhaltung. — Die Küste 23.
111 — 1976: Beurteilung der Sandvorspülung 1972 und Empfehlungen für die künftige Stranderhaltung am Westrand der Insel Sylt. — Die Küste 29.
112 Fülscher, J., 1905: Über Uferschutzbauten zur Erhaltung der Ost- und Nordfriesischen Inseln. — Berlin.
113 Gadow, S., u. Reineck, H.-E., 1969: Ablandiger Sandtransport bei Sturmfluten. — Senckenbergiana maritima 1.
114 Gaye, J., 1951: Die Wasserstandsänderungen in der Ostsee und in der Nordsee in den letzten 100 Jahren. — Die Wasserwirtschaft, Sonderheft.
115 George, O., 1963: Die Sturmfluten an der friesischen Küste und ihre Auswirkungen auf Geschichte und Sprache Frieslands. — Zw. Eider u. Wiedau.
116 Gerlach, W., u. a., 1975: Der neue Leuchtturm „Großer Vogelsand". — Hansa 9.
117 Gerths, S., 1963: Eine Auswirkung der „großen Manndränke". — Zw. Eider u. Wiedau.
118 Gesellschaft für Flensburger Stadtgeschichte, 1972: Die Sturmflut am 13. November 1872. — SFSt 22.
119 — 1975: Flensburg „Einst und jetzt". — SFSt 24.
120 Gienapp, H., 1972: Wellenmessungen im Seegebiet der Piep (Dt. Bucht). — Helgol. Wiss. Meeresunters. 23.
121 — 1973: Strömungen während der Sturmflut vom 2. 11. 1965 in der Deutschen Bucht und ihre Bedeutung für den Sedimenttransport. — Senckenbergiana maritima 5.
122 Gienapp, H., und Tomczak, G., 1968: Strömungsmessungen in der Deutschen Bucht bei Sturmfluten. — Helgol. Wiss. Meeresunters. 17.
123 Gierloff-Emden, H. G., 1954: Die mophologischen Wirkungen der Sturmflut vom 1. Februar 1953 in den Westniederlanden. — Hbg. Georgr. Studien 4.
124 Göhren, H., 1968: Tidewasserstände und Windstau im Elbmündungsgebiet. — Hbg. Küstenforsch. 3.
125 — 1970: Entwicklung eines integrierenden Wellenmeßgerätes. — Hbg. Küstenforsch. 13.
126 Gripp, K., 1944: Entstehung und künftige Entwicklung der Deutschen Bucht. — Archiv d. Dt. Seewarte.
127 — 1952: Entstehung der Lübecker Bucht und des Brodtener Ufers. — Die Küste 1, 2.
128 — 1962: Was brachte die Sturmflut des 16./17. Februar an der Küste Schleswig-Holsteins dem Geologen Neues? Die Natur.
129 — 1964: Erdgeschichte Schleswig-Holsteins. — Neumünster.
130 Gripp, K., und Dittmer, E., 1941: Die Entstehung Nordfrieslands. — Die Naturwissensch. 39.
131 Gronwald, W., 1960: Welche Erkenntnisse zur Frage der vermuteten neuzeitlichen Küstensenkung hat die Wiederholung des Deutschen Nordseeküsten-Nivellements gebracht? — Die Küste 8.
132 Großmann, 1916: Die Sturmfluten an der Deutschen Nordseeküste am 13. Januar und 16./17. Februar 1916. Ann. d. Hydrogr.
133 Grüttner, H., 1970: Die Abdeichung der Pinnau- und Krückaumündungsgebiete. — Wasser und Boden.
134 Haar, J., 1962: Sturmflut 1962. Aus einem Dokumentarbericht von den Halligen. — Ber. d. Diakon. Werkes.
135 Haarnagel, W., 1960: Meeresspiegelschwankungen an der deutschen Nordseeküste in historischer und prähistorischer Zeit. — Tagungsber. u. wiss. Abhandl. d. Dt. Geographentages Berlin.
136 Hagel, J., 1962: Sturmfluten. — Kosmos-Bibliothek 236, Stuttgart.
137 Hager, M., 1971: Studium von Wellenformen und Wellenkräften bei unterschiedlichen Wellenanlaufrichtungen. — Die Küste 21.
138 Hansen, R., 1894: Beiträge zur Geschichte und Geographie Nordfrieslands im Mittelalter. — ZSHG 24.
139 — 1909: Über die Sturmfluten an der Nordseeküste. — Gaea, Natur u. Leben 45.
140 Hansen, U. A., 1977: Der Brandungsstau als Teil des Bemessungswasserstandes. — Wasser u. Boden.
141 Hansen, W., 1976: Sturmflut '76. Insel Nordstrand, Hallig Nordstrandischmoor. — Husum.
142 Harrsen, B. J., 1906: Eine schreckliche Nacht. Schilderung der Sturmflut vom 3. Februar 1825 auf der Hamburger Hallig. — Hus. Nachr. 132.
143 Hartz, O., 1914: Heimreichs Schilderung der Überschwemmung des Jahres 1634. — ZSHG 44.
144 — 1933: Die Rungholtsage. — JbNfV 20.
145 — 1934: Heimreichs Nordfriesische Chronik quellenkritisch beleuchtet. — JbNfV 21.
146 — 1934: Joh. Nummensens Bericht von den Wasserfluthen anno 1612 und 1615. — JbNfV 21.
147 Hassel, K.-U. von, 1962: Die Sturmflut vom 16./17. Februar 1962 und ihre Folgen. — Ber. d. Landesreg. vor d. Schl.-Holst. Landtag u. Informationsd. d. Landesreg. SH 10.
148 Hauffe, W., 1965: Sturmfluten in der Lübecker Bucht. — In: Heimatbuch Timmendorfer Strand, Lübeck.
149 Hedde, P. J., 1921: Denkschrift über Deich- und Strombau in der Landschaft Süderdithmarschen. — Brunsbüttel.
150 Heimreich A., 1666: Nordfriesische Chronik. — Schleswig.
151 Heinrich, C., und Jakobs, A., 1962. Land unter im schwersten Orkan seit hundert Jahren. Die Sturmflutkatastrophe auf den Halligen im Februar 1962. — Breklum.
152 Heitmann, H., 1942: Die Flut. — Stuttgart (Roman).
153 Henning, R., 1897: Untersuchungen über die Sturmfluten der Nordsee. — Berlin.
154 Hensen, C., Hensen, W., Lüders, K., und Petersen, M., 1969: Zusammenfassung der Untersuchungsergebnisse der ehemaligen Arbeitsgruppe „Sturmfluten" und Empfehlungen für ihre Nutzanwendung beim Seedeichbau. — Die Küste 17.
155 Hensen, W., 1938: Über die Ursachen der Wasserstandshebungen an der deutschen Nordseeküste. — Bautechn.
156 — 1954: Modellversuche über den Wellenauflauf an Seedeichen im Wattgebiet. — Mitt. d. Franzius-Inst. Hannover.
157 — 1955: Modellversuche zur Bestimmung des Einflusses der Form eines Seedeiches auf die Höhe des Wellenauflaufs. — Mitt. d. Franzius-Inst. Hannover.
158 — 1955: Stromregelungen, Hafenbauten, Sturmfluten in der Elbe und ihr Einfluß auf den Tideablauf. — Hamburg, Großstadt u. Welthafen, Festschr. z. 30. Geographentag, Kiel.
159 — 1962: Gedanken über den Hochwasserschutz nach der Sturmflut vom 16./17. Februar 1962. — Wasser u. Boden.
160 — 1963: Nach der großen Sturmflut. — Die Wasserwirtsch.
161 — 1964: Lehren für Wissenschaft und Praxis aus der Nordsee-Sturmflut am 16./17. Februar 1962. — Vortragsreihe d. Niedersächs. Landesreg. z. Förderung d. wissenschaftl. Forschung in Nieders. 28.

162 — 1966: Bericht der Arbeitsgruppe „Sturmfluten" im Küstenausschuß Nord- und Ostsee. — Die Küste 14.

163 Hessel, P., 1675: Hertzfließende Betrachtungen von dem Elbe-Strom. — Altona.

164 Höft, H. D., und Laucht, H., 1969: Hochwasserschutz im Hafen Hamburg. 2. Teil. — Jb. d. Hafenbautechn. Ges. 30/31.

165 Hoff, E., 1911: Die große Sturmflut vom 11./12. Oktober 1634. — Schlesw.-Holst. Heimatgesch., 2. Bd.

166 Holwerda, J. H., 1930: Die Katastrophe an unserer Meeresküste im 9. Jahrhundert. — Intern. Archiv f. Ethnographie, Leiden, Bd. XXXI, H. I, II.

167 Horn, A., von, 1895: Über die Sturmflut vom 22./23. Dezember 1894 an der Nordseeküste. — Zentralbl. d. Bauverw.

168 Hübbe, H., 1844: Über die Lage des Nullpunktes am Fluthmesser zu Hamburg. — Neue Hbg. Bl. 51.

169 Hundt, C., 1955: Maßgebende Sturmfluthöhen für das Deichbestick der schleswig-holsteinischen Westküste. — Die Küste 3.

170 — 1957: Abbruchursachen an der Nordwestküste des Ellenbogens auf Sylt (1939). — Die Küste 6, 2.

171 — 1962: Beitrag zur Frage des maßgebenden Sturmflutseeganges vor einem Deich am Watt, Beispiel Büsum. — Die Küste 10, 2.

172 — 1962: Der maßgebende Sturmflutseegang und Wellenauflauf für das Deichbestick. — Die Küste 10, 2.

173 — 1963: Gewagte Deutung der Sturmflutstatistik. — Dt. Gewässerkdl. Mitt.

174 Hus. Nachr., 1976: Die großen Sturmfluten 1962 und 1976 an der schleswig-holsteinischen Westküste. — Husum.

175 Jacoby, G., 1935: Beiträge zur Untersuchung der Senkung unserer Küstengebiete. — Ann. d. Hydrogr.

176 Jansen, B., 1976: Ablauf der Sturmflut und Überflutung der Haseldorfer Marsch. — Wasser u. Boden.

177 Jansen, J. F., 1722: Historisch-Theologisch Denkmal der wundervollen Wege Gottes in den großen Wassern, welche sich Anno 1717 den 25. Dezember zu vieler Länder Verderben so mannigfaltig ergossen. — Bremen.

178 Jensen, Chr., 1891: Die Nordfriesischen Inseln. — Hamburg.

179 Jessen, O., 1922: Die Verlegung der Flußmündungen und Gezeitentiefs an der festländischen Nordseeküste in jungalluvialer Zeit. — Stuttgart.

180 Kannenberg, E. G., 1951: Die Steilufer der schleswig-holsteinischen Ostseeküste. — Schr. d. Geogr. Inst. d. Univ. Kiel, XIV, 1.

181 — 1956: Extrem-Wasserstände an der deutschen Beltseeküste im Zeitraum 1901—1954. — Schr. Naturw. Ver. SH XXVIII.

182 — 1958/59: Schutz und Entwässerung der Niederungsgebiete an der schleswig-holsteinischen Ostseeküste. — Die Küste 7.

183 Karff, F., 1968: Nordstrand. Geschichte einer nordfriesischen Insel. — Flensburg.

184 Keilhack, K., 1916: Geologische Wirkungen der Sturmflut der Jahreswende 1913/14 auf die Küsten der Ostsee. — Jb. Kgl. Preuß. Geol. LA. 35, II.

185 Kiecksee, H., 1972: Die Ostsee-Sturmflut 1872 mit einem Beitrag von P. Thran und H. Kruhl. — Schr. Dt. Schiffahrtsmuseum Bremerhaven.

186 Knop, F., 1961: Untersuchungen über Gezeitenbewegung und morphologische Veränderungen im nordfriesischen Wattgebiet als Vorarbeiten für Dammbauten. — Mitt. d. Leichtweiß-Inst. Braunschweig 1.

187 Klinge, W., 1962: Betrachtungen zu den Höhen der Deiche an Elbe und Weser. — Die Küste 10, 2.

188 Köster, R., 1967: Der nacheiszeitliche Transgressionsverlauf an der schleswig-holsteinischen Ostseeküste im Vergleich mit den Kurven des weltweiten eustatischen Meeresspiegelanstiegs. — Baltica 3.

189 — 1974: Geologie des Seegrundes vor den nordfriesischen Inseln Sylt und Amrum. — Meyniana 24.

190 Kolb, A., 1962: Sturmflut 17. Februar 1962. — Hbg. Geogr. Studien 16.

191 Kolp, O., 1955: Sturmflutgefährdung der deutschen Ostseeküste zwischen Trave und Swine. — Rostock.

192 Koopmann, G., 1962: Die Sturmflut vom 16./17. Februar 1962 in ozeanographischer Sicht. — Die Küste 10, 2.

193 — 1962: Wasserstandserhöhungen in der Deutschen Bucht infolge von Schwingungen und Schwallerscheinungen und deren Bedeutung bei der Sturmflut vom 16./17. Februar 1962. — Dt. Hydrograph. Z. 15.

194 Kramer, J., 1967: Sturmflut 1962. Sturmfluten und Küstenschutz zwischen Ems und Weser. — Norden.

195 — 1970: Empfehlung für Richtlinien für Verlegung und Betrieb von Leitungen im Bereich von Hochwasserschutzanlagen. — Die Küste 20.

196 — 1971: Deichbau in Abhängigkeit von Sturmfluten und Wellenwirkung an der Nordsee. — Die Küste 21.

197 Kramer, J., Liese, R., und Lüders, K., 1962: Die Sturmflut vom 16./17. Februar 1962 im niedersächsischen Küstengebiet. — Die Küste 10, 1.

198 Kramer, J., Krause, G., und Luck, G., 1976: Erfahrungen aus den Sturmfluten vom November/Dezember 1973 und Folgerungen für die niedersächsischen Küstenschutzwerke. — Die Küste 29.

199 Kraus, E., 1930: Über Eisschubberge. — III. Hydrol. Konf. d. baltischen Staaten, Warschau.

200 Krause, A., 1911/12: Die Einwirkungen der November-Sturmflut des Jahres 1911 auf die Küstenlinien von Föhr und Amrum. — JbNfV 8.

201 Krause W., 1963: Die Sturmflut-Katastrophe im Februar 1962. — Stade/Buxtehude.

202 Krey, H. D., 1921: Der Verlauf von Tide- und Sturmflutwellen in Meeresarmen. — Zentralbl. d. Bauverw.

203 Kroog, C., 1974: Meereswellen — Erscheinungsformen, Messung und Vorhersage. — Der Seewart.

204 Krüger, G., 1911: Über Sturmfluten an den deutschen Küsten der westlichen Ostsee unter besonderer Berücksichtigung der Sturmflut vom 30./31. Dezember 1904. — XII. Jahresber. Geogr. Ges. Greifswald.

205 Krüger, H., 1970: Die Sturmflutsperrwerke in der Krückau und Pinnau. — Wasser und Boden.

206 Kruhl, H., 1977: Die Sturmflutwetterlage im Januar 1976. — Die Küste 30.

206a — 1977: Sturmflutwetterlagen der letzten Jahrzehnte. Jb. d. Hafenbautechn. Ges. 35.

207 Kruse, E. C., 1793 u. 1794: Nachricht von der doppelten Überschwemmung der Insel Pellworm. — SH Prov.-Ber. III u. II.

208 Küstenausschuß Nord- und Ostsee, 1955: Allgemeine Empfehlungen für den deutschen Küstenschutz. — Die Küste 4.

209 — 1957: Anpassung der Warfen auf den nordfriesischen Halligen an die heute möglichen Sturmfluthöhen. — Die Küste 6, 1.

210 — 1962: Empfehlungen für den Deichschutz nach der Februar-Sturmflut 1962. — Die Küste 9, 1.

211 — 1962: Der maßgebende Sturmflutseegang und Wellenauflauf an den Deichen. — Die Küste 10, 2.

212 — 1964: Gutachten über die Vorschläge zur Behebung der Schwierigkeiten in der Eider. — Die Küste 12.

213 — 1970: Nachtrag zu den „Empfehlungen für den Deichschutz nach der Februar-Sturmflut 1962". — Die Küste 20.

214 Lamprecht, H. O., 1955: Brandung und Uferveränderungen an der Westküste von Sylt. — Mitt. d. Franzius-Inst. Hannover 8.

215 Landesamt für Wasserwirtschaft Schleswig-Holstein, 1962: Die Sturmflut vom 16./17. Februar 1962 an der schleswig-holsteinischen Westküste. — Die Küste 10, 1.

216 Lang, A. W., 1963: Die „Weihnachtsflut" vom 25. Dezember 1717. — Nordseeküste 7, Juist/Jever.
217 — 1965: Entwicklung, Aufbau und Verwaltung des Seezeichenwesens an der deutschen Nordseeküste bis zur Mitte des 19. Jahrhunderts. — Bonn.
218 Laucht, H., 1964: Das Sperrwerk Billwerder Bucht. — Wasser und Boden.
219 — 1966: Hochwasserschutz im Hafen Hamburg. — 1. Teil, Jb. d. Hafenbautechn. Ges. 29.
220 — 1967: Über hohe Sturmfluten und ihre Häufigkeit in Hamburg. — Schr. d. Beh. f. Wirtsch. u. Verkehr d. Fr. u. Hansestadt Hbg. 4.
221 — 1970: Zur Frage einer Abdämmung der Unterelbe. — Hansa 13.
222 — 1974: Die Sturmfluten 1973 und ihre Wirkungen im Hamburger Hafen. — Hansa 11.
223 — 1977: Über den Wert statistischer Sturmflutanalysen und -prognosen. — Die Küste 30.
224 Lehringer, W., 1970: Das Deutsche Seenotrettungswerk. — Hansa 12.
225 Lensch, M., 1905/06: Jan Adriansz Leeghwater und seine Beschreibung der großen Sturmflut vom 11. Oktober 1634. — JbNfV 3.
226 Lentz, H., 1879: Flut und Ebbe und die Wirkungen des Windes auf den Meeresspiegel. — Hamburg.
227 Leppik, E., 1950: Die Sturmfluten in der Elbemündung in der ersten Hälfte des 20. Jahrhunderts. — Bes. Mitt. z. Dt. Gewässerkdl. Jb. 1.
228 Liang, N. K., 1973: Über den Einfluß des Windfeldes bei der Wellenvorhersage. — Mitt. d. Franzius-Inst. Hannover 39.
229 Liese, R., 1963: Beitrag zur Ermittlung der Höhe kommender Sturmfluten. — Dt. Gewässerkdl. Mitt.
230 — 1969: Über das jahreszeitliche Wandern schwerer Sturmfluten und tiefer Luftdruckwerte und über eine Deutung dieser Erscheinung aus Planetenbewegungen. Dt. Gewässerkdl. Mitt.
231 Lilie, E.-Ph., 1757 (?): Spuren der Güte, Weisheit und Allmacht Gottes wie auch seines Ernstes und seiner Strafgerechtigkeit, welche sich bei der außerordentlichen Überschwemmung erwiesen, die den 7. October 1756 die Cremper und Haseldorfer Marsch im Holsteinischen Betroffen. — Elmshorn.
232 Longrée, W. D., und Richter, J., 1977: Auf der Forschungsplattform Nordsee gemessene Umweltdaten während der ersten Januar-Sturmflut 1976. — Die Küste 30.
233 Lorenzen, J. M., 1938: Die Geschichte der Inseln Alt-Nordstrand, Nordstrand und Pellworm, insbesondere die Entwicklung der Querschnitte ihrer Deiche bis zur Jetztzeit. — Zentralbl. d. Bauverw. 58, H. 28.
234 — 1955: Hundert Jahre Küstenschutz an der Nordsee. — Die Küste 3.
235 — 1956: Gedanken zur Generalplanung im nordfriesischen Wattenmeer. — Die Küste 5.
236 — 1960: 25 Jahre Forschung im Dienste des Küstenschutzes. — Die Küste 8.
237 — 1964: Der Bupheverkoog und der Pellwormer Damm. In: 25 Jahre Bupheverkoog (M. Petersen), Kiel.
238 — 1965: Der Abschluß der Wiederaufbauarbeiten an den Hafen- und Küstenschutzbauten auf der Insel Helgoland. — Jb. d. Hafenbautechn. Ges. 27 u. 28.
239 — 1966: Zur Lösung der Eiderprobleme. — Die Küste 14.
240 Lucht, F., 1958: Die Strömungsgeschwindigkeit bei Sturmfluten. — Die Wasserwirtschaft.
241 — 1964: Hydrographie des Elbe-Ästuars. — Arch. f. Hydrobiologie, Supplement-Bd. XXIX.
242 Lüders, K., 1936: Die Sturmfluten der Nordsee in der Jade. — Zentralbl. d. Bauverw.
243 — 1956: Was ist eine Sturmflut? — Wasser u. Boden.
244 — 1966: Veröffentlichungen über die Februar-Sturmflut 1962 (Stand 1966). — Die Küste 14, 1.
245 — 1974: „Sturmtidenketten". — Forschungsst. Norderney, Jb. 1973, XXV.
246 — 1975: „Sturmtide", Begriffserläuterung und Einteilung in Höhenstufen. — Forschungsst. Norderney, Jb. 1974, XXVI.
247 Magens, C., 1957: Brandungsuntersuchungen an den Küsten von Fehmarn und Nordwagrien. — Die Küste 6, 1.
248 — 1958: Seegang und Brandung als Grundlage für Planung und Entwurf im Seebau und Küstenschutz. — Mitt. d. Franzius-Inst. Hannover 14.
249 Marschenbauamt Husum, 1970: Sandvorspülung vor Sylt. — Informationsschr. d. Landesreg. SH.
250 Mayer, P., 1873: Über Sturmfluten. — Berlin.
251 Meenen, K., und Cousin, R., 1964: Untersuchungen zur Profilgestaltung der neuen Hamburger Deiche. — Wasser und Boden.
252 Menke, B., 1969: Vegetationsgeschichtliche Untersuchungen und Radiocarbon-Datierungen zur holozänen Entwicklung der schleswig-holsteinischen Westküste. — Eiszeitalter u. Gegenwart 20.
253 — 1976: Befunde und Überlegungen zum nacheiszeitlichen Meeresspiegelanstieg. — Probleme d. Küstenforsch. 11.
254 Möller, E., 1895: Der Höhepunkt einer Sturmflut. — Zentralbl. d. Bauverw.
255 — 1905/06: Die Sturmflut vom 12./13. III. 1906. — JbNfV 3.
256 Müller, F., 1917: Das Wasserwesen an der schleswig-holsteinischen Nordseeküste. — Berlin I. Die Halligen, 2 Bde.
257 Müller, F., u. Fischer, O.: Das Wasserwesen an der schleswig-holsteinischen Nordseeküste. — Berlin II. Die Inseln. Bd. 1 Allgemeines, 1938; Bd. 2 Alt-Nordstrand, 1936; Bd. 3 Nordstrand, 1936; Bd. 4 Pellworm, 1936; Bd. 5 Amrum, 1937; Bd. 6 Föhr, 1937; Bd. 7 Sylt, 1938.
258 Müller, W., 1825: Beschreibung der Sturmfluten an den Ufern der Nordsee... am 3. und 4. Februar 1825. — Hannover.
259 Muuß, U., und Petersen, M., 1971: Die Küsten Schleswig-Holsteins. — Neumünster.
260 Nasner, H., und Partenscky, H.-W., 1975: Sturmfluten in der Elbe und an der deutschen Nordseeküste in diesem Jahrhundert. — Die Küste 28.
261 Naudiet, R., 1976: Sturmflut 1976. — Münsterdorf.
262 Nehls, C., 1896: Die Sturmfluten in der Elbe. — Magdeburg.
263 Neumann, G., 1941: Eigenschwingungen der Ostsee. — Arch. Dt. Seewarte u. Marineobservatorium, Hamburg.
264 Niemeyer, H. D., 1976: Zur Abschätzung des maximalen Wellenauflaufs an Seedeichen aus der Einmessung von Teekgrenzen. — Die Küste 29.
265 Nissen, N. R., und Steinhagen, P., 1976: Die große Flut '76. — Dithmarschen.
266 Nöthlich, F., 1949: Ein Beitrag für das Auftreten von Sturmfluten in der Unterelbe. — Wasser und Boden.
267 Nummensen, J., 1934: Bericht von den Wasserfluthen Anno 1612 und 1615. — JbNfV 21.
268 Outhof, G., 1718: Verhaal van alle Hooge Watervloeden in meest alle Plaatsen van Europa. — Emden, 2. Aufl. 1720.
269 Otto, T., 1916: Geologische Wirkungen der Sturmflut der Jahreswende 1913/14 auf die Küsten der Ostsee. — Jb. Kgl. Preuß. LA. 35, II.
270 Peters, L. C., 1934: Die Bevölkerung der Halligen um 1634. Zur 300. Wiederkehr des Tages der großen Flut. JbNfV 21.

271 Petersen, G. P., 1825: Darstellung der großen Überschwemmung in der Nacht vom 3. zum 4. Februar 1825. SH Prov.-Ber.
272 Petersen, M, 1952: Abbruch und Schutz der Steilufer an der Ostseeküste. — Die Küste 1, 2.
273 — 1954: Das Hochwasser vom 4. Januar 1954 an der schleswig-holsteinischen Ostseeküste. — Wasser u. Boden.
274 — 1955: Über die Grundlagen zur Bemessung der schleswig-holsteinischen Landesschutzdeiche. — Die Küste 3.
275 — 1956: Der nordfriesische Inselbereich, Natur und Mensch als gestaltende Kräfte. — Ber. z. Landeskunde 17, 2.
276 — 1961: Das deutsche Schrifttum über Seebuhnen an sandigen Küsten. — Die Küste 9.
277 — 1966: Die zweite Deichlinie im Schutzsystem der deutschen Nordseeküste. — Die Küste 14, 2.
278 — 1966: Über die Erhaltung und Pflege der Fehtinge auf den Halligen. — Zw. Eider u. Wiedau.
279 — 1967: Sturmflut 1962. Wasserstände an den Küsten der Nordsee. — Die Küste 15.
280 — 1973: Forschung Westküste. — Nordfriesland 25.
281 — 1974: Probleme des Küstenschutzes am Beispiel Sylt. Jb d. Hafenbautechn. Ges. 33.
282 Pfeiffer, H., 1969: Untersuchungen über den Einfluß des geplanten Dammbaues zwischen dem Festland und der Insel Sylt. — Die Küste 17.
283 Pralle, 1875: Beobachtungen über den Verlauf der Ostsee-Sturmflut vom 13. November 1872. — Z. Arch.- u. Ingver. zu Hannover.
284 Prange, W., 1965: Die Höhen der Sturmflut vom 11. Okt. 1634 in Nordfriesland nach neuen Sturmflutmarken. — Zw. Eider u. Wiedau.
285 — 1971: Geologisch-historische Untersuchungen an Deichbrüchen des 15.—17. Jahrhunderts in Nordfriesland. Fries. Jb. 1968/69.
286 Prügel, H., 1942: Die Sturmflutschäden an der schleswig-holsteinischen Westküste in ihrer meteorologischen und morphologischen Abhängigkeit. — Schr. d. Geogr. Inst. d. Univ. Kiel, XI, 3.
287 Quade, G., 1875: Die Sturmflut vom 12. und 13. November 1872 an der deutschen Ostseeküste. — Z. f. Bauw.
288 Rehling, U., 1975: Datenerfassung und -auswertung mit Digitalrechnern bei Wasserstands- und Wellenmessungen. — Mitt. d. Franzius-Inst. Hannover 42.
289 Rodewald, M., 1954: Der große Nordseesturm vom 31. Januar und 1. Februar 1953. — Die Naturwissensch.
290 — 1962: Zur Entstehungsgeschichte der Sturmflut-Wetterlagen in der Nordsee im Februar 1962. — Die Küste 10, 2.
291 — 1965: Zur Entstehungsgeschichte von Sturmflutwetterlagen in der Nordsee. — Die Küste 13.
292 — 1974: Die historische Nordsee-Sturmflutserie vom November/Dezember 1973. — Der Seewart.
293 Rodloff, W., 1963: Über die Form von Seedeichen mit Grasnarbe. — Wasser u. Boden.
294 — 1972: Hydrologische Betrachtungen zur Ostseesturmflut vom 12./13. November 1872. — Dt. Gewässerkdl. Mitt.
295 — 1974: Deiche und Uferschutz bei Ostseesturmfluten. Die Wasserwirtschaft.
296 — 1976: Zur historischen Entwicklung der Probsteier Salzwiesen und ihres Sturmflutschutzes. — Jb. f. Heimatkunde i. Kreis Plön/Holstein.
297 Rödenbeek, G., 1976: Über Deichbau und Überflutungen in den Hamburger Elbmarschen (vor der Flut von 1962). — Die Küste 29.
298 Roediger, G., 1962: Entwicklung und Verlauf der Wetterlage vom 16./17. Februar 1962. — Die Küste 10, 1.
299 Roeloff, B., 1975: Streiflichter von der Insel Föhr zu den Sturmfluten vor 150 Jahren. — Zw. Eider u. Wiedau.
300 Rohde, H., 1964: Hochwassermarken am Hafen Tönning. — Zw. Eider u. Wiedau.
301 — 1964: Sturmfluten und Hochwassermarken. — Wasser u. Boden.
302 — 1964: Die Häufigkeit hoher Wasserstände an der Westküste von Schleswig-Holstein. — Die Küste 12.
303 — 1964: Nachrichten über Sturmfluten früherer Jahrhunderte nach Aufzeichnungen Tönninger Organisten. Die Küste 12.
304 — 1964: Der Leuchtturm „Rote Kliff" bei Kampen. — Zw. Eider u. Wiedau.
305 — 1965: Pegel und Wasserstände. — Zw. Eider u. Wiedau.
306 — 1965: Die Veränderung der hydrografischen Verhältnisse im Eidergebiet durch künstliche Eingriffe. — Dt. Gewässerkdl. Mitt., Sonderheft.
307 — 1965: Die Baugeschichte der St.-Laurentius-Kirche zu Tönning. — SHKG II. Reihe, 22.
308 — 1966: Eiderstedt und die Sturmfluten. — Blick ü. Eiderst., Heide.
309 — 1966: Die Weihnachtsflut 1717 an der schleswig-holsteinischen Westküste. — Zw. Eider u. Wiedau.
310 — 1968: Wasserstandsänderungen und Sturmfluthäufigkeit an der Elbemündung. — Die Küste 16.
311 — 1970: Die Entwicklung der Wasserstraßen im Bereich der deutschen Nordseeküste. — Die Küste 20.
312 — 1974: Ein Vergleich der Sturmfluten des Winters 1973/74 mit denen des Winters 1792/93. — Die Küste 26.
313 — 1975: Wasserstandsbeobachtungen im Bereich der deutschen Nordseeküste vor der Mitte des 19. Jahrhunderts. — Die Küste 28.
314 — 1975: Die Sturmtiden vom Herbst 1973 in Hamburg und Cuxhaven. — Dt. Gewässerkdl. Mitt.
315 — 1976: Sturmfluten an der Nordseeküste. — Schr. Dt. Schiffahrtsmuseum, Bremerhaven.
316 — 1977: Sturmfluten und säkularer Wasserstandsanstieg an der deutschen Nordseeküste. — Die Küste 30.
317 Rothe, Monrad, Ørstedt, Jensen, 1827: Allerunterthänigster Bericht über die öffentlichen Veranstaltungen, welche zum Besten der durch die Sturmfluth vom 3. und 4. Februar 1825 beschädigten Bewohner der Westküste Jütlands und der Herzogthümer Schleswig und Holstein getroffen worden sind ... Copenhagen.
318 Sax, P., 1635: Die große Flut im Jahre 1634 (nach Augenzeugenschaft erzählt). — JbNfV 3.
319 Siefert, W., 1968: Sturmflutvorhersage für den Tidebereich der Elbe aus dem Verlauf der Windstaukurve in Cuxhaven. — Mitt. d. Franzius-Inst. Hannover 30.
320 — 1969: Die Sturmflut von 1825 in der Elbe. — Hbg. Küstenforsch. 5.
321 — 1974: Erste Erfahrungen mit einem neuen Sturmflut-Vorhersageverfahren. — Mitt. d. Franzius-Inst. Hannover 40.
322 — 1975: Tidewasserstände im Elbegebiet während der Herbststurmfluten 1973 und ihre statistische Deutung. Dt. Gewässerkdl. Mitt.
323 — 1975: Seegangsmessungen im Elbmündungsgebiet während der Herbststürme 1973. — Dt. Gewässerkdl. Mitt.
324 — 1977: Hamburger Sturmflutwarndienst. — Hansa 5.
325 Simon, W. G., 1963: Sturmfluten in der Elbe und bei Hamburg in historischer und aktuogeologischer Sicht. — Abh. u. Verhandl. d. Naturwiss. Ver. i. Hbg., N. F. VII.
326 — 1964: Geschichte des Elbe-Ästuars von der Überflutung der Nordsee nach der letzten Vereisung bis zur Gegenwart, nach dem Stande der Kenntnisse von 1964. Abh. u. Verh. d. Nat. Ver. i. Hbg., N. F. IX.

327 Sindern, J., und Rohde, H., 1970: Zur Vorgeschichte der Abdämmung der Eider in der Linie Hundeknöll-Vollerwiek. — Die Wasserwirtschaft.
328 Snuis, H., 1966: Die Küstenschutzarbeiten an der Westküste Schleswig-Holsteins nach der schweren Sturmflut vom 16./17. Februar 1962. — Die Wasserwirtschaft.
329 Snuis, H., und Wohlenberg, E., 1955: Anwachs, Landgewinnung und Deichbau in Nordfriesland. — Fries. Jb.
330 Speck, B., Wilkens, E., und Wergin, J., 1976: Die Januarflut 1976 erlebt auf den Halligen Hooge, Langeneß, Oland. — Breklum.
331 Stark, E., 1952: Meteorologische Ursachen für hohe Wasserstände in der Lübecker Bucht von 1885 bis 1949. Die Küste 1, 2.
332 Stellmacher, H., 1974: Sturmflutsperrwerk in der Störmündung. — Der Bauing.
333 Stellmacher, H., und Wellenkamp, J., 1974: Sturmflutsichere Abdämmung der Störmündung. Tiefbau.
334 Suhr, H., 1962: Welche Folgerungen zieht das Land Schleswig-Holstein für seinen Hochwasserschutz aus den Erfahrungen mit der Sturmflut vom 16./17. Februar 1962 — Wasser u. Boden.
335 — 1964: Generalplan Deichverstärkung, Deichverkürzung und Küstenschutz in Schleswig-Holstein. — Wasser u. Boden.
336 Schaper, 1895: Beziehungen zwischen den meteorologischen Verhältnissen und den Hochwassern in Lübeck. — Lübecker Festschr. 67. Versammlg. dt. Naturforscher u. Ärzte.
337 Schaumann, P. C., 1857: Die Höhe der Hamburger Sturmfluten. — Hamburg.
338 Schelling, H., 1952: Die Sturmfluten an der Westküste von Schleswig-Holstein. — Die Küste 1, 1.
339 Schirrmacher, G., 1972: Aus der Schulchronik der Hallig Hooge. Zur Sturmflut vor zehn Jahren. — Schleswig-Holstein.
340 Schmidt, A. W. C., 1825: Die Sturmflut vom Februar 1825. — Hooger Schulprotokolle.
341 Schmidt, H., 1941: Eisschub-Berge und ihre geologische Bedeutung. — Natur u. Volk.
342 Schönfeld, G., und Tornow, H., 1976: Angst hinterm Deich, Sturmfluten 1962—1976. — Stade/Buxtehude.
343 Schüttrumpf, R., 1973: Über die Bestimmung von Bemessungswellen für den Seebau am Beispiel der südlichen Nordsee. — Mitt. d. Franzius-Inst. Hannover 39.
344 Schultze, E., 1938: Der Windstau im Tidegebiet. — Der Bauing.
345 Schulz, A., 1908/09: Unser Land am Anfang des neunzehnten Jahrhunderts. — JbNfV 5.
346 Schulz, H., 1956: Die Charakterisierung von Sturmfluten an den Küsten von Tidemeeren. — Wasser u. Boden.
347 — 1962: Verlauf der Sturmflut vom Februar 1962 im deutschen Küsten- und Tidegebiet der Nordsee. — Die Küste 10, 1.
348 Schwarz, J., 1968: Über die Physikalischen Vorgänge beim Eisdruck. — Mitt. d. Franzius-Inst. Hannover 31.
349 Tarnow, R., Petersen, P., Dankers, J., Gärtner, H.-J., u. Wieland, P., 1976: Die große Flut 76; Ursachen, Wirkungen, Folgerungen. — Dithmarschen.
350 Tetens, J. N., 1788: Reisen in die Marschländer an der Nordsee zur Beobachtung des Deichbaus. — Leipzig, Bd. 1.
351 Thiel, G., 1953: Die Wirkung des Luft- und Winddrucks auf den Wasserstand in der Ostsee. — Dt. Hydrogr. Z.
352 Thiess, W., 1825: Die Wassernoth. Eine Predigt. — Schleswig.
353 Thorade, H., 1931: Probleme der Wasserwellen. — Hamburg.
354 Thran, P., und Kruhl, H., 1972: Meteorologische Gründe für das Ostsee-Sturmhochwasser. — In: Kiecksee, Die Ostsee-Sturmflut 1872.
355 Tödt, A., 1963: Zur 600. Wiederkehr des Jahres der Manndränke 1362. — Zw. Eider u. Wiedau.
356 Tomczak, G., 1952: Der Einfluß der Küstengestalt und des vorgelagerten Meeresbodens auf den windbedingten Anstau des Wassers, betrachtet am Beispiel der Westküste Schleswig-Holsteins. — Dt. Hydrogr. Z.
357 — 1952: Die Sturmfluten vom 9. und 10. Februar 1949 an der deutschen Nordseeküste. — Dt. Hydrogr. Z.
358 — 1954: Was lehrt uns die Holland-Sturmflut 1953? — Die Küste 3.
359 — 1954: Der Windstau- und Sturmflutwarndienst für die deutsche Nordseeküste beim Deutschen Hydrographischen Institut. — Dt. Hydrogr. Z.
360 — 1955: Sturmfluten. — Umschau.
361 — 1960: Über die Genauigkeit der Sturmflutvorhersage für die deutsche Nordseeküste. — Dt. Hydrogr. Z.
362 Vogel, G., 1952: Zwei neuartige Baken im westholsteinischen Wattenmeer. — Bautechnik.
363 — 1970: Sperrwerke an der schleswig-holsteinischen Westküste. — VDI-Ber.
364 — 1973: Die Eiderabdämmung wurde am 20. März 1973 eingeweiht. — Hansa.
365 Vollbrecht, K., 1973: Der Küstenrückgang an der Insel Sylt. — Dt. Hydrogr. Z.
366 Volquardsen, J. R., 1962/63: Gedanken zur Sturmflut vom 16. 2. 1962. — JbNfI 8.
367 Walden, H., 1966: Zusammenhang zwischen Sturmfluten, Elbe-Hochwassern und Wetterlage? — Dt. Gewässerkdl. Mitt.
368 — 1974: 16 m hohe Dünung im Nordatlantik. — Der Seewart.
369 Walden, H., u. Piest, J., 1961: Vergleichsmessungen des Seegangs mit verschiedenen Meßgeräten. — Dt. Wetterdienst, Seewetteramt, Einzelveröff. 30.
370 Wasmund, E., 1940: Angriff, Aufbau und Verteidigung der Küste. — Zentralbl. d. Bauverw.
371 Wegemann, G., 1911: Die Sturmfluten der westlichen Ostsee. — Die Heimat.
372 Wieland, P., 1974: Sturmfluten an der Westküste Schleswig-Holsteins. Die meteorologischen Voraussetzungen ihrer Entstehung. — Nordfriesland 31.
373 — 1975: Ausmaß und Rang der Sturmflutserie im Herbst 1973 an der südlichen Nordseeküste Schleswig-Holsteins. — Unveröff. Ber. d. ALW Heide/Büsum.
374 Wirz, H., 1965: Seenot, Opfer, Siege. Ein Jahrhundert Deutsche Gesellschaft zur Rettung Schiffbrüchiger. — Bremen.
375 Witt, K., 1957: Plattdeutsche Sturmflutlieder des 16. und 17. Jahrhunderts von der schleswigschen Westküste. — Flensburg.
376 Woebcken, C., 1924: Deiche und Sturmfluten an der deutschen Nordseeküste. — Bremen.
377 Wohlenberg, E., 1950: Entstehung und Untergang der Insel Trischen. — Mitt. d. Geogr. Ges. in Hbg. 49.
378 — 1953: Sinkstoff, Sediment und Anwachs am Hindenburgdamm. — Die Küste 2, 2.
379 — 1962: Die Trinkwasserversorgung der Halligen nach der Sturmflut im Februar 1962. — Die Küste 10, 2.
380 — 1963: Der Deichbruch des Ülvesbüller Kooges in der Februar-Sturmflut 1962. Versalzung, Übersandung, Rekultivierung. — Die Küste 11.
381 — 1969: Die Halligen Nordfrieslands. — Heide/Holst.
382 Woltmann, R., 1825: Einige Bemerkungen über die hohe Sturmflut in der Nacht vom 3. auf den 4. Februar 1825. — Hannoversches Magazin, 88.—90. Stück.
383 — 1834: Verzeichnis der Höhen der bedeutenden, seit Beginn des 18. Jahrhunderts in der Elbe stattgefundenen Sturmfluten. — Hbg. Bl., Nr. 8.

384 Wüst, G., 1954: Über Ostseesturmfluten. — Schleswig-Holstein.
385 WSD Hamburg, 1962: Sturmflut am 16./17. 2. 1962 in der Elbe. — Hamburg.
386 WSD Nord, 1976: Sturmflut am 3. Januar 1976 in der Elbe. — Hamburg.
387 Zitscher, F. F., 1957: Möglichkeiten und Grenzen in der konstruktiven Anwendung von Asphaltbauweisen bei Küstenschutzwerken. — Mitt. d. Franzius-Inst. Hannover 12.
388 — 1962: Analyse zur Bemessung von Außenböschungen schar liegender Seedeiche gegen Wellenbeanspruchung. — Wasser u. Boden.
389 — 1975: Erfahrungen mit Deichschlußverfahren beim Seedeichbau. — Die Küste 25.
390 Zöllner, E., 1965: Pläne zur Verbesserung des Küstenschutzes an der schleswig-holsteinischen Westküste. — Zw. Eider u. Wiedau.
391 Lüders, K., und Leis, G., 1964: Niedersächsisches Deichgesetz, Kommentar. — Hamburg.

Nachtrag:

392 Annutsch, R., und Hecht, H., 1978: Die Sturmflut vom Januar 1976 aus ozeanographischer Sicht. - Die Küste 33.
393 Barjenbruch, K.-H., 1976: Entwicklung und Stand des Küstenschutzes in Niedersachsen. — Mitt. d. Franzius-Inst. Hannover 44.
394 Heerten, G., und Partenscky, H.-W., 1977: Ein Vergleich der Sturmflut vom 3. Januar 1976 auf der Elbe mit anderen Sturmfluten nach 1962. — Mitt. d. Franzius-Inst. Hannover 45.
395 Kramer, J., Krause, G., Luck, G., u. a. 1978: Erfahrungen und Folgerungen aus den Januarsturmfluten 1976 für den Küstenschutz in Niedersachsen. — Die Küste 33.
396 Kübler, H., 1978: Erfahrungen mit den Hochwasserschutzanlagen in Hamburg bei den Sturmfluten im Januar 1976 und Folgerungen. — Die Küste 33.
397 Lüders, K., und Luck, G., 1977: Kleines Küstenlexikon. 3. Aufl. — Hildesheim.
398 Nasner, H., und Partenscky, H.-W., 1977: Modellversuche für die Tideelbe. Strombaumaßnahmen nach 1962 und ihre Auswirkungen auf die Sturmflutwasserstände. — Mitt. d. Franzius-Inst. Hannover 45.
399 — 1977: Sturmfluten in der Elbe und an der deutschen Nordseeküste von 1901 bis zum Januar 1976. — Mitt. d. Franzius-Inst. Hannover 45.
400 Rohde, H., 1978: Johann Georg Büsch (1728—1800). — Wasser und Boden 2 und Hamburger Küstenforschung 38.
401 Warncke, W., 1977: Veröffentlichungen über Sturmfluten, chronologische Titelaufzählung von 1770 bis 1977. — Hamburger Küstenforschung 37.
402 Zitscher, F. F., Scherenberg, R., und Carow, U., 1978: Die Sturmfluten vom 3. und 21. Januar 1976 an den Küsten Schleswig-Holsteins. — Die Küste 33.

LITERATURHINWEISE

Für die einzelnen Abschnitte des Buches ist angegeben, welche Schriften bei der Bearbeitung verwandt wurden. Die Ziffern beziehen sich dabei auf die Angaben in dem vorstehenden Schriftenverzeichnis.

Schriften von allgemeiner Bedeutung:
12, 13, 17–24, 34, 39, 65–68, 75, 79, 87, 93, 94, 112, 126, 129, 130, 136, 138, 145, 150, 152, 161, 179, 183, 189, 208, 226, 235, 236, 256, 257, 259, 280, 313, 350, 356, 376, 397, 401.

Was ist eine Sturmflut:
74, 243, 246, 250, 315, 346.

Messung und Statistik der Wasserstände:
72, 74, 109, 168, 173, 194, 212, 220, 223, 226, 229, 241, 245, 254, 260, 263, 266, 288, 297, 302, 305, 308, 310, 313, 315, 316, 322.

Wasserstände bei Sturmfluten:
72, 74, 81, 86, 92, 109, 124, 136, 140, 158, 162, 168, 169, 171, 181, 192, 193, 202, 220, 226, 241, 250, 254, 262, 279, 284, 300–302, 308, 310, 312, 314–316, 319, 321, 322, 337, 338, 344, 346, 347, 350, 356, 360, 372, 382, 383, 385, 386, 394, 399.

Wetter und Sturmfluten:
44, 82, 83, 192–194, 206, 206a, 228, 230, 289, 290–292, 298, 315, 319, 321, 331, 336, 338, 344, 349, 351, 354, 356, 367, 372, 373, 392.

Wellen, Strömungen:
33, 70, 71, 80, 90, 98, 103, 104, 106, 113, 120–122, 125, 137, 140, 155–157, 171, 172, 196, 203, 211, 214, 232, 240, 247, 248, 264, 288, 323, 343, 353, 368, 369, 388.

Langfristige Wasserstandsänderungen:
21, 22, 28–30, 41, 56, 73, 75, 78, 114, 126, 128, 130, 131, 135, 155, 175, 188, 189, 194, 212, 229, 230, 252, 253, 260, 302, 306, 310, 315, 316, 325, 326.

Sturmfluten der Nordsee:
1–7, 10, 11, 14, 25, 26, 31, 34–36, 38, 40, 41, 43, 46–52, 55–60, 63, 65, 66, 69, 86, 87, 91, 93, 99, 101, 102, 115, 117, 123, 128, 132, 134, 139, 141–144, 146, 147, 151, 153, 158, 163, 165–167, 170, 174, 176–178, 190, 194, 197, 198, 200, 201, 207, 215, 216, 222, 225–227, 231, 232, 242, 244, 245, 249, 255, 258, 260–262, 265, 267, 268, 270, 271, 279, 289, 292, 297, 299, 301, 303, 307–309, 312, 314–318, 320, 322, 325, 330, 338–340, 342, 347, 349, 352, 355, 357, 358, 366, 372, 373, 375, 379, 380, 382, 385, 386, 392, 395, 399, 401, 402.

Ostseesturmfluten:
8, 9, 15, 16, 27, 45, 61, 88, 118, 119, 127, 148, 180, 181, 184, 185, 191, 204, 263, 269, 272, 273, 283, 287, 294, 295, 331, 336, 351, 354, 371, 384.

Sturmfluten und Schiffahrt:
96, 106, 116, 217, 224, 304, 311, 315, 362, 374.

Schutz gegen Sturmfluten:
31, 32, 36, 37, 39, 42, 53, 54, 56–58, 60, 62, 64, 69, 76, 77, 79, 81, 84, 85, 89, 90, 93–95, 97, 100, 105, 107, 108, 110, 111, 133, 149, 154, 156, 159–161, 164, 169, 171, 178, 182, 186, 187, 194–196, 198, 199, 205, 208–210, 212, 213, 218, 219, 221, 226, 233–239, 249, 251, 256, 257, 259, 274–278, 280–282, 285, 286, 293, 295–297, 306, 311, 315, 324, 327–329, 332–335, 341, 343, 345, 348–350, 359, 361, 363–365, 370, 376–381, 387–390, 393, 395, 396, 398, 400, 402.

Organisation und Recht:
93, 256, 257, 297, 324, 391.

Verzeichnis der bekannten Sturmfluten an den Küsten Schleswig-Holsteins und in der Elbe

Dieses Verzeichnis ist sicherlich nicht vollständig. Besonders für die Zeit vor 1400 sind die Chroniken lückenhaft. Andererseits sind besonders im 16., 17. und 18. Jahrhundert für die Nordseeküste manche Sturmfluten angegeben, die heute kaum zu den „schweren" gezählt werden würden. Sie sind aber in den Chroniken und Verzeichnissen enthalten, weil sie – häufig sogar nur örtlich – größere Schäden verursacht haben. Die Daten der Sturmfluten sind für die früheren Jahrhunderte zum Teil ungenau. Die verschiedenen Chronisten geben manchmal die Daten für ein und dieselbe Sturmflut unterschiedlich an. Wenn auch versucht wurde, solche Fehler weitgehend auszumerzen, so können in einigen Fällen doch Doppelzählungen und unrichtige Daten in dem Verzeichnis enthalten sein. Nicht auf alle im Verzeichnis aufgeführten Sturmfluten konnte im Text des Buches eingegangen werden. Für diejenigen Sturmfluten, die im Text erwähnt werden, weisen die Zahlen hinter den Sturmflutdaten auf die betreffenden Seiten des Buches hin. Die mit * gekennzeichneten Fluten sind als Eisfluten bekannt.

A. *Sturmfluten an der Nordseeküste und in der Elbe*

Bis zum Jahre 1400 wurden außer den in schleswig-holsteinischen und Hamburger Chroniken genannten Fluten auch solche aufgeführt, die nach dem Verzeichnis von Outhof (1720) für Friesland oder für Gebiete zwischen Ems und Elbe überliefert sind. Bei mehreren kann angenommen werden, daß sie auch an der Westküste von Schleswig-Holstein und in der Elbe wirksam waren und Schäden verursachten.
Von den Sturmfluten ab 1870 sind — mit geringen Ausnahmen, auf die im Text hingewiesen ist — nur die aufgeführt, die an mindestens einem Pegelort an der Westküste oder an der Elbe höher als etwa 3 m über MThw eintraten, also vorwiegend nur die sehr schweren Sturmfluten.
Für das Verzeichnis wurden Zusammenstellungen herangezogen, die in den unter den folgenden Ziffern im Schriftenverzeichnis erwähnten Arbeiten enthalten sind: 7, 25, 93, 257, 268, 302, 303, 316. Diese gehen wieder auf ältere Arbeiten zurück, z. B. auf 34, 150, 163, 318.

ca. 120/115 v. Chr.	Cimbernflut	33
57/58 n. Chr.	(nach Plinius)	
435	(Friesland)	
516		
533	(Friesland)	
570	(Friesland)	
584	(Friesland)	
626	(Friesland)	
806	(Friesland) St.-Thomas-Flut	
1008 oder 1010	38	
1020	38	
1066	(Butjadingen)	
1./2. 11. 1075	38	
1094	38	
1102		
1114 oder 1117	38	
1158		
16. 2. 1162		
17. 2. 1164	Julianenflut 38	
1. 11. 1170	1. Allerheiligenflut 38	
1173	38	
1187	38	
1196	38	
1200		
1204		
1209	(Oldenburger Küste)	
1216	38	
17. 11. 1218		
16. 1. 1219	1. Marcellusflut 38	
1220		
1221	(Friesland) Lambertus- und Matthiasflut	
1222	(Friesland)	
1223	(Friesland)	
1224	(Friesland)	
1227	(Friesland)	
1230		
1233	(Friesland)	
1237	(Friesland)	
1242	(Friesland)	
1246	(Friesland)	
1248	(Friesland)	
1249	(Friesland)	
1250	(Friesland)	
1251	(Friesland)	
1257	(Friesland) St.-Gereons-Flut	
1263	(Friesland)	
Jan. 1266	(Friesland)	
1273		
25. 12. 1277	1. Weihnachtsflut	
14. 12. 1287	Luciaflut 38	
1290	(Friesland)	
16. 1. 1300		
30. 4. 1313		
1316		
23. 11. 1334	Clemensflut	
1336	(Friesland) St.-Simons-Flut	
1338	38	
1341		
1342		
31. 12. 1354	38	
16. 1. 1362	2. Marcellusflut, gr. Mandränke 38, 39, 108	
30./31. 12. 1362		
1370	(Ostfriesland)	
1372	(Ostfriesland)	
1373	1. Dionysiusflut	
1375	(Bremisches Land) Katharinenflut	
1377	2. Dionysiusflut	
1379	(Ostfriesland)	
Mai 1380	40	
31. 12. 1382		
30. 4. 1387	40	
1. 5. 1391	40	
21. 6. 1393	40	
1395	40	
1400		
19. 11. 1404		
1405		
22. 11. 1412		
26. 12. 1421		
29. 9. 1426		
26. 12. 1426	oder 28. 10.	
29. 9. 1427		
4. 10. 1428		
16. 10. 1434	1. Gallenflut (am St.-Gallus-Tag)	
1435		
1. 11. 1436	Allerheiligenflut 40, 78	
17. 4. 1446		
6. 1. 1470	40	

141

6. 1.1471		
16.10.1474	2. Gallenflut	
16.10.1476	3. Gallenflut	
16.10.1477	4. Gallenflut	
4.12.1479		
1. 5.1480		
1482		
März 1483		
16.10.1483	5. Gallenflut	
22.11.1483		
31.12.1484		
23. 9.1491		
1497		
16.10.1501	41	
1506	41	
1. 2.1508		
13.11.1508	oder 16.10.	
26. 9.1509	40	
6.12.1509		
16. 4.1511		
13. 7.1513		
1. 2.1514		
1518		
26. 2.1521		
1.11.1530		
Juli 1531		
2.11.1532	Allerheiligenflut	40, 41 78
28.10.1533		
1534		
2.11.1536	Allerheiligenflut	
1537	an der Elbe	
6.12.1538		
6.12.1539		
1543	41	
1544		
1547		
1548		
21.10.1550		
1551		
14. 1.1552		
1553		
14.11.1559		
1560		
27. 7.1561		
Winter 1561		
1566		
1.–6.11.1570	Allerheiligenflut	40, 41, 78
24. 4.1571		
1.11.1571	Allerheiligenflut	
1572		
21. 8.1573	Kornflut	41
22. 1.1574*	oder 25. oder 28.1.	41, 104
25. 3.1578		
1. 5.1580		
9.11.1582	Elbemündung	
1583		
1584	Elbe	
2. 2.1585		
Dez. 1588		
6. 1.1590*		
Dez. 1593	41	
Jan. 1594		
22.12.1594		
25. 7.1595		
12.12.1595	oder 22.12.	
1596		
25. 9.1597		
1599		
1600		
1601		
14. 2.1602		

Jan. 1609		
23. 1.1610		
4. 9.1610		
24. 8.1612	41, 70	
14. 9.1612	41, 70	
21.10.1612	41, 70	
26.11.1612	41, 70	
21.–26.12.1612	41, 70	
Jan. 1613	41	
28. 8.1613	41	
1.12.1615	41, 42	
21.12.1615	41	
30.12.1616	41	
2. 2.1617	41	
10. 9.1621		
19. 9.1624		
20. 1.1625*	70, 104	
9./10. 2.1625	70	
26. 2.1625*	42, 48, 70, 78, 85, 89, 104, 107	
20. 3.1625	70	
Sept. 1625		
27.10.1627	42	
26.–29. 1.1628	42	
5.–7. 9.1628	42	
6.11.1628	42	
16.12.1628	42	
27. 8.1629	42	
6. 1.1630	42	
6. 6.1630	42	
4.11.1631		
14.11.1631		
11.10.1634	2. Mandränke	40, 42 ff., 48, 78, 85, 89, 107, [108
20.10.1635		
21. 8.1639	47	
23./24. 1.1643	47	
14./15. 2.1648	47	
22. 2.1651	47	
23.12.1652	47	
26./27.12.1653	47	
4. 8.1655	47	
20.10.1657	47	
30.11.1659	47	
16.11.1660	47	
5. 1.1661	47	
16./17. 1.1661	47, 48	
19./20. 2.1662	47	
11.–16.11.1662	47	
19./20.10.1663	47, 48	
20. 1.1666	47	
30. 9.1666	47	
26. 1.1667	47	
1671		
1679	47	
Febr. 1682	44	
24./25.11.1685	47, 48	
8.10.1688	48	
23.11.1690		
12.12.1692		
23.10.1693		
31.12.1693	48	
1696	47	
22. 9.1697	47, 48	
10.11.1699	47, 48	
17.10.1701	48	
28. 2.1702	48	
8.12.1703	48	
27. 7.1710		
1.11.1711	48, 116	
14. 2.1715		
4. 3.1715	48	
24./25.12.1717	Weihnachtsflut	48, 49 ff., 52, 70, 78, 85, 87,
25. 2.1718*	51, 70, 87, 107	[107, 112

142

Herbst 1718		
25. 5. 1719		
Nov. 1719		
1.–3. 1. 1720		
31. 12. 1720	51, 112, 116	
1. 1. 1721	51, 112, 116	
1725		
24. 11. 1736	51	
16. 4. 1745	51	
15. 11. 1745	51	
2. 12. 1747	51	
9. 9. 1749	51	
11. 9. 1751	52, 112	
20./21. 1. 1756		
Febr. 1756		
7. 10. 1756	52, 78, 112	
19. 1. 1757*	107	
1762		
1763		
21. 8. 1769		
20./21. 8. 1773		
31. 8. 1777	52	
2./3. 12. 1777		
Herbst 1778		
Herbst 1779		
Anfang 1782*		
17. 9. 1783		
15. 11. 1783		
28. 7. 1786		
25. 1. 1788	52	
4.–10. 2. 1789*	70, 107	
26. 1. 1791		
22. 3. 1791	52, 70	
Nov. 1791		
16. 11. 1792	52, 70	
5.–22. 12. 1792	52, 53, 70, 78, 85, 96	
29. 1. 1793	52, 70	
24. 2.–3. 3. 1793	52, 70	
11. 12. 1793		
24.–26. 1. 1794	52	
Nov. 1795		
Dez. 1795		
Jan. 1796		
26. 3. 1796	52	
10. 10. 1796		
7. 12. 1797	52	
26.–28. 3. 1803		
27. 2. 1806	53	
26. 12. 1806	53	
18./19. 2. 1809*	53, 107	
28. 2. 1813		
16. 11. 1814		
1.–3. 12. 1821	53	
4. 3. 1822*	53	
1.–6. 12. 1823	53	
3. 11. 1824	53, 70	
12.–15. 11. 1824	70	
17.–27. 12. 1824	53, 70	
3./4. 2. 1825	53 ff., 57, 58, 66, 69, 70, 78, 112	
26.–31. 10. 1825		
27. 11. 1825	56	
13. 12. 1825		
5./6. 3. 1827		
31. 10. 1827		
3. 11. 1831		
19. 12. 1832		
27./28. 1. 1833		
2. 11. 1833	57	
18. 10. 1834	57	
18. 11. 1835	57	
2. 2. 1836		
2.–8. 1. 1839	57	
18.–27. 1. 1840*	57	
21. 10. 1845	57	
9. 4. 1847	57	
1. 1. 1855	57, 122	
2. 2. 1858		
3./4. 10. 1860		
19./20. 12. 1862		
30./31. 10. 1863		
6.–8. 2. 1866		
9. 11. 1866		
22. 10. 1874		
15. 10. 1881	57	
28. 10. 1884		
10.–13. 2. 1894	22, 23, 57, 70	
5.–8. 12. 1895	18, 22, 57, 70	
27. 1. 1901*		
30./31. 12. 1904	87	
13. 3. 1906	22, 23, 58, 110, 112	
5./6. 11. 1911	22, 58, 112	
18. 9. 1914	58	
12. 11. 1914	58	
13. 1. 1916	58	
16. 2. 1916	22, 23, 58	
2. 12. 1917		
9.–12. 10. 1926	22, 23, 58, 70, 116, 117	
18. 10. 1936	22, 23, 58, 60, 70, 109, 112	
27. 10. 1936	22, 23, 58, 60, 61, 70, 87, 109, 112	
24. 11. 1938	22, 58, 60, 69	
3. 4. 1940*	107	
4. 2. 1944	an der Ems 60	
10. 2. 1949	18, 22, 60	
24.–26. 10. 1949	60	
31. 1./1. 2. 1953	Hollandsturmflut 22, 23, 61, 71, 78, 104	
23. 12. 1954	61	
13. 1. 1962	66	
16./17. 2. 1962	16, 17, 19, 22, 23, 27, 46, 47, 55, 59, 61 ff., [70, 78, 87, 88, 89, 101, 104, 111, 122	
23./24. 2. 1967	22, 69, 87	
3./4. 12. 1967	87, 88	
6.11.–17.12.1973	22, 23, 27, 52, 66, 67, 69, 70, 71, 89, 101, 111	
3. 1. 1976	14, 17, 21, 22, 28, 66, 67, 70 ff., 89, 101, 104, [111	
20.–22. 1. 1976	22, 78	

B. *Sturmfluten an der Ostseeküste*

1044	80	
1304	80	
1320	80	
1449	80	
10. 2. 1625	80	
10. 1. 1694	80	
19. 12. 1835	80, 81	
26. 12. 1836	80, 81	
30. 12. 1867	81	
13. 11. 1872	19, 24, 28, 80 ff., 85, 87, 89, 114	
25. 11. 1890	81	
20. 11. 1893	81	
24./25. 3. 1898	81	
30./31. 12. 1904	81, 83, 84	
9. 1. 1908	81	
30./31. 12. 1913	81	
10. 1. 1914	81	
7. 11. 1921	81	
2./3. 3. 1935	81	
9. 2. 1936	81	
13. 11. 1941	81	
27./28. 12. 1941	81	
4. 1. 1954	24, 81, 113	
14. 1. 1960	81, 84	

Abbildungsnachweise

Amt für Land- und Wasserwirtschaft, Heide 71, 75, 76, 119
Amt für Land- und Wasserwirtschaft, Husum 56, 59, 112b
Associated Press, Frankfurt 64a
A. Bantelmann, Schleswig 33, 43
E. Bewersdorff, Stade 108
K. Bitterling, Hamburg 101
W. Bothmann, Heide 93
A. Busch, Nordstrand 34, 53, 117
Bundesanstalt für Wasserbau — Außenstelle Küste — Hamburg 67, 138
Conti-Press, Hamburg 94
Deutsche Ges. z. Rettung Schiffbrüchiger, Bremen 102
dpa, Hamburg 41a, 41b, 58b, 58c, 63a, 63b, 64b, 70b, 89
H. D. Erhard, Bremerhaven 91
Färber, Travemünde 78a, 78b
H.-J. Gärtner, Heide 69, 70a
Hoffmann, Husum 57a
Ph.-Holzmann-Archiv, Hamburg 52, 113, 114, 115
F. H. Horn, Ehst 23, 68a, 68b
Keystone, Hamburg 70c
Landesamt für Wasserhaushalt u. Küsten, Kiel 54, 112a, 116
T. Martensen, Pellworm 111

Th. Möller, Kiel 28
U. Muuß, Kiel 51, 77
M. Petersen, Mönkeberg 4, 121, 122, 123, 124, 125, 128
Pickenpack, Stade 136
G. Quedens, Amrum 22, 25
H. Rohde, Halstenbek 3, 49, 65, 66, 95, 104, 106, 107, 109, 110, 134, 135, 137
N. Rüpke, Hamburg 55a, 55b, 58a, 90
H. Schelling, Husum 42
Schensky, Helgoland 21, 131, 132
K. Schmidt, Schönberg 126, 127
E. G. Scholz, Elmshorn 73, 74
Seewetteramt, Hamburg 16, 17
B. Speck, Hooge 72
Stadtarchiv Flensburg 80, 81, 82a, 82b
Stadtarchiv Kiel 83
Stadtarchiv Schleswig 79b
E. Stürz, Bremerhaven 92
E. Wohlenberg, Husum 24, 35, 48, 57b, 61, 62,
Wasser- und Schiffahrtsamt Cuxhaven 96
Wasser- und Schiffahrtsamt Tönning 6, 9, 97, 99, 133

Sachregister

Abdämmung 58, 118, 121, 130
Abgase 129
Abkühlungsperiode 129
Ablagerungsgebiet 114
Abrasion 37, 45, 109
Abwasser 121, 129
Adolph Bermpohl 92
Adolph-Bermpohl-Orkan 22, 62, 69, 87
Alarmplan 72, 128
Allerheiligenfluten 40
Allgem. Deichreglement (ADR) 124, 125, 126
Ambronen 33
Amt für Land- u. Wasserwirtschaft 73, 126, 128
Amtmann 124
Anwachs, -recht 32, 112, 124, 126
Asphaltdecke 100, 112
Astronomie 12, 13, 129
Atmosphäre 5, 23
Aufsichtsbehörde 127
Aufspülung (Sand) 104, 105, 111, 114
Ausgleichsküste 114
Außenböschung 66, 96, 97, 114
Außensand 85, 112

Badeanlagen 84, 115
Badestrand 114, 115
Baggerung 57, 103, 104, 105, 109
Bake 89, 90, 94
Barre 109
Baubehörde Hamburg 127
Baugrund 103, 118, 130
Baustoff 103, 126
Beaufort-Skala 20
Behörde f. Wirtschaft u. Verkehr 127
Beliebung 123
Bemessungswasserstand 97
Beobachtungsposten 128
Bereitschaftsposten 128
Bermedeich 97
Bestick siehe Deichbestick
Bestickung 96, 107
Betriebskosten 122, 131
Betriebsplan 118, 128
Binnenentwässerung 58, 119
Bö 20, 21, 61
Böllerschüsse 127
Böschungsbefestigung 26
Böschungsneigung, -winkel 97, 114
Bohrinsel 27
Brahms, Albert 15, 51
Brake siehe Wehle
Brandung, -szone 26, 27, 114, 116, 117, 118
Brise 20
Brunnenringe 39, 48
Buhne 110, 112, 115
Bundesanstalt für Wasserbau 69, 122
Bundesminister f. Verkehr 128
Bundeswasserstraße 128
Bundeswehr 67, 73, 128
Buntsandstein 116

Campingplatz 115
Capella-Orkan 89

Christentum 34
Cimbern 33

Damm, -bau 37, 108, 109, 123, 128
Deckwerk, Ufer- 96, 110, 112, 118, 130
Deich, -wesen 26, 27, 37, 39, 95 ff.
Deichacht 127
Deichanschluß 114, 115
Deichaufsicht 104, 124, 127
Deichband, -verband 6, 123, 124, 125, 126, 127, 128
Deichbau 37, 51, 95 ff., 102 ff., 114
Deichbestick 97, 115, 124, 127
Deichboden 99, 100, 104
Deichböschung 27, 61, 100, 114, 115
Deichbruch 27, 37, 41, 43, 45, 49, 50, 61, 63, 64, 65, 67, 73, 74, 77, 78, 99, 125, 130
Deichbuch 124, 127
Deichdecke 97
Deicheigentum 127, 128
Deicherhöhung 99
Deichfriede 123
Deichfuß 95, 96, 100, 105, 115, 126
Deichgenossenschaft 126, 127
Deichgeschichte 123
Deichgeschworener 124
Deichgesetz 127, 128
Deichgraf, -gräfe 124
Deichhauptmann 124
Deichinspektor 96, 124
Deichkommissar 124
Deichkommune 124
Deichkrone, -kappe 44, 97, 99, 102, 104, 130
Deichlänge 123
Deichlinie 41, 61, 95, 102, 114, 121, 127
Deichoffiziale, -beamte 124, 125
Deichordnung 6, 123, 127, 128
Deichpfand, -los 123, 124
Deichpflicht 123, 124, 127
Deichprofil, -querschnitt 97, 99, 100, 115
Deichrampe 100
Deichrecht 123 ff.
Deichregister 124
Deichreglement siehe Allgem. Deichreglement
Deichrichter 124
Deichscharte siehe Stöpe
Deichschau, -kontrolle 104, 124, 126
Deichschutz 47, 123
Deichsicherheit 103
Deichsiel siehe Siel
Deichunterhaltung 99, 123, 126, 127
Deichverband 124, 126, 127
Deichverkürzung 119
Deichverstärkung 115, 118, 121, 130
Deichverteidigung 67, 121, 127, 130
Deichvogt 124
Deichvorland 6, 70, 127
Deichweg 99
Deltaplan 61
Deutsche Ges. z. Rettung Schiffbrüchiger 91, 92
Deutsches Hydrographisches Institut (DHI) 13, 128

30jähriger Krieg 41, 108
Druckschlag 27, 66
Düne 109, 110, 111, 112, 116, 118
Dünenabbruch 111, 112
Dünengräser 110
Dünung 26

Ebbe 9, 12, 13
Ebbedauer 13
Ebbestromgeschwindigkeit 28
Eiderabdämmung (Nordfeld) 58, 59, 121
Eiderkanal 58
Eidersperrwerk 60, 71
Eigenschwingung 27
Einflußfaktoren 18
Einlagedeich 95
Einzugsbereich 109
Eisbarre 18
Eisdecke 18
Eisfeld 106, 107
Eisflut 57, 104, 107
Eisschubberg 107, 108
Eistreiben 18
Eisverhältnisse 18
Eiszeit 29
Elektrische Installation 116
Elektronenrechner 128
Endmoräne 29, 79
Entwässerung, -sanlagen 37, 126
Erdbeben 9, 24
Erdgas 6, 129
Erholung, -sgebiet 115, 118
Erosion, Vertiefung 36, 109
Erwärmung 29
Evakuierung 72
Extremwertstatistik 15

Fachbehörde 127
Fahrwassertonne 91
Fastnachtsflut (1625) 42, 89
Felseninsel, -küste 116
Felsenterrasse 116
Felsenwatt 116
Feriensiedlung 80, 111, 115
Fernsehen 128
Fernwelle 23, 24, 62
Fetch 26, 28
Fething 55, 66, 67, 106
Feuerschiff 87, 89
Feuerwehr 73, 128
Fischkutterflotte 118
Flachküste 114
Fleet 127
Flottenstützpunkt 116
Fluchtraum 61
Flut 9, 12, 13
Flutdauer 13
Fluthmesser 48
Fluttor 98
Flutwelle 9
Förde 18
Forschung, -sstation 118, 129, 130
Fremdenverkehr 109, 115

Gasentnahme 6, 129
Geest 32

Gefahrenabwehr 128
Gefahrengemeinschaft 124
Geldbuße 124
Gemeinde, Kommune 123, 124, 125, 126
Gemeinschaftsaufgabe 51, 123
Gemeinschaftsleistung 123
Generalplan Deichverstärkung 68, 109, 115
Genossenschaft 126, 127
Geologie 29, 79, 116
Gewohnheitsrecht 123
Gezeiten siehe Tide
Gezeitenwelle siehe Tidewelle
Glazialzeit 29, 116
Großcomputer 130
Gruber Seegenossenschaft 126
Grundbesitzer 123, 124

Häufigkeit siehe Sturmflut-
Häufigkeitslinie 15, 16
Häufigkeitsstatistik 15, 16, 51
Hafen 47, 52, 77, 83, 89, 121, 130
Hafenanlage 115
Hafenbehörde 128
Hafenbetriebe 128
Hafenmole 27
Haithabu 34
Hallig 18, 131
Halligwarf siehe Warf
Hanse 47
Harde 123
Hauptdeich 127
Heimreich, Antonius 43
Helm 110
Hilfe, Bei-, Not- 45, 56, 66, 123
Hindenburgdamm 109
Hoch (Wetter) 20
Hochwasserschutz 127
Hochwasserschutzmauer 127
Hochwasserschutzwerk 127
Hochwasserstand (HW) 11, 12
Höchster Hochwasserstand (HHW) 11, 14, 77
Höchster Tidehochwasserstand (HHThw) 15, 15
Hohlkehle 116
Hollandsturmflut (1953) 37, 61, 104, 118
Hurrikan 9
Hydrologie 11 ff., 129

Innenböschung 97, 99, 100, 114
Innenminister 128
Innensenator 128
Interessengemeinschaft 123
Interglazialzeit 29

Jahrhundertflut 10
Jütlandtyp 22, 60, 70
Julianenflut (1164) 38

Kaimauer, -fläche 27, 131
Kajedeich 36
Kalkstein 116
Kaltfront 21
Kamm, Krone siehe Deichkrone
Kammsturz, -stürzung 100, 125
Kapillarwelle 25
Kappe siehe Deichkappe, -krone
Kappenbruch 100
Karolingerzeit 34
Katastropheneinsatzstab 72, 128
Katastrophenflut 5, 10, 40, 48, 70

Katastrophenschutz 78, 128, 131
Kettentide 17
Kirche 34
Klei 103, 104
Kliff 28, 79, 110
Klimaentwicklung 129
Klimafaktoren 129
Knoten 20
Kolk 100
Kommuniondeichung 124
Koog, Polder 37, 41, 59, 95, 126
Kornflut (1573) 41
Kreide 116
Kreisverwaltung 72, 127
Krückausperrwerk 119
Küstenlinie 26, 33, 39, 40
Küstennivellement 31
Küstenschutz, -bauwerk 27, 131
Küstensenkung 31
Küstenvorfeld 129
Kulturland 109, 112
Kulturspuren 39, 45, 48, 109

Längswerk 110, 111, 114
Lagerfläche, -haus 131
Landesamt f. Wasserhaushalt u. Küsten 127
Landesherr 45, 124
Landesregierung 128
Landesschutzdeich, Haupt- 99, 115, 126, 127
Landgewinnung 40, 41, 59
Landkreis 72, 127
Landverlust 38, 39, 112
Lattenpegel 11, 13
Lee-Erosion 110, 111
Lehnsmann 124
Lekdeich 96
Leuchttonne 89
Leuchtturm, -feuer 27, 89, 90
Luciaflut (1287) 38
Luftdruck 20, 24, 31, 129
Lufttemperatur 129

Maifeld 44
Mandränke 39, 42, 47, 108
Marcellusflut 38
Marsch, alte und junge 32, 33, 34, 38, 39, 130
Marschenbauamt 126
Maßgebender Sturmflutwasserstand 70, 71, 97
Materialverfrachtung 114
Mauer siehe Uferschutzmauer
Meereseinbruch, -fluß 34, 36, 41
Meeresspiegelanstieg, säkularer 10, 30, 31, 56, 109, 116, 129
Mejer, Johs. 34, 35
Menschenflut 115
Menschenschicksal 45, 46, 81, 82
Menschenverluste 11, 38, 39, 40, 45, 49, 56, 66
Mergel, Geschiebe- 114
Meßboje 129
Meteorologie 18, 20 ff.
Ministerium f. Ernährung, Landw. u. Forsten 127
Mittelalter 33 ff.
Mitteldeich, 2. Deichlinie 104, 123, 127, 130
Mittelwasserstand (MW) 11

Mittl. Tidehochwasser (MThw) 10, 14, 15, 129
Mittl. Tideniedrigwasser (MTnw) 10, 14, 15
MThw — Ganglinie 30, 129
Modellversuch 58, 69, 97, 122
Moränen 29, 32, 79
Morphologie 18, 121
Muschelkalk 116

Nachrichtentechnik 66
Nachtide 17
Naturdenkmal 118
Naturwissenschaftl. Forschung 129, 130
Niederungen 112
Niedrigster Niedrigwasserstand (NNW) 11, 14
Niedrigster Tideniedrigwasserstand (NNTnw) 14, 15
Niedrigwasserstand (NW) 11, 12
Nipptide 13, 18
Nordischer Krieg 51
Nord-Ostsee-Kanal 58
Nordstrander Damm 109
Normal-Null (NN) 11, 13, 15
Notdeich 95, 112, 126
Nothilfe 125

Oberdeich 97
Oberdeichgraf 124, 125
Oberwasserzufluß 23, 118, 119, 122
Objektschutz 131
Ökologie 130
Oktroyierter Koog 124
Oldenburger Graben 79, 11
Ordinäre Flut 17
Organisation 123 ff.
organogene Böden 112
Orkan 20, 21, 70, 129
Orkanflut 9
Ostesperrwerk 119, 120

Pegel, Pegelstation 11 ff., 48
Pegelablesung 12
Pegelbeobachter 12
Pegelbogen 12, 13, 15
Pegelhäuschen 12
Pegellatte 11, 48
Pegelnullpunkt 11, 13, 15
Pellwormer Damm 109
Pest 39, 41, 51
Pfanddeichung, partielle Deichung 124
Pinnausperrwerk 119, 120
Pleistozän 29
Polder siehe Koog
Polizei 73, 74, 128
Pollenanalyse 29
Preuß. Verwaltung 126
Priel 28, 33, 34, 37
Private Bedeichung 126
Pütt 103

Queller 32
Querwerk 114

Radargerät 91
Radiokarbonmethode 29
Räumkraft 28, 109
Rechenprogramm 23, 128, 130
Recht, Rechtsordnung 123, 126
Regalien 124

146

Regression 29
Regulativ 124
Rettung siehe Seenot-
Rhynschlot 100
Riff 26, 27
Risiko 6, 129
Rohrpegel 12
Rotes Kreuz 128
Ruhewasserstand 25
Rundfunk 128
Rungholt 38, 39

Sackung 31, 103
Säkularer Wasserstandsanstieg 10, 30, 31, 56, 109, 116, 129
Salztektonik 30, 116
Salztorf 36, 37
Salzwiese 112, 114
Sandbilanz 114
Sandbuhne 111
Sandflug 110, 115
Sandhaushalt 114
Sandnachschub 114
Sandvorrat 114
Satellitenbild 128
Satzung 127
Schadensflut 10, 38, 40, 41
Schalenkreuz 20, 21
Schardeich 95, 104
Schaumkronenbrecher 26
Scheitelwasserstand 9, 15, 18, 23, 129
Schiffahrt 85 ff., 119, 122
Schiffahrtsbetriebe 128
Schiffahrtsöffnung 119
Schiffahrtsstraßen 118
Schiffsschleuse 59, 60, 119
Schiffsverkehr 121
Schlafdeich 104, 123
Schleusenbetrieb 121
Schlickdeich 95
Schöpfwerk 70, 100, 119
Schreibpegel 11, 12
Schütztafel 119
Schutzhafen 118
Schutzhaus 67, 94
Schutzmauer siehe Ufermauer
Schutzsystem 130
Schwallbrecher 26
Schwimmerschacht 12
Sedimentation 32
Seebad 109, 111, 118
Seedeich 124
Seegang, -sforschung 26, 27
Seegangsstatistik 27
Seekarte 15
Seenotrettung 91, 92, 93
Seewetteramt 21, 22, 91
Segmentschütz 60, 119
Seiches 27
Selbstverwaltung 127
Setzung 31, 103
Sickerwasser 27
Siebenhardenbeliebung 123
Siedlungsreste 33
Siel 100, 101, 104, 118
Sielöffnung 118
Sielschlußzeit 70
Sielzugzeit 70
Skagerraktyp 22, 23, 60
Skandinavientyp 22, 50, 61, 78
Sofortmaßnahme 131
Sonnenenergie 129

Spade-Land-Brief 123
Spadelandesrecht, Spatenrecht 6, 123
Späting 103
Sperrwerk, Sturmflut- 56, 59, 61, 68, 69, 77, 118, 119, 121, 127, 128, 130
Sperrwerksbetrieb 122, 128
Sperrzeit 119
Sportschiffahrt 118
Sprengung 117, 118
Springtide 13, 15, 18
Spülfeld 104
Spundwand 99, 118
Staatl. Aufgabe 127
Staatl. Deichinspektor 124
Stackdeich 95, 96
Stahlspundwand 118
Staller 124
Statistik 11 ff., 129
Stauraum 119
Steilufer 79, 112, 114
Steindeich, -decke 96, 105, 124, 126
Stemmtor 59, 101, 118, 119
Steuererlaß 124
Stöpe, Deichscharte 100, 101, 104
Strafbestimmungen 124, 127
Strand 26
Strandburgen 114, 115
Strandhafer 110
Strandmauer 110, 112
Strandwall 113, 114, 115
Strandung 85, 87, 88, 89
Strömung 118
Strömungsgeschwindigkeit 28, 130
Strohdeich 96
Stromausfall 119
Strom- u. Hafenbau Hamburg 127
Sturm 20
Sturmbö 20
Sturmflut 9, 24, 33
Sturmflut, leichte — 9, 15, 17
Sturmflut, schwere — 9, 15, 17, 24
Sturmflut, sehr schwere — 9, 15, 17, 24
Sturmflutereignis 9, 69
Sturmflutforschung, -kunde 6, 43
Sturmflutgefahr, -einfluß 129
Sturmflutgeschichte 5
Sturmfluthäufigkeit 9, 15, 24, 52, 70, 114, 122
Sturmflutkatastrophe 5, 37, 44, 78
Sturmflutkette 70
Sturmflutmarke 40, 41, 42, 47, 52, 56, 68, 69, 80, 81
Sturmflutmauer 68, 78, 98, 99, 127
Sturmflutscheitel 40, 42, 47, 50, 52, 56
Sturmflutscheitellinie 63, 66, 77
Sturmflutschutz 130
Sturmflutsperrwerk siehe Sperrwerk
Sturmfluttidekurve 16 ff., 118
Sturmflutvorhersage 128
Sturmflutwasserstand, -höhe 9, 17, 19, 27, 28, 30
Sturmflutwelle 18
Sturmflutschichtung 31, 32, 39
Sturmtide 17 ff.
Sturmtief 21, 22, 23, 79
Sturmwarnung, -warndienst 78, 91, 92, 127, 128, 131
Sturmwetterlage 22, 40
Sturzbrecher 25, 26
Supersturmflut 130

Taifun 9
Techn. Hilfswerk 68, 72, 128
Techn. Univers. Hannover 69, 130
Tertiärzeit 116
Tetens, Johann Nikolaus 97, 124
Tetrapode 27, 110, 111, 118
Teutonen 33
Tide, Gezeit 9
Tideaußengebiet 118
Tidebewegung 12, 121
Tidebinnengebiet 118
Tidedauer 12, 13
Tideeinfluß 127
Tidefluß 28, 69, 118, 130
Tidegrenze 37
Tidehafen 57
Tidehochwasserstand (Thw) 10, 12, 14
Tidehub 15, 27, 37, 70
Tidekalender 13
Tidekurve 13, 14, 15, 17, 18
Tideniedrigwasserstand (Tnw) 10, 12, 14
Tidepegel 13
Tidewelle 12, 13, 22, 25
Tief, Tiefdruckgebiet 20, 21, 23, 24
Transgression 29
Treibsel 104
Trichtermündung 38, 58
Tsunami 9, 25

Überflutung, -schwemmung 32, 37, 47, 49, 50, 52, 57, 63, 70, 112, 121, 123, 130
Überflutungspolder 130, 131
Überlauf 61
Übernachtungszahlen 109
Übersandung 112
Uferabbruch, -rückgang 36, 37
Uferdeckwerk siehe Deckwerk
Uferschutzarbeiten 124
Uferschutzmauer 27, 109, 116, 117, 118
Uferschutzwerk 27, 114
Umweltforschung 129
Unterdeich 97
Unterhaltungskosten 122
Unterwasserstrand 111, 112
Urstromtal 29, 31, 34

Vegetation 115
Verbandsrecht 126
Verlandung 123
Versandung 58
Verschlußorgan 122
Versorgungsleitung 103
Völkerwanderung 33
Vorfeld 114
Vorland, -gewinnung 28, 97
Vortide 17, 28

Warf, Halligwarf 33, 34, 76, 95, 104
Warmfront 21
Wasserbauliches Modell siehe Modellversuch
Wasserdeich 95
Wasserfluth 10
Wassergesetz 126, 127
Wasserhaushaltsgesetz 126, 127
Wasserstandsbeobachtung 128
Wasserstandsganglinie 11, 12, 13, 14, 15, 18, 19, 31
Wasserstandsstatistik 11, 13
Wasserstandswarndienst 128
Wasserstraße 47, 53, 57, 128

Wassertemperatur 129
Wasser- u. Bodenverband 126, 127
Wasser- u. Schiffahrtsamt 128
Wasser- u. Schiffahrtsdirektion Nord 128
Wasserverbandgesetz 126
Wasserverbandverordnung 126, 127
Wasserwirtschaftsamt 126, 127
Watt, Wattenmeer, -gebiet 18, 19, 26, 31, 108, 109
Wattdeich 95
Wattsockel 108
Wattstrom 18, 28, 39
Wattwasserscheide 109
Wehle, Brake 100
Weichseleiszeit 29, 79, 116
Weihnachtsflut (1717) **49 ff.**
Welle 25
Wellenangriff 27, 99, 104, 116, 118
Wellenauflauf 27, 97, 104
Wellenberg 25

Wellenenergie 26
Wellenhöhe 25, 27, 79
Wellenkanal 130
Wellenklima 26
Wellenlänge 25, 28
Wellenmeßgerät 27
Wellenperiode 25
Wellenspektrum 26, 27
Wellensteilheit 25, 26
Wellental 25
Welthafen 122
Weltkrieg, zweiter 60
Wetter 20 ff.
Wetterdaten, -elemente 23, 52, 128, 129
Wetterentwicklung 79
Wetterfahne 20, 21
Wetterkarte 21, 22, 23
Wetterlage 23
Wettersatellit 130
Wikinger 34
Wiederbedeichung 40, 124

Wind 20, 129
Winddauer 26
Winddruck, -kraft 20
Windflut 9
Windgeschwindigkeit, -stärke 18, 20, 21, 22, 26, 31
Windrichtung 18, 20, 31
Windriß (Düne) 110
Windschreiber 20
Windstau, -kurve 13, 17, 18, 22
Windwelle 25
Wirkweg 26, 28
Wobs-Telegramm 72, 128
Würmeiszeit 29

Zechstein 116
Zeltplatz 115
Zentralbehörde 127, 128
Zugbahn 21, 22, 23, 24, 79
Zweite Deichlinie siehe Mitteldeich
Zyklone 24